AF363490

OEUVRES

DE

G. FILANGIERI.

III.

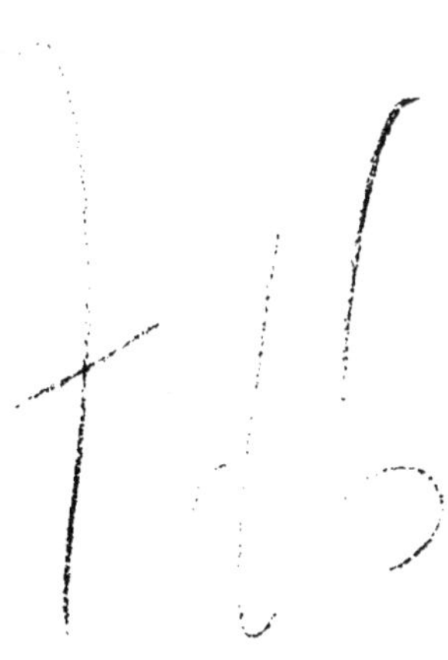

DE L'IMPRIMERIE DE P. DIDOT L'AINÉ,
CHEVALIER DE L'ORDRE ROYAL DE SAINT-MICHEL,
IMPRIMEUR DU ROI.

OEUVRES

DE

G. FILANGIERI

TRADUITES DE L'ITALIEN.

NOUVELLE ÉDITION

ACCOMPAGNÉE
D'UN COMMENTAIRE PAR M. BENJAMIN CONSTANT
ET DE L'ÉLOGE DE FILANGIERI PAR M. SALFI.

TOME TROISIÈME.

A PARIS

CHEZ P. DUFART, LIBRAIRE.
QUAI VOLTAIRE, N° 19.

M. DCCCXXII.

LA SCIENCE
DE LA LÉGISLATION.

LIVRE TROISIÈME.

Des lois criminelles.

SECONDE PARTIE.

Des délits et des peines.

CHAPITRE PREMIER.

Principes généraux de cette partie de la législation criminelle.

Je renferme en un petit nombre de principes tout le système de cette partie de la législation criminelle ; je développerai, dans cette théorie des délits et des peines, les idées qui naissent de ces principes.

1° Si les lois expriment les conventions sociales, toute transgression de la loi est la violation d'une convention sociale.

2° Si ces conventions ne sont autre chose que les devoirs contractés par chaque citoyen envers la société, pour prix des droits qu'il acquiert, la violation d'une convention doit être suivie de la perte d'un droit.

3.

3° Si les droits qu'acquiert le citoyen sur la société se réduisent tous à la *conservation* et à la *tranquillité*, dans la jouissance de son honneur, de sa propriété réelle et personnelle, et de toutes les autres prérogatives de sa condition politique (1), chaque délit doit donc produire ou la perte ou l'interruption d'un de ces avantages.

4° Si un citoyen peut, par un seul délit, violer toutes les conventions sociales, il doit donc, pour un seul délit, être privé de tous les droits sociaux.

5° Si tous ces droits ne sont pas également précieux, et si tous les délits ne sont pas également funestes à la société, il est juste que celui qui s'abstient du délit le plus grave et commet le plus léger, conserve le droit le plus précieux, et perde le moins important.

6° Si la valeur relative des droits sociaux peut varier avec les rapports politiques des peuples, le législateur doit réfléchir sur ces variations, pour déterminer les peines. L'exil de la patrie, par exemple, peut être une peine très grave dans un gouvernement (2), et la moindre des peines dans un autre (3). Dans le même gouvernement, cet exil peut être une grande peine pour une classe de citoyens (4), et une peine très légère pour une autre classe (5).

---

(1) Voyez le chap. I du premier livre.
(2) Dans la démocratie.
(3) Dans la monarchie.
(4) Pour les grands, dans l'aristocratie.
(5) Pour le peuple.

7° Si les idées morales d'un peuple peuvent encore altérer la valeur relative des droits sociaux, le législateur doit calculer cette réaction dans son code pénal. Chez un peuple, par exemple, où la doctrine de la transmigration des ames est universellement reçue, la peine de mort fera une impression plus légère, que chez le peuple où cette opinion absurde n'existe pas.

8° Si le génie et le caractère particulier d'un peuple; si le climat et d'autres circonstances physiques peuvent influer sur cette valeur relative des droits sociaux, le législateur ne doit négliger aucun de ces objets. Dans une nation guerrière et féroce, où les hommes sont accoutumés à mépriser la vie, la peine de mort ne fera pas une grande impression. Chez un peuple avide, les peines pécuniaires pourront être très utiles. Dans un climat, ou extrêmement chaud, ou extrêmement froid, l'exil de la patrie sera une peine très légère (1).

9° Si la valeur *absolue* de tous les droits sociaux s'accroît avec la prospérité publique; si, à mesure que celle-ci fait des progrès, l'intérêt de commettre le crime diminue, parceque ce crime entraîne la perte des avantages sociaux, il est évident que l'on peut, sans danger, adoucir les peines, lorsque la société se perfectionne.

10° Si tous les rapports politiques, physiques et moraux des peuples peuvent influer, non seulement

______

(1) Je ne rapporte ici tous ces exemples que pour faciliter l'intelligence des principes. Lorsqu'il s'agira de les appliquer, on verra combien ils sont féconds en résultats.

sur la valeur des droits sociaux, mais sur l'utilité de quelques peines, et sur l'inutilité des autres, il est nécessaire que le législateur examine profondément ce qu'on appelle l'état d'une nation, avant d'en former le code pénal (1).

11° Si une action n'est *imputable* que lorsqu'elle est *volontaire,* il s'ensuit qu'il n'y a point de crime où il n'y a point de volonté.

12° Si la société doit punir les actions et non les pensées, personne ne sera puni pour une volonté secrète ; et pour qu'elle ne le soit pas, il faudra que le coupable l'ait manifestée par une action que la loi a défendue.

13° Si la loi ne doit pas punir *l'acte* sans la *volonté,* ni la *volonté* sans *l'acte,* il faudra, pour être puni, le concours de la violation d'une convention sociale, et de la volonté de la violer.

14° Si dans le nombre des conventions il en est qui tendent plus directement que d'autres au maintien de l'ordre social, et si le maintien de cet ordre est le but de tous les rapports sociaux, il est clair que la *gravité* du délit doit sur-tout être déterminée par l'influence qu'a sur la conservation de l'ordre social le pacte que l'on viole.

15° Si la violation d'une convention peut être accompagnée de quelques circonstances qui montrent la disposition plus ou moins grande du coupable à violer toute autre convention, ou à retomber dans le même délit, les circonstances qui accompagnent

---

(1) Cette idée sera développée dans le cours de ce livre.

le délit peuvent donc le rendre plus ou moins *grave*, plus ou moins punissable.

16° Si le même délit peut être puni de plusieurs manières, suivant la diversité des circonstances, il est certain que les lois doivent, dans chaque délit, déterminer la *qualité* et la *gravité*. La *qualité* dépend de la convention que l'on viole ; la *gravité*, de la perversité plus ou moins grande avec laquelle on la viole.

17° Si un délit considérable doit être plus sévèrement puni qu'un délit léger, et si la valeur du délit dépend de la *qualité* et de la *gravité*, la mesure de la peine sera donc la *qualité* combinée avec la *gravité*.

18° Si l'objet de la peine est d'éloigner les hommes du crime, par le spectacle des maux auxquels ils s'exposeroient en le commettant, l'espoir de l'impunité, qui naît de la nature même de quelques délits plus secrets, mérite de fixer les regards du législateur dans la détermination des peines. La loi doit compenser dans ces délits, avec l'accroissement de la peine, cette diminution de crainte qui résulte de la facilité de les cacher.

19° Si la peine de chaque délit doit être proportionnée à l'influence qu'a sur l'ordre social la convention que l'on viole, et au degré de méchanceté que l'on montre en la violant, les lois doivent donc bien distinguer les crimes, afin de bien distinguer les peines.

20° Si les actions sont plus difficiles à déterminer que les droits ; s'il est essentiel de décrire les unes, tandis qu'il suffit de définir les autres, les lois criminelles doivent donc entrer dans des détails que les lois civiles doivent s'interdire ; lorsqu'elles gardent le silence, les juges s'arment du glaive effrayant de l'arbitraire.

Tels sont les principes généraux d'où naît la grande théorie des délits et des peines. Le lecteur sentira, en avançant, que toute cette partie de la science de la législation est renfermée dans ce petit nombre de régles.

CHAPITRE II.

De la nécessité des peines, et du droit de punir.

La société, en privant l'homme d'une partie de sa liberté naturelle, ne peut détruire dans son ame le principe de ce sentiment. Le cœur de l'homme cherche l'indépendance, quoique sa raison lui en montre les inconvénients ; il voit dans les bonnes lois l'appui de sa sûreté, mais il y voit en même temps un frein contre ses passions ; il sent bien que ce sont ces lois qui lui procurent le bonheur dans l'état social, mais il sent aussi qu'elles lui dérobent les jouissances de l'état de nature ; il sait qu'elles ne lui ordonnent que ce qui est nécessaire au maintien de l'ordre général, mais il sait aussi qu'elles lui défendent souvent tout ce qui flatte les affections de son ame.

Ces réflexions, qui n'éloignent pas l'honnête homme de l'observation de la justice, font concevoir au méchant le dessein secret de laisser les lois aux autres pour sa sûreté, et de se délivrer, pour son intérêt personnel, de ce frein incommode : il voudroit que les liens sociaux se resserrassent toujours pour les autres, et pussent se relâcher pour lui seul ; il voudroit être tout à-la-fois, et dans l'indépendance et dans la sûreté ; il voudroit jouir de toute la liberté de l'état de nature, et de toute la protection sociale.

Tels sont les desirs du méchant; et c'est de là que naît la nécessité de la peine. La sanction pénale est cette partie de la loi par laquelle on offre au citoyen, ou l'observation d'un devoir social, ou la perte d'un droit.

Si tu veux jouir de la sûreté, disent les lois lorsqu'elles établissent les peines, il faut que tu obéisses à nos ordres; si tu veux être indépendant, il n'est plus de sûreté pour toi. Cette société même qui défendoit ta tranquillité, s'armera contre toi, et elle ne cessera de te poursuivre, afin de te faire subir la peine destinée à ton crime. Le droit que tu avois acquis par la convention sociale, sera anéanti pour toi dès l'instant que tu auras violé cette convention. Si elle étoit très précieuse pour la société, tu perdras un de tes droits les plus précieux. Si par un seul délit tu violes plusieurs conventions, par un seul délit tu seras privé de plusieurs droits. Si, par exemple, ta main s'arme contre le chef, contre le père de la patrie; si tu ensanglantes le trône, d'où émane la sûreté commune, tu seras puni tout à-la-fois comme parricide, comme rebelle, comme sacrilége, comme perturbateur du repos public. Par un seul forfait, violant toutes les conventions qui t'obligeoient à ne pas attenter à la vie de tes semblables, à défendre celle de ton roi, à protéger la constitution de l'état, à respecter la sainteté des sermens, à maintenir la sûreté publique, tu perdras tous les droits que tu avois acquis par ces obligations; tu perdras ta vie, ton honneur, tes biens, tous les droits de la société. De citoyen que tu étois, tu deviendras l'ennemi de la patrie; et nous, qui exprimons la volonté générale, nous ordonnerons au corps chargé de la puissance exécutive, de la délivrer de cet ennemi, et de faire tomber sur ta tête les peines que nous avons prononcées, soit pour te mettre dans l'impuissance de commettre le même crime, soit pour empêcher les autres hommes de suivre ton exemple (1).

Voilà le langage des lois exprimé par leur sanction : on ne peut nier que ce langage ne soit juste et raisonnable. En effet, si la société a le droit de se conserver, elle a le droit d'en chercher les moyens; ces moyens sont les lois qui présentent à la volonté des hommes les motifs les plus propres à les éloigner des actions nuisibles à l'intérêt commun; ces motifs sont les avantages que les lois offrent à ceux qui observent les obligations sociales, et les peines qu'elles prononcent contre ceux qui les violent. La société, représentant les droits qu'avoit chaque individu dans l'état d'indépendance naturelle, a reçu, par le contrat social, le droit que chaque homme avoit sur son semblable, lorsqu'il violoit les lois naturelles. Or ce droit étoit celui de le punir, parceque sans ce droit, comme je le prouverai bientôt, tous les autres eussent été inutiles. De là naît le droit de punir, qui appartient à la société ou au prince qui la repré-

____

(1) Voyez ce que dit Platon sur ce sujet au commencement du neuvième dialogue de son *Traité des lois*.

sente ; il suppose, non la cession du droit que chacun avoit sur soi-même, comme l'ont cru plusieurs
écrivains politiques, mais la cession du droit que
chacun avoit sur les autres (1). De la nécessité et du
droit de punir, passons à l'objet des peines.

---

(1) Je ne fais ici qu'indiquer mes idées ; on en trouvera le développement dans le chapitre où, parlant de la peine de mort, je
démontre le droit qu'a le souverain de l'infliger.

CHAPITRE III.

De l'objet des peines.

Ni la vengeance, ni l'expiation du crime ne sont les objets des peines. La vengeance est une passion, et les lois en sont exemptes (1). La justice ne ressemble pas à ces divinités auxquelles des hommes cruels immolent des victimes humaines pour apaiser leur fureur. Les lois, lorsqu'elles punissent, ont devant les yeux, non le coupable, mais la société ; elles sont excitées par l'intérêt public, et non par une haine personnelle ; elles cherchent un exemple pour l'avenir, et non une vengeance pour le passé (2).

Toute vengeance seroit absurde et inutile. Absurde, parceque les lois qui doivent modérer les passions des hommes, justifieroient alors, par leur exemple, ce qu'elles condamnent par leurs préceptes ; inutile, parcequ'elles ne pourroient empêcher que le mal causé à la société par le délit du coupable, n'existât réellement. Les cris d'un mal-

---

(1) On verra dans le cours de ce livre, chap. XII, que la société est dans l'état de barbarie, tant que la vengeance est l'objet de la punition.

(2) *Nemo prudens punit, quia peccatum est, sed ne peccetur.* Plato. *in Protagorâ.* Voyez aussi Aristot. *Politic.*, lib. VII, cap. 13 ; et Hobbes, *de cive*, cap. 3, §. 11.

heureux arracheront-ils au temps qui s'enfuit, le crime qu'il vient de commettre?

Les lois ne peuvent donc avoir d'autre objet dans la punition des crimes, que d'empêcher le coupable de commettre de nouveaux attentats contre la société, et d'éloigner les autres hommes de son exemple, par le spectacle de son châtiment (1). Si, par des peines légères, les lois peuvent parvenir à ce but, elles ne doivent point employer les peines les plus fortes. Il faut donc préférer celles qui tourmentent le moins le coupable, qui font naître le plus d'horreur pour le crime, et le plus d'effroi dans l'ame de ceux qui seroient disposés à le commettre. En un mot, le législateur ne doit se permettre que le degré de sévérité nécessaire pour réprimer l'affection vicieuse qui produit les crimes. Toutes les fois qu'il passe ce terme il exerce un acte de tyrannie. En effet, si la société doit être protégée, les droits des hommes doivent être respectés; et on ne peut exiger d'eux que le sacrifice de cette portion de liberté necessaire pour conserver et défendre la sûreté publique. « Les principes qui doivent diriger le législateur, dit Platon, sont ceux d'un père et d'une mère, et non ceux d'un maître et d'un tyran (2). »

----

(1) *In vindicandis injuriis, hæc tria lex secuta est, quæ princeps quoque sequi debet, aut ut eum quem punit, emendet, aut ut pœna ejus cæteros meliores reddat, aut ut, sublatis malis, securiores cæteri vivant.* Seneca.

(2) *Sic igitur leges civitatibus conscribantur, ut patris matrisque personam lator legum penitus gerat, scriptaque caritatis, prudentiæque virtutem habeant potiùs, quam domini, tyrannique imperium*

Il est vrai que la même peine qui suffira pour éloigner d'un crime la plupart des membres de la société, ne suffira pas pour en éloigner un petit nombre. Mais cela n'autorise pas le législateur à devenir un tyran : il ne doit considérer que le plus grand nombre ; et il doit sur-tout être persuadé que les peines ne pourront jamais bannir entièrement les crimes de la société ; mais que le plus heureux résultat qu'on puisse espérer, est d'en voir diminuer la quantité le plus qu'il est possible.

---

minitantis tantum, et describentis, rationem verò nullam penitùs assignantis. Plat. *de legibus,* dialog. 9.

CHAPITRE IV.

Des différentes espéces de peines.

Le crime, comme j'ai dit, est la violation d'un pacte, et la peine est la perte d'un droit. Les différentes espéces de droits nous indiqueront donc les différentes espéces de peines.

J'ai des droits comme homme; j'en ai comme citoyen. La société m'assure la jouissance des uns, et m'accorde les autres : ils deviennent tous des droits sociaux, du moment que la société me les donne ou les protége. Nous pouvons donc former les diverses classes de ces droits, les différents objets auxquels ils se rapportent, et en déduire les différentes espéces de peines. La vie, l'honneur, la propriété réelle, la propriété personnelle, et les prérogatives de la cité sont les premiers objets de tous les droits sociaux. Nous aurons cinq classes de droits, et par conséquent cinq classes de peines.

Nous aurons donc des *peines capitales*, des *peines infamantes*, des *peines pécuniaires*, des *peines qui privent, ou pour toujours, ou pour un temps, de la liberté personnelle*; des *peines qui privent, ou pour toujours, ou pour un temps, des prérogatives de la cité.*

Examinant d'abord chacune de ces différentes espéces de peines, nous exposerons les principes gé-

néraux qui doivent en diriger l'usage. Observant ensuite ces peines dans leurs rapports, avec les divers
objets qui composent l'état d'une nation, nous montrerons l'influence que chacun de ces objets peut
avoir sur leur valeur relative. Par ce moyen, nos
principes deviendront applicables aux différentes
circonstances politiques, physiques et morales des
peuples; et nous pourrons développer, avec plus de
facilité, la grande théorie de la proportion des peines
avec les délits.

CHAPITRE V.

De la peine de mort.

Des principes dont nous avons déduit le droit de punir, dérive le droit de prononcer la peine de mort; et il suffit de combiner ces principes avec ceux qui déterminent l'objet général des peines, pour distinguer sur cette matière l'usage de l'abus. Si quelques écrivains modernes, en rappelant à la mémoire des hommes un sophisme très ancien, n'avoient persuadé à la plus grande partie de leurs lecteurs, que la peine de mort, dont toutes les nations ont fait usage, ne peut naître d'aucun droit véritable, et qu'elle n'est autre chose qu'un acte de violence, justifié souvent par la dure loi de la nécessité; s'ils n'avoient accrédité un paralogisme qui doit, en dernière analyse, nous inspirer des doutes sur la justice de toute autre espéce de peine, je garderois le silence sur cet objet, et j'épargnerois à mes lecteurs l'ennui d'une discussion métaphysique. Mais cette opinion a été soutenue par tant d'écrivains; elle a été adoptée par un si grand nombre de personnes, que je crois devoir développer ici mes idées à cet égard.

« Quel peut être le droit, dit l'auteur du *Traité des délits et des peines* (1), que les hommes s'attri-

______

(1) §. 27.

buent d'égorger leurs semblables? ce n'est certainement pas celui dont résultent la souveraineté et les
lois; elles ne sont que la somme totale des petites
portions de liberté que chacun a déposées; elles
représentent la volonté générale, résultat de l'union
des volontés particulières. Mais quel est celui qui
aura voulu céder à autrui le droit de lui ôter la vie?
Comment supposer que dans le sacrifice que chacun fait de la plus petite portion de liberté qu'il a
pu aliéner, il ait compris celui du plus grand des
biens? Et quand cela seroit, comment ce principe
s'accorderoit-il avec la maxime qui défend le suicide? comment l'homme auroit-il pu donner à un
seul, ou à la société entière, un droit qu'il n'avoit
pas lui-même? La peine de mort n'est donc appuyée
sur aucun droit. Je viens de le démontrer; elle n'est
qu'une guerre déclarée à un citoyen par la nation,
qui juge nécessaire, ou au moins utile, la destruction de ce citoyen. »

Afin de ne laisser aucun doute dans l'esprit du
lecteur, je vais ramener ce raisonnement à la précision de la forme syllogistique; il sera facile alors
d'apercevoir l'erreur qu'il renferme.

Personne ne peut donner ce qu'il n'a pas; mais
l'homme n'a pas le droit de se tuer; donc le souverain, qui n'est que le dépositaire des droits transmis
par les individus au corps entier de la société, ne
peut avoir le droit de punir de mort qui que ce
soit.

Voilà le sophisme qui a séduit tant d'écrivains
politiques. On sent déjà, comme nous l'avons dit.

3.

qu'il seroit aisé de l'étendre à toutes les autres espéces de peines qu'on emploie pour réprimer les
délits. En effet, pourquoi, d'après ce principe, ne
pourroit-on pas dire que les peines des galères, des
mines, de la prison perpétuelle, ne peuvent être infligées par l'autorité suprême, sans une injustice
atroce? Puisqu'aucun homme n'a le droit de se tuer,
aucun homme n'a le droit d'accélérer sa mort, et
par conséquent de se laisser condamner aux mines,
aux galères, etc.; on pourroit ajouter: Comme personne n'a le droit de disposer de sa vie, personne
n'a le droit de disposer de son honneur et de sa liberté; les peines infamantes, les peines qui privent
de la liberté personnelle, sont donc injustes.

Puffendorff sentit les conséquences funestes qu'on
pouvoit déduire de ce principe, et il s'occupa à le
combattre (1); mais la foiblesse de ses raisons ne fit
qu'ajouter à la force du sophisme. Il se contenta
d'alléguer, pour toute preuve, une comparaison,
méthode de raisonner, qui, en bonne logique,
comme l'on sait, n'est pas très concluante. De même, dit-il, qu'un corps composé peut avoir des qualités qui n'existent dans aucune des parties compo-
santes; ainsi un corps moral peut avoir, en vertu de
l'union même des personnes dont il est composé,
quelques droits qui n'appartiennent à aucune des
personnes qui le composent. L'harmonie naît de
l'ébranlement de plusieurs cordes sonores. Pincez
une seule de ces cordes, vous n'aurez qu'un son.

____

(1) *De jure naturæ et gentium*, lib. **VIII**, cap. 3, §. 1.

L'harmonie n'appartient à aucune de ces cordes considérées en particulier, elle résulte de l'ébranlement simultané de plusieurs cordes.

On pourroit, pour toute réponse, opposer à cette comparaison la comparaison suivante. De même que cent millions de cercles ne peuvent former un carré, parcequ'un carré ne peut jamais être réduit à un cercle; ainsi la volonté de cent millions d'hommes ne peut rendre juste ce qui est injuste de sa nature, c'est-à-dire, ne peut donner à tout le corps de la société un droit qui n'appartient à aucun de ses membres. Mais les comparaisons ne sont pas les armes d'un philosophe qui raisonne de bonne foi.

Le célébre auteur du *Contrat social* a voulu justifier, d'une autre manière, l'usage de la peine de mort (1). Je ne nie point que ce philosophe n'ait porté sur cet objet cette profondeur de raisonnement qu'on admire dans tous ses ouvrages; mais je crois qu'il est impossible de renverser le sophisme que j'ai annoncé, si l'on ne remonte aux vrais principes, dont le droit de punir découle nécessairement.

Les vérités qui sont le plus près de nous sont toujours les plus difficiles à découvrir; il faut, pour les voir, les éloigner par l'analyse. L'esprit humain ressemble à l'œil des vieillards : ils distinguent les objets qui sont loin d'eux, et n'aperçoivent pas ceux qui sont à leur portée; il faut les placer à une cer-

---

(1) Voyez le chap. 5 du *Contrat social*, liv. I. L'auteur ne fait que modifier la mineure du syllogisme. Je ne rapporte pas ici son raisonnement, parcequ'il est très connu.

taine distance, pour qu'ils puissent les voir. Telle est précisément notre situation dans cette circonstance.

Tout le monde sait que la société doit avoir le droit de punir de mort l'homme atroce qui a fait périr son semblable ; mais où est le fondement de ce droit ? Ici commence l'incertitude. La vérité que nous voulons saisir est trop près de nous ; éloignons-la, nous ne tarderons pas à la voir.

L'homme, dans l'état d'indépendance naturelle, a droit à la vie ; il ne peut renoncer à ce droit. Mais peut-il le perdre ? peut-il en être privé sans qu'il y renonce ? est-il quelque circonstance où un autre homme puisse le tuer, sans en avoir reçu le pouvoir de lui-même ?

Dans cet état d'indépendance naturelle, ai-je le droit de tuer l'homme injuste qui m'attaque ? Personne ne doute de ce principe. Si j'ai le droit de le tuer, il a perdu le droit de vivre ; car il seroit contradictoire que deux droits opposés existassent en même temps. Donc, dans l'état d'indépendance, il est des cas où un homme peut perdre le droit à la vie, et un autre homme acquérir celui de l'en priver, sans qu'il existe à cet égard de convention entre eux. Mais on demandera peut-être si ce principe est applicable au seul cas de l'agression et de la défense. Si l'événement répond aux desseins de l'agresseur ; si son malheureux ennemi tombe sous son bras homicide, alors le droit qu'avoit celui-ci sur la vie de l'agresseur est-il éteint par sa mort, ou bien peut-il être exercé par tous les autres hommes, dépositai-

res et vengeurs des lois naturelles? Doit-on supposer que l'agresseur qui avoit perdu le droit à la vie
avant d'achever son crime, l'ait recouvré lorsque le
délit a été consommé? Doit-on croire que de la même
cause naissent, avant et après, deux effets si dia-
métralement opposés?

Je réponds à cette question par l'autorité du plus
grand philosophe de l'Europe. « Les lois naturelles,
dit Locke (1), de même que toutes les autres lois
qui concernent les hommes, seroient entièrement
inutiles, si personne, dans l'état de nature n'avoit
le pouvoir de les faire exécuter et de punir ceux qui
les violent, soit à l'égard d'un particulier, soit par
rapport au genre humain, dont la conservation est
le but des lois communes à tous les hommes. Si le
droit de punir les crimes existe dans l'état de nature, il est clair que chacun doit avoir ce droit sur
tous les autres, puisque les hommes sont naturellement égaux; » ou, en d'autres termes, puisque ce
qu'un homme peut faire en vertu des lois de la nature, tout autre a également le pouvoir de le faire (2).

---

(1) Second *Traité sur le gouvernement civil*, ch. 2, §. 7 et suiv.

(2) Si l'on n'admet pas l'existence de ce droit commun de punir
dans l'état de nature, je ne sais comment l'on pourra justifier la
confédération de deux ou de plusieurs peuples, pour faire respecter leurs droits, et pour punir celui d'entre eux qui osera violer
les droits des autres. Les nations sont entre elles dans l'état de
nature, comme étoient les hommes avant la formation des sociétés. Or personne ne conteste que toutes les nations n'aient le droit
de s'unir et de faire la guerre à la nation qui a violé le droit des
gens contre quelqu'une d'entre elles, parceque chaque nation est
la dépositaire et l'exécutrice des lois qui dépendent du droit des

J'ajouterai une réflexion à ce raisonnement de Locke. La nature ne fait rien sans objet; la loi suprême de l'ordre lie toutes les parties de l'univers. Ce que nous appelons des phénomènes moraux, ces sentiments, ces passions qui nous agitent sans le concours de notre volonté, ne sont, pour ainsi dire, que les anneaux de cette chaîne invisible de la nature : elle a autant de moyens que de buts, pour me servir de l'expression d'Aristote (1). C'est par la connoissance de quelques uns de ses moyens que nous pouvons saisir quelques uns de ses buts. Or quel est l'objet de la haine qui s'élève dans notre ame contre un criminel qui n'a violé, ni nos propres droits, ni ceux de nos parents, ni ceux de nos amis? qui de nous n'est effrayé de voir un crime impuni? qui de nous ne se réjouit, lorsque la justice condamne un coupable? qui de nous, au récit d'une action atroce, ne voudroit faire expier au criminel le mal qu'il a fait à un infortuné qui nous est inconnu? Sommes-nous alors déterminés par quelque motif d'intérêt particulier?

Si la nature n'avoit donné qu'à l'offensé le droit de tuer l'agresseur, pourquoi feroit-elle naître dans notre ame un sentiment de haine si profond contre celui-ci? L'amour de soi ne suffiroit-il pas, dans ce cas, pour répondre au but de la nature? Pourquoi imposer à l'homme tant de devoirs et ne pas le mettre en état d'en empêcher la violation? Pourquoi

gens. Si on accorde ce droit aux nations, il faut l'accorder aux hommes dans l'état de nature.

(1) Aristot. *de republ.* lib. I.

lui donner tant de droits, et ne pas lui accorder celui qui seul peut les faire respecter (1)?

Sans ce droit, la loi de la nature auroit été une
loi absurde (2). Si l'état naturel avoit tant d'imperfections, ce n'est pas parceque les hommes y étoient
privés du droit de punir; c'est parcequ'ils manquoient de la force nécessaire pour l'exercer dans
tous les cas. Que la femme d'un malheureux qui
est tombé sous les coups de son ennemi, ne trouve
personne dont le bras arrache la vie au meurtrier;
que nul homme ne veuille exercer contre lui un
droit qui appartient à chaque individu ; qu'une
foule de parents, hardis et féroces, protége son impunité : vainement l'infortunée rappellera à ses
semblables les droits qu'ils tiennent de la nature;
vainement elle réveillera dans leurs ames tous les
sentiments de la douleur et de la pitié; l'assassin,
protégé par une force supérieure, verra son crime
impuni, et le moindre attentat contre lui ne fera
que multiplier les victimes de sa perfidie et les
exemples funestes de son impunité.

____

(1) « Le premier homme que je rencontrerai sera mon bourreau, » s'écria Caïn les mains encore dégouttantes du sang de son
frère. Genèse, v. 14.

(2) Si cette loi m'oblige à faire respecter mes droits et ceux des
autres, elle me permet d'user des moyens nécessaires pour parvenir
à ce but. Les premiers de ces moyens sont les peines. Voyez Wolff,
jus naturæ, part. I, cap. 3, §. 1058, 1059. Il démontre cette vérité
de la manière la plus évidente, en faisant dériver de cette obligation le droit de punir. Ce sont peut-être ces mêmes principes qui
ont fait dire à Mallebranche, que le pouvoir de punir est moins un
droit qu'un devoir du prince.

Or cette imperfection de l'état de nature a été corrigée dans la société : on n'a pas créé un nouveau droit, on a assuré l'exercice d'un droit ancien. Dans cet ordre de choses, ce n'est plus un particulier qui s'arme contre un autre particulier pour le punir de son crime, c'est la société tout entière. Le dépositaire de la force publique exerce ce droit général que tous les individus ont transporté au corps de la société, ou au chef qui la représente.

Cette cession ne se fit pas en un instant ; il s'écoula un long intervalle avant que les hommes se fussent entièrement dépouillés d'un droit si précieux. Nous tracerons dans le cours de ce livre cette lente progression, et nous montrerons comment elle suivit le développement de la société même (1).

Résumons tout ce que nous avons dit. L'homme, dans l'état de nature, a droit à la vie ; il ne peut renoncer à ce droit, mais il peut le perdre par ses crimes.

Tous les hommes ont, dans cet état, le droit de punir la violation des lois naturelles ; et si cette violation a rendu le transgresseur digne de mort, chaque homme a le droit de lui ôter la vie. Or ce droit que, dans l'état d'indépendance naturelle, chacun avoit sur tous, et que tous avoient sur chacun, a été transmis à la société, et déposé entre les mains du souverain. Le droit qu'a celui-ci d'infliger la peine de mort, comme toute autre peine, ne dépend donc pas de la cession des droits que chacun avoit sur soi-

----

(1) Chap. XII

même, mais de la cession des droits que chacun avoit sur les autres (1). Au même instant que j'ai déposé dans les mains du chef de la société le droit que j'avois sur la vie des autres, ceux-ci lui ont confié le droit qu'ils avoient sur la mienne; et c'est ainsi que, moi et les autres membres de la société, sans céder notre droit à la vie, nous sommes également exposés à la perdre, si nous venons à commettre ces

---

(1) Je dois prévenir ici une objection que pourroient me faire quelques publicistes sur ce que j'ai dit relativement au droit de punir qu'a l'homme dans l'état de nature. La peine, disent les publicistes, est un acte d'autorité, exercé par un supérieur sur son inférieur; mais on ne peut avoir d'empire sur son égal : *Par in parem non habet imperium ;* tous les hommes étant donc égaux dans l'état naturel, aucun d'eux ne peut avoir le droit de punir. Je pourrois nier la majeure du syllogisme ; je pourrois dire que cette circonstance de *supériorité*, que les publicistes croient nécessaire dans la personne qui inflige la peine, n'existe que dans la société civile ; je pourrois dire, avec Barbeyrac, *Comment. sur le droit de la nature et des gens de Puffendorff,* liv. VIII, chap. 3, §. 4, note 3 : Comme dans la société civile, par une suite nécessaire de sa constitution, les peines ne sont infligées que par un supérieur, les hommes se sont accoutumés à regarder cette circonstance comme essentielle à la peine, et à l'établir comme un fait constant qui n'a pas besoin de preuve. Mais laissons aux jurisconsultes leurs idées sur les peines, et répondons à l'objection, sans contester le principe qui lui sert de base. Que peut-on entendre par égalité naturelle ? Rien autre chose sans doute qu'égalité de droits. Les hommes sont donc égaux dans l'état de nature, parcequ'ils ont des droits égaux. Si donc un d'eux perd un droit, tandis que les autres le conservent, l'égalité naturelle cesse, ceux-ci deviennent les supérieurs de celui-là. Or dans l'état de nature, celui qui attente au droit d'un autre, perd, dans le même temps, comme on l'a vu, un droit semblable. Dans ce cas, il n'est plus égal au reste des hommes : par conséquent tous les autres qui n'ont perdu aucun droit, lui sont supérieurs, et comme tels, peuvent le punir. Donc le crime, dans le même temps qu'il détruit l'égalité, transmet le droit de punir.

excès contre lesquels l'autorité législative a prononcé
la peine de mort.

Mais quels sont les excès, quels sont les crimes
qui doivent être punis de cette manière. Si l'autorité législative a le droit d'infliger des peines capitales, comme je l'ai prouvé, dans quel cas peut-elle
exercer ce droit? Comment distinguera-t-on, sur
cet objet, l'usage de l'abus? Consultons la raison et
l'expérience, et voyons ce qu'elles nous apprennent.

CHAPITRE VI.

De la modération avec laquelle on doit faire usage de la peine de
mort.

Priver un homme de l'existence, immoler un individu à la tranquillité publique; se servir de la force même qui défend notre vie, pour l'enlever à celui qui, par ses attentats, a perdu le droit de la conserver; c'est recourir à un reméde violent, qui ne peut être utile que lorsqu'il est employé avec la plus grande modération, et dont l'abus doit conduire par degrés le corps politique de l'épuisement à la mort. Le spectacle que présente en ce moment plusieurs nations de l'Europe est une triste preuve de cette vérité.

Quels sont chez ces nations les effets de l'abus de la peine de mort? On y a multiplié le nombre des délits atroces : les délits ordinaires demeurent impunis; et toute l'énergie de la peine s'y est affoiblie.

On se plaint en France (1784) du grand nombre des assassinats, et on attribue assez généralement ce mal épouvantable à la loi qui punit de mort le simple vol. Rien n'y excite le voleur à ne pas devenir un assassin; s'il vole, il est condamné à la mort; s'il vole et s'il assassine, il est condamné à la même peine. Le voleur y est donc presque toujours assassin, parceque son second crime, sans l'exposer à une

peine plus grande, le délivre d'un témoin important, dont la dénonciation peut le traîner au supplice. En punissant de mort les voleurs, on a donc
multiplié en France les assassinats.

Un autre effet de cet abus de la peine de mort,
c'est l'impunité des crimes moins atroces. Règle générale : Une loi tyrannique ne peut subsister chez
un peuple libre; une loi féroce doit, tôt ou tard,
perdre sa force chez un peuple sensible. Si l'autorité
législative ne l'abolit pas, les mœurs publiques l'o-
bligent de se taire; et la négligence ou la dureté du
législateur est alors la seule cause des progrès de ce
mal, qu'une loi plus douce arrêteroit facilement.
Une multitude d'exemples pourroit attester cette vérité : je n'en rapporterai que deux.

Les banqueroutes frauduleuses seroient plus rares,
si la loi avoit prononcé contre ce crime des peines
moins sévères. Tous les codes de l'Europe ordonnent
la peine de mort : mais quel banqueroutier a jamais été puni du supplice de la corde? L'excès de la
peine a produit l'impunité, et l'impunité a multiplié les banqueroutes. L'Europe est pleine de négociants, qui, après avoir abusé de la confiance
publique, passent tranquillement leur vie à con-
sommer les restes de la subsistance d'une foule de
malheureux que leur mauvaise foi a réduits à la
mendicité. Chacun se fait un devoir de concourir à
cacher leur crime; les parties intéressées elles-mêmes ne réclament pas contre eux la rigueur de la
justice; et le magistrat, afin de ne pas les condamner à la peine établie par la loi, est le premier à leur

assurer l'impunité, et à empêcher la publicité du délit.

Il en est de même du vol domestique. Ce crime seroit-il aussi commun, si la loi ne le punissoit de mort? Pour ne pas voir un gibet élevé devant la porte de sa maison; pour ne pas s'exposer à la malédiction publique, le maître cache le voleur domestique aux regards de la justice; il croiroit faire un crime en l'accusant: ainsi, le vol demeure impuni sous la protection même de la loi qui le punit.

L'abus de la peine de mort en affoiblit l'énergie. L'ordre de mes idées et la nature de mon ouvrage me forcent de répéter ici des choses communes.

Les peines ont une valeur absolue et une valeur d'opinion. La première est dans l'intensité de la peine; la seconde est dans l'imagination: l'une se mesure par le bien que l'on perd, l'autre par l'impression que fait cette perte dans l'ame des hommes.

Or l'on ne peut douter que les impressions les plus fortes ne s'affoiblissent par la réitération des actes. L'intensité de chaque mouvement de l'ame diminue à mesure que le nombre et la réitération des causes de ce mouvement augmentent. On ne voit jamais la mort avec plus d'indifférence qu'au milieu de la guerre ou de la contagion.

L'horrible spectacle d'un criminel traîné sur l'échafaud par la main de la justice ne fera plus la même impression si on le présente souvent aux regards du peuple. La loi, trompée dans son espoir, verra ces meurtres publics contemplés avec indifférence par les spectateurs; elle lira sur leurs visages froids et tranquilles l'inefficacité d'un remède acheté au prix de la vie d'un homme (1).

Voilà ce qu'on observe dans les pays où les lois abusent de la peine de mort. Mais ne nous arrêtons pas plus long-temps sur des vérités que personne ne conteste; et sans fatiguer le lecteur par des réflexions inutiles, déterminons en peu de mots dans quelles circonstances et de quelle manière on doit restreindre l'usage de cette peine. Qu'on ôte la vie à celui qui, de sang-froid, a directement ou indirectement attenté avec férocité à la vie de son semblable (2); que l'on condamne à la mort celui qui a trahi la patrie, qui s'est efforcé de renverser la constitution, qui en un mot s'est rendu coupable de lèse-majesté au premier chef: que, restreinte à ce seul cas, cette peine soit exécutée avec tout l'appareil qui peut la rendre imposante aux yeux du peuple; mais qu'en même temps elle soit pour le coupable la moins cruelle qu'il est possible; que les diverses espèces de crimes auxquels elle sera destinée soient punies par l'union de ce supplice avec d'autres peines, et non par le plus grand ou le moindre degré de dureté dont il est susceptible; que l'on proscrive ces supplices féroces que nous voyons subsister encore chez quelques peuples qui

______

(1) *Severitas, quod maximum remedium habet, assiduitate amittit auctoritatem.* Senec. *de clement.*, lib. I, cap. 21.

(2) On peut comprendre dans la classe des attentats indirects une accusation calomnieuse, ou un faux témoignage relatifs à un crime qui entraine la peine de mort, la distribution des poisons, les prévarications des juges dans les matières criminelles.

vantent la douceur de leur caractère et la sensibilité de leur ame, mais dont les codes offrent encore tous les traits de la barbarie ; que la justice n'ose plus se couvrir du voile de la tyrannie, lorsqu'elle conduit sa victime à la mort : que le législateur sache que les tourments les plus recherchés, loin de corriger les hommes, ne font que les soulever contre les lois ; qu'ils détruisent l'effet de la peine, au lieu de la rendre plus efficace ; qu'ils excitent la pitié pour le coupable, et non l'horreur pour le crime ; qu'ils offrent des exemples de férocité, au lieu de donner des leçons bienfaisantes de justice : que le législateur soit enfin persuadé qu'un spectacle de cette nature n'aura jamais l'approbation publique ; qu'une punition qui n'est pas ratifiée par le vœu général est inutile, et qu'une punition inutile est toujours injuste, parceque l'objet de la loi n'est pas de venger la société, mais de la préserver des maux auxquels l'impunité du coupable pourroit l'exposer (1) : tel est l'usage que la raison, la justice, et l'humanité nous permettent de faire de la peine de mort.

---

(1) Voyez le chap. III.

CHAPITRE VII.

Des peines d'infamie.

La douleur n'est pas l'unique instrument de la sanction pénale pour les gouvernements modérés. Il n'y a que le despotisme qui ne sache éloigner du crime les vils esclaves qu'il appelle ses peuples, que par le bâton, la corde, ou des tourments affreux. Sous l'empire d'un tyran, on ne sait apprécier que les biens et les maux réels; on ne connoît pas les biens et les maux d'opinion, parcequ'il n'y a et ne peut y avoir d'opinion générale dans un pays où la volonté arbitraire et inconstante d'un seul détermine la volonté de tous; où celui qui commande dispose des esprits comme des corps, et où celui qui obéit n'est, pour ainsi dire, qu'un être inanimé, qui suit la direction qu'on lui imprime. Il n'en est pas ainsi des gouvernements modérés; l'autorité souveraine y peut réprimer, par deux espéces de moyens, les affections vicieuses du citoyen.

Ces deux espéces de moyens naissent des deux sortes d'existence physique et morale de l'homme. Les moyens qui tiennent à l'existence morale, lorsqu'ils sont bien dirigés, ont constamment autant de force que ceux qui dérivent de l'existence physique: quelquefois même ils peuvent en avoir davantage. Parmi les moyens attachés à l'existence morale, ou aux rapports moraux du citoyen avec la société, il

en est un dont l'énergie ne peut être contestée ; c'est
la crainte de l'infamie, ou la perte du droit à l'opinion publique. Cette opinion, si chère à l'homme,
cette opinion, pour laquelle la jeune Indienne se
précipite volontairement dans les flammes du bûcher, où se consume le corps de son époux (1) ; cette
opinion, qui fait courir un guerrier, non vers l'ennemi de sa patrie, de sa famille, mais vers l'ennemi
d'un roi qui ne lui est connu que par les vexations
qu'il en éprouve chaque jour ; cette opinion qui,
dans certaines circonstances, rend l'homme supérieur à ses passions les plus fortes, qui lui fait rompre tous les liens qui l'environnent, qui lui fait violer toutes les lois ; cette opinion qui l'entraîne, l'épée

------

(1) Cette coutume des Indiens paroîtra bien extraordinaire, si
l'on réfléchit à leur dogme de la métempsycose : ils croient que
l'ame, après la destruction du corps, en va animer un autre, et que
ces transmigrations successives n'auront jamais de fin. Je ne sais
comment, avec un pareil système, on a pu ordonner que la femme
mêleroit ses cendres à celles d'un époux dont elle doit pour toujours demeurer séparée. Mais, par un effet de la contradiction ordinaire de l'esprit humain, une femme qui se déroberoit à cet affreux suicide, seroit à jamais infame dans l'Indostan, et ses enfants
partageroient son ignominie. Les Européens ont fait des efforts
incroyables pour diminuer le nombre de ces spectacles dans les
pays de leur domination. Quelques princes maures ont imaginé de
faire de cet usage un objet de contribution : ils accordent aux In-
diennes la permission de se brûler, moyennant une somme considérable. On a vu quelques unes de ces femmes se livrer avec opi-
niâtreté aux travaux les plus pénibles, pour acheter la permission
de cet étrange suicide. Si l'opinion a tant de pouvoir contre la nature et la raison, quelle force n'auroit-elle pas si elle étoit combinée avec l'une et l'autre ? Dans le quatrième livre de cet ouvrage,
nous nous occuperons de ce grand objet ; nous ne l'observerons ic
que dans ses rapports avec le Code pénal.

3.   3

à la main et le corps découvert, dans un combat singulier, où il ne peut échapper à la mort que pour la retrouver sur l'échafaud, ou pour abandonner sa patrie, ses parents, ses amis, sa fortune, tous les objets en un mot les plus chers à son cœur; cette opinion que l'homme préfère à la vie, parcequ'elle ne meurt pas avec lui, parcequ'elle reste éternellement unie à son nom; cette opinion offre au législateur les moyens les plus puissants pour éloigner l'homme du crime.

L'Égypte connut la première l'activité de ce ressort, et elle enseigna aux autres nations l'usage que les lois pouvoient en faire. Les sages législateurs de ce peuple voulurent effrayer le méchant par une peine qui lui survécût. L'homme puissant qui violoit les lois, pouvoit espérer, pendant sa vie, de voir son crime impuni; mais au moment d'entrer dans la tombe, il étoit arrêté par un tribunal redoutable, qui condamnoit son nom à un opprobre éternel, et privoit son corps des honneurs de la sépulture.

Le citoyen, le magistrat, le prêtre, le monarque, tous devoient subir leur jugement avant d'être ensevelis. Un lac ténébreux séparoit le lieu de la sépulture de la demeure des vivants. Sur les bords de ce lac on arrêtoit le mort, et un héraut crioit d'une voix menaçante: «Qui que tu sois, maintenant que ton pouvoir a fini avec ta vie, que tes titres, que tes dignités t'abandonnent, que l'envie ne cache plus tes bienfaits, que la crainte ne voile plus tes crimes, que l'intérêt n'exagère ni tes vices, ni tes vertus; rends compte à la patrie de tes actions.

Qu'as-tu fait de la vie? La loi t'interroge, la patrie
t'écoute, la vérité va te juger. »

Alors quarante juges recevoient les accusations
qu'on formoit contre le mort; on publioit tous ses
crimes secrets; on examinoit, s'il étoit simple citoyen, avec quelle exactitude il avoit obéi aux lois;
magistrat, comment il avoit administré la justice;
prêtre, comment il avoit rempli les fonctions de son
ministère sacré; roi, s'il avoit exercé avec modération le pouvoir suprême. Le citoyen qui avoit violé
les lois, le magistrat qui les avoit éludées, le prêtre
qui les avoit profanées par la superstition, le roi qui
avoit fait verser le sang du peuple dans une guerre
injuste, qui avoit dissipé les revenus publics, qui
avoit commis des violences sur des particuliers, des
extorsions sur le public, qui avoit dicté ou protégé
une loi injuste, en un mot, qui avoit abusé de ses
droits et obscurci l'éclat du trône, tous étoient condamnés à l'infamie, et privés de la sépulture. On
n'accordoit ces derniers honneurs qu'à celui qu'on
avoit jugé innocent; et un éloge public offroit à ses
contemporains et à sa postérité de grands exemples
à suivre (1).

Tels étoient en Égypte ces jugements des morts,
dont toute l'antiquité nous parle avec admiration;
ces jugements qui déterminèrent les progrès rapides
de la vertu, chez un peuple dont les institutions ont
éclairé l'humanité. Il sentit le premier qu'il étoit
possible de substituer à des peines réelles des peines d'imagination.

____

(1) Diodore, liv. I, pag. 103.

Après les Égyptiens, Minos (1), Licurgue (2), Zéleucus (3), Carondas (4) et Solon (5), montrèrent, en Créte, à Sparte, à Locres, à Thurium et à Athè-

----

(1) Plutarq., *vie de Minos.*

(2) *Nicolaï Gragii, de Republicâ Lacedæm.*, lib. III, tabula 4, instit. 1, 2 et 3; tab. 6, instit. 10; et tab. 8, instit. 11, *apud Gronovium in Thesaur., antiquit.*, t. 5.

(3) Polybe, parlant de la législation des Locriens, cite une loi de ce législateur, qui, pour arrèter le luxe des femmes, ordonnoit que les filles publiques porteroient seules des bijoux d'or et des vétements de diverses couleurs. Diodore de Sicile rapporte en détail cette loi, liv. XII, chap. 21 : « Qu'une femme de condition libre, à moins qu'elle ne soit constamment dans l'ivresse, ne puisse avoir plus d'une esclave auprès d'elle; qu'elle ne sorte pas de la ville pendant la nuit, à moins que ce ne soit pour aller à un rendez-vous; qu'elle ne se couvre point de bijoux et d'étoffes peintes, à moins qu'elle ne fasse le métier de courtisane. Qu'un homme ne porte des vétements de drap de Milet, que lorsqu'il ira se vouer à une infame prostitution. » Il existoit à Sparte une loi pareille, comme on peut le voir dans Clément d'Alexandrie, *Pædagog.*, lib. II, cap. 10; et dans Ælien, *Var. histor.*, lib. XIV et VII.

(4) Il établit des peines infamantes contre les calomniateurs, et contre ceux qui abandonneroient l'armée, ou qui refuseroient de prendre les armes pour la défense de la patrie : les uns étoient menés dans les rues, couronnés de tamarin, pour montrer au public toute leur perversité; les autres étoient exposés pendant trois jours dans la place publique, vétus d'habits de femme. Voyez Diodore de Sicile, *ad Olymp.*, 83, an. 3. Ces deux lois suffiroient pour rendre célébre ce législateur, digne de tous les éloges qu'Aristote lui donne dans le second livre de sa république, cap. ult.

(5) Voyez la *Collection des lois d'Athènes* par Petit, principalement au liv. IV, tit. 9, et au liv. VIII, tit. 3. Potter. *Archæologia græca*, lib. I, cap. 25, parle des trois espèces d'infamie établies par les lois, et d'une peine qui consistoit à écrire sur une colonne le crime et le nom du coupable. Démosthène, *orat. in Næram*, rapporte une loi, par laquelle il étoit défendu au mari de retenir chez lui sa femme adultère, et à celle-ci d'assister aux sacrifices publics.

nes, quels effets prodigieux peut avoir l'opinion publique, lorsqu'elle est bien dirigée.

Rome elle-même, tant qu'elle fut libre et vertueuse, sentit combien pouvoit contribuer à la conservation des mœurs le jugement de la censure, qui, sans faire perdre au citoyen aucune de ses prérogatives, l'effrayoit par l'ignominie dont elle couvroit sa personne (1). L'infamie de *droit* entraînoit la perte de la plupart des prérogatives de la cité (2). Cette espéce d'infamie conserva toute sa force, lorsque l'autre fut affoiblie par la décadence des mœurs, de la censure, et de la liberté. Le Romain, dégradé par les outrages de la tyrannie, ne redoutoit plus, dans l'infamie *de la loi,* la perte de l'opinion publique, mais l'exclusion de toute dignité civile (3) ou militaire (4), de toute fonction judiciaire (5); il ne voyoit plus dans cette infamie qu'une peine qui le privoit du pouvoir, et de l'espérance de l'obtenir (6), qui lui défendoit de former une accusation (7), ou de déposer dans les jugements (8). L'amour du pouvoir, venant alors fortifier la crainte de l'infamie,

______

(1) *Censoris judicium nihil fere damnato affert nisi ruborem ; itaque quod omnis ea judicatio versatur tantummodo in nomine animadversio ista ignominia dicta est.* Cicer., lib. IV, *de Repub.*

(2) *Sigonius, de judiciis,* lib. II, cap. 3.

(3) Leg. 2 , *Cod. de dignit.*

(4) Leg. 4, §. *ad tempus,* ff. *de re milit.*

(5) Leg. *ne quis* 38, *Cod. de decur.;* leg. 1, ff. *ad leg. Jul. de vi privat.;* leg. *cùm prætor,* 12, §. *lege.* ff. *de jud.;* leg. 1, ff. *de offic. adsessorum.*

(6) Leg. 11, §. *secundo,* et §. *aut prætor,* 7, ff. *de postulat.*

(7) Leg. 4 et leg. 8, ff. *de accusat.*

(8) Leg. 3 et leg. 21, ff. *de testibus.*

donnoit à cette peine une très grande énergie. Le
despotisme ne fut pas la seule cause qui affoiblit ce
ressort; la multiplicité des personnes infames et l'a-
bus des peines infamantes (1) auroient produit le
même effet dans un gouvernement plus modéré.

Règle générale. Pour que les peines d'infamie
aient constamment la plus grande force possible, il
faut que cette peine suive l'opinion publique, et ne
la contrarie jamais; il faut que le nombre des personnes infames ne se multiplie pas trop; qu'on n'inflige point cette espéce de peine aux classes de la
société qui ne sentent pas le ressort de l'honneur,
ou qui le sentent foiblement. Le développement de
ces trois principes, renfermés dans cette régle générale, indiquera au législateur l'usage qu'il doit
faire des peines infamantes. Je vais parler du premier de ces principes.

L'infamie de la loi n'est rien, si elle n'est jointe
à l'infamie de l'opinion. Cette vérité, ignorée de
beaucoup de législateurs, est d'une très grande évidence. L'infamie est une peine, et la peine est la
perte d'un droit. Or quel est le droit que l'on perd
par la peine d'infamie? Si la loi ne combine pas
d'autres peines avec l'infamie, c'est le droit à l'opinion publique. Il suit de là que, si cette opinion
publique ne regarde pas comme infame celui que

---

(1) Si l'on veut voir jusqu'à quel point fut porté à Rome l'abus
de l'infamie, on n'a qu'à lire dans le digeste le titre *de iis qui no-
tantur infamiâ*; et dans le code, le titre *ex quibus causis infamia
irrogatur*.

la loi déclare tel, la peine est inutile ; elle s'évanouit d'elle-même.

Mais, on demandera, cela peut-il jamais arriver? la loi n'a-t-elle pas le pouvoir de déterminer comme elle veut l'opinion publique, et de la forcer à regarder comme infame celui qu'elle-même a condamné comme tel?

Deux réflexions, fondées sur un simple fait, répondront à cette objection.

Supposons qu'un législateur, pour montrer la toute-puissance de ses lois, voulût déclarer honorable le métier de bourreau ; supposons que cet homme fût tout-à-coup décoré des titres les plus éclatants, du premier ordre de l'état; que la noblesse qui lui est accordée par la loi fût transmise à ses descendants; que les premiers emplois, les premières dignités de la nation fussent offerts à leurs desirs : quels effets produiroit une telle disposition? Le bourreau et ses enfants, honorés par la loi, resteroient infames dans l'opinion publique; tous ces titres, toutes ces distinctions seroient à l'instant abandonnés par ceux qu'on en avoit revêtus; et une subite révolution d'idées convertiroit ces signes de noblesse et de mérite en signes d'infamie.

On dira peut-être que dans ce cas la nature elle-même détermine l'opinion publique à concevoir de l'horreur pour celui qui exerce cet emploi sanguinaire; et que cette inflexible disposition des esprits est l'ouvrage, non de l'opinion, mais de la nature. La loi, ajoute-t-on, triompheroit de l'opinion, si celle-ci n'étoit soutenue et inspirée par la nature.

Pour répondre à cette objection, je demanderai
d'après quels principes on peut assurer que la nature prononce elle-même l'infamie du bourreau; la
nature n'est-elle pas constante dans toutes ses opérations? Si elle déterminoit l'opinion publique à regarder le bourreau avec exécration, pourquoi n'inspire-
roit-elle pas le même sentiment à l'égard du soldat
qui tire un coup de fusil dans la poitrine de son ca-
marade, dont tout le crime n'est souvent que d'avoir
transgressé les seules lois de la discipline; tandis que
le bourreau arrache la vie à un homme qui a commis les plus horribles attentats? Si elle prononçoit
l'infamie de cet exécuteur public, pourquoi cet emploi n'auroit-il pas eu le même sort chez tous les
peuples et dans tous les temps? Pourquoi le roi de
Maroc est-il le bourreau de ses propres sujets? Pourquoi dans les anciennes monarchies de l'Asie avoit-
on chargé de cette fonction un des premiers officiers
de la cour, celui qu'on honoroit du nom de *grand
sacrificateur?* Pourquoi chez les Israélites la sentence de mort étoit-elle exécutée, ou par le peuple
entier, ou par les accusateurs, ou par les parents de
l'homicide, et quelquefois par les juges eux-mêmes,
sans que leurs mains, baignées du sang du coupable, devinssent infames? Pourquoi, chez les Romains,
les licteurs n'étoient-ils pas déshonorés? Pourquoi
les druides, chez les Gaulois, ne perdoient-ils pas
tout droit à l'estime publique, en égorgeant, avec
les victimes, les hommes qui, par leurs délits, avoient
mérité la mort? Pourquoi, dans d'autres temps, la
sentence de mort étoit-elle exécutée, en quelques

pays de la Germanie, par l'homme le plus jeune
du canton ; à Stedien, par le dernier domicilié du
lieu ; en Franconie, par le dernier marié ; à Reu-
tingue, par le dernier magistrat admis dans le conseil, sans qu'aucun de ces exécuteurs fût infame
dans l'opinion publique ? Aristote enfin auroit-il osé
mettre le bourreau au nombre des magistrats, si
les Grecs eussent eu dans ce siècle, pour de telles
fonctions, ce mépris et cette horreur que nous avons
aujourd'hui (1) ?

Tous ces faits attestent que l'infamie dont la personne du bourreau est couverte parmi nous n'est
point l'ouvrage de la nature : ses lois sont invaria-
bles, et sans doute elle eût fait naître les mêmes
impressions chez tous les peuples et dans tous les
temps.

Mais la loi n'a-t-elle pas le pouvoir, en déclarant
un homme infame de le rendre tel dans l'opinion
publique ? Je répondrai par un seul fait à cette objection. Chez une nation célèbre de l'Europe, on
eut recours, pour réprimer la fureur des duels, à
un remède qui paraissoit propre à détruire le mal
dans sa source. On défendit ces combats singuliers,
et la peine d'infamie fut la sanction de la loi ; on
déclara infames, et celui qui portoit le défi, et celui
qui l'acceptoit. Quels furent les effets de cette loi ?
Les duels continuèrent ; l'opinion publique ne rati-
fia pas l'infamie de la loi ; celui qui enduroit un
outrage, celui qui n'acceptoit pas le duel étoit in-

____

(1) Aristot., *de Repub.*, lib. VI, cap. ult.

fame par l'opinion ; et celui qui se battoit étoit infame par la loi.

L'homme déclaré infame par la loi jouissoit, comme auparavant, et même à un plus haut degré, de l'estime et du respect de ses concitoyens ; il n'étoit infame que de nom. Celui qui, au contraire, avoit obéi à la loi, devenoit l'objet du mépris public ; il étoit infame par le fait. On rejeta par conséquent l'infamie de la loi ; on redouta celle de l'opinion.

Ce n'est donc pas la loi qui établit l'infamie ; elle ne peut faire autre chose que la déclarer. L'opinion publique, cette propriété la plus libre et la plus précieuse des hommes ; cette conscience générale que les lumières doivent rectifier et diriger, mais que la loi ne peut ni contraindre, ni mépriser ; l'opinion publique seule détermine donc l'infamie. Le législateur ne peut que faciliter le développement des lois de cette opinion, dans les cas où elles se concilient avec l'intérêt public, en manifestant, par les formalités de l'instruction judiciaire et par la publicité de la peine, l'infamie de l'accusé, qui, sans cette exécution publique, resteroit incertaine, secrète, ou du moins ignorée de la plus grande partie de la société.

Les peines d'infamie ne doivent donc être prononcées que contre les crimes infamants de leur nature (1). Voilà la première régle qui doit diriger

---

(1) Nous avons une loi des Bourguignons, où cette régle est observée. Par un préjugé ancien et universel, l'adultère est un crime

l'usage de ces peines. Je passe au second principe, relatif au nombre des personnes infames, que j'ai exposé ci-dessus, dans la règle générale.

Il est aisé de voir que la force de l'infamie dépend beaucoup de la modération avec laquelle on se sert de cette peine. L'infamie est une peine d'opinion : or les impressions trop fréquentes sur l'opinion l'affoiblissent. Un exemple rendra cette vérité sensible. La patrie est dans un danger pressant. Un citoyen intrépide court à sa défense, et s'expose à toute sorte de périls : le succès répond à son audace. Il revient de sa glorieuse entreprise, couvert de blessures. La nation bénit le héros, et l'opinion publique l'égale aux dieux. Ce danger se renouvelle mille fois. Mille citoyens, l'un après l'autre, vont défendre la patrie, et chacun d'eux retourne chargé de gloire. Le salut de la patrie appartient au dernier, comme au premier d'entre eux : les risques ont été les mêmes pour tous. Le peuple sent que le bienfait et la valeur sont semblables de part et d'autre ; mais l'héroïsme du dernier citoyen fera-t-il, sur l'opinion publique, la même impression que l'héroïsme du premier ? Quel sera l'effet de cette multitude d'actions ? Le dernier n'obtiendra pas cette mesure d'opinion qu'avoit eue le premier, et celui-ci perdra tout ce qu'il avoit de plus sur l'autre.

---

infamant pour la femme, et non pour l'homme. La loi des Bourguignons suivit l'opinion publique dans la punition de ce crime ; elle punit l'homme d'une peine pécuniaire, et la femme par l'infamie. Voyez, dans la *Collection de Lindenbrock*, le code des Bourguignons, chap. 44.

Appliquons ce principe à l'infamie, et nous verrons que, comme le nombre des héros, trop multiplié, affoiblit dans l'opinion des hommes le mérite de l'héroïsme; ainsi le nombre des gens infames, trop multiplié, affoiblira le ressort de l'infamie; nous verrons que, dans les peines comme dans les récompenses d'opinion, la force diminue, à mesure qu'on multiplie le nombre des gens punis ou récompensés (1); nous verrons enfin que, pour les uns comme pour les autres, les deux principes développés ci-dessus sont insuffisants. Il faut en établir un troisième, relatif à l'état des personnes.

S'il existe dans la société une classe qui ne connoisse pas le prix de l'opinion, ou qui y soit peu sensible, le législateur, pour l'exciter au bien, ou l'éloigner du mal, ne doit se servir, ni des récompenses, ni des peines d'opinion. Les honneurs et l'infamie seront inutiles pour cette classe d'hommes; Les récompenses et les peines réelles seront les seuls encouragements, les seuls freins convenables. S'il est au contraire dans la société une classe d'hommes qui préfère l'honneur à la vie, la mort à l'infamie, les récompenses et les peines d'opinions seront ici plus efficaces que les récompenses et les peines réelles. Ces vérités sont si évidentes, qu'il est inutile de les démontrer. Mais, dira-t-on, deux classes d'hommes si différentes existent-elles dans la plu-

____

(1) Solon, voyant que le nombre des infames s'étoit trop multiplié à Athènes, fit rétablir dans leur honneur tous ceux qui avoient été condamnés à l'infamie avant sa préture, à l'exception de ceux qui sont spécifiés dans sa loi. Voyez Plutarq., *vie de Solon.*

part des sociétés actuelles de l'Europe? Dans ce cas
l'infamie ne sera-t-elle pas un frein impuissant pour
une partie du peuple? Cette espèce de peine ne devroit-elle pas être étrangère à la dernière classe du
peuple de tous les états, excepté des gouvernements
entièrement démocratiques? Dans quelles circonstances pourroit-on l'infliger à toutes les classes de
la société?

Ce n'est pas ici le lieu de résoudre ces grandes
questions; nous nous y arrêterons lorsqu'il s'agira
du rapport des peines avec les différents objets qui
composent l'état des nations. Terminons ce chapitre par une réflexion très vraie, mais ignorée de la
plupart des législateurs. Le nombre des peines prescrites par les lois de l'humanité, est bien peu considérable, lorsqu'on le compare au nombre des délits. Si la vigilance du législateur n'y supplée, il sera
obligé de sortir de ces bornes, et de chercher, dans
les espaces indéfinis de la tyrannie, ces remèdes
cruels, qui peut-être arrêtent le mal pour un instant, mais qui épuisent pour toujours le corps politique, en affoiblissant tous ses ressorts. Voilà ce qui
est arrivé dans une grande partie des nations de
l'Europe. Cet exemple devroit engager un sage législateur à donner aux peines infamantes tous les
degrés de sévérité dont elles seroient susceptibles.

Le moindre de ces degrés seroit la simple déclaration d'infamie. On pourroit ajouter à cette déclaration quelques circonstances plus ou moins infamantes, proportionnées à la gravité du crime. Dans
certains cas on pourroit, par exemple, afficher au

milieu d'une place publique le nom du coupable, son crime, et le genre d'infamie auquel il a été condamné, comme cela se pratiquoit quelquefois à Athènes; tantôt on pourroit mettre son effigie en piéces dans tous les carrefours de la ville; tantôt on exposeroit pour quelques jours le coupable sur une place aux regards du peuple, etc. Le législateur, en prononçant chaque peine infamante indiqueroit toujours les circonstances qui doivent l'accompagner.

CHAPITRE VIII.

Des peines pécuniaires (1).

Quelques personnes ont cru que les peines pécuniaires ne devroient pas entrer dans le plan d'une bonne législation. Les raisons qu'elles donnent semblent très fortes au premier coup-d'œil. En établissant des peines pécuniaires, disent-elles, on annonce au méchant qu'il n'est obligé à autre chose, qu'à proportionner sa fortune à la perversité de ses desseins. Le frein politique, dans ce cas, n'a de force que pour l'homme pauvre ou avare. Le riche qui méprise l'argent, méprisera les lois : la bourse à la main, il volera vers le crime, sans regret, sans effroi. Au moment même qu'il outragera les lois, il saura apaiser la justice, toujours docile à son exécrable volonté.

A cette raison on en ajoute une autre. Comment combiner l'impartialité de la loi avec la sanction pécuniaire? Dans l'enfance d'un peuple, tant que la

---

(1) Je ne parle point dans ce chapitre de l'usage que les peuples barbares ont fait de cette espèce de peine; je m'occuperai dans peu de cet objet intéressant. En examinant le rapport des peines avec les différents objets qui composent l'état d'une nation, je dirai pourquoi les peuples barbares n'ont connu que les peines pécuniaires; je ferai voir la conformité de ce système pénal avec le système politique des peuples qui sont encore dans l'état de barbarie.

première répartition des fonds soutient, par l'égalité des propriétés, l'égalité des richesses particulières, les peines pécuniaires peuvent être justes, parcequ'elles sont également sensibles pour tous les individus de la société. Mais cette première égalité détruite, peut-on les employer sans injustice? La même amende sera, pour l'un, une peine trop forte; pour l'autre, une peine trop douce. La rigueur de la loi variera avec la diversité des fortunes de ceux qui l'outrageront : le même délit conduira une famille à la mendicité, et laissera l'autre dans son ancienne opulence. La même peine sera donc à-la-fois tyrannique et foible, féroce et impuissante.

Enfin, à l'altération que la peine pécuniaire reçoit de l'inégalité des fortunes privées, se joint l'altération qui naît des variations de la richesse publique. L'opulence d'une nation n'est pas toujours la même; les états, comme les individus, perdent les richesses qu'ils ont acquises; ils passent de la misère à la médiocrité, de la médiocrité à l'opulence; et retournent de l'opulence à la médiocrité, de la médiocrité à la misère. La rigueur des peines pécuniaires variera donc continuellement avec l'état de la richesse publique. Ces peines seront, tantôt trop fortes, tantôt trop foibles; rarement elles seront en proportion avec la richesse nationale (1).

____

(1) On trouve dans le code des Lombards une preuve de cette vérité. Ce peuple, après avoir conquis l'Italie, passa tout d'un coup de la pauvreté à la richesse. L'ancienne valeur des peines pécuniaires ne suffit plus pour empêcher les crimes. Rothaire, leur roi, vit la cause du mal, et fut forcé d'augmenter la quantité des amen-

Telles sont les objections que l'on peut élever contre les peines pécuniaires; mais ces difficultés s'évanouissent, dès que l'on détermine l'usage qu'il faut faire de ces peines.

Voici les deux principes généraux qui doivent déterminer cet usage.

1° On ne doit prononcer des peines pécuniaires que contre les crimes qui naissent directement de l'avidité de l'argent.

2° Ces peines pécuniaires doivent fixer, non la quantité de la somme, mais la portion qu'on enlévera à la fortune de l'accusé. Celui, par exemple, qui sera convaincu d'avoir commis tel crime, sera puni par la perte du tiers, du quart ou du cinquième de ses biens.

C'est ainsi que devroit être exprimée la valeur de la peine. Cette disposition fait disparoître toutes les objections que l'on forme contre l'usage des peines pécuniaires.

Le premier principe répond à la première objection, et le second aux deux autres. On a dit que la peine pécuniaire n'arrêtera pas l'homme riche qui attache peu de prix à l'argent. Mais si cette peine n'est prononcée que contre les délits qui naissent de l'argent, le riche, qui en fait peu de cas, n'a pas

---

des : il les proportionna aux nouvelles richesses de sa nation. Voyez le *Code des Lombards*, liv. I, tit. 7. §. 15. Catherine II, impératrice de Russie, a ordonné que la valeur des peines pécuniaires changeroit tous les trente ans. Voyez le *Code russe*, art. 19, §. 443. Mais cela ne peut servir qu'à éviter le dernier des trois inconvénients dont je viens de parler.

3.   4

besoin du frein de la peine pour ne pas les commettre. La même raison qui lui fait mépriser la peine, l'éloigne du délit : si, au contraire, il est riche et avide en même temps, cette passion, qui l'excite à violer la loi, lui fera redouter la peine (1).

On a ajouté que les peines pécuniaires ne peuvent se concilier avec l'impartialité de la loi ; que l'inégalité nécessaire des richesses privées les rendra, dans le même temps, trop dures pour les uns, trop légères pour les autres ; enfin qu'elles seront rarement en proportion avec l'état de la richesse nationale.

Mais, je le demande, ces inconvénients existeront-ils, si la peine pécuniaire est déterminée, non par la quantité de l'amende, mais par une portion de la fortune de l'accusé ? Si la loi dit, par exemple : la peine du stellionat sera la perte de la moitié de la fortune de l'accusé ; cette peine ne sera-t-elle pas la même pour l'homme très riche, et pour celui qui l'est moins ? Ne sera-t-elle pas conforme à l'état de la plus grande richesse d'une nation, comme à celui de sa plus grande pauvreté ?

Dans le système judiciaire que nous proposons, il seroit facile de faire exécuter ce plan de peines

---

(1) Je ne veux pas dire que tous les crimes qui naissent de l'avidité de l'argent doivent être punis de cette espèce de peine ; car il en est dans ce nombre qui exigent, ou une peine plus forte, ou d'autres peines combinées avec celle-là : je dis seulement qu'on ne doit se servir des peines pécuniaires que contre les crimes qui ont pour cause l'amour de l'argent ; et c'est le principe général que j'ai voulu établir.

pécuniaires. Les juges du fait, qui décideroient de
la vérité de l'accusation, indiqueroient l'état de la
fortune de l'accusé : l'accusateur leur donneroit tous
les renseignements nécessaires; et alors les juges du
droit détermineroient la quantité de la somme que
devroit payer l'accusé, par la portion de ses biens
indiquée par la loi.

En Angleterre, ce sont les jurés qui fixent la valeur de la peine pécuniaire : la loi ne fait qu'établir
la nature de la peine (1). La grande Charte, ch. 14,
créa cette disposition, pour prévenir les désordres
qui naissoient de l'impossibilité de fixer cette valeur; elle prescrivit encore une régle générale, qui
devoit restreindre la volonté des jurés sur cet objet,
sans faire cesser entièrement l'arbitraire; elle ordonna « que la peine pécuniaire seroit déterminée d'a-
près les facultés et toutes les circonstances où se
trouve le coupable; qu'elle ne seroit jamais assez
forte pour obliger un fermier d'abandonner son
champ, un marchand ou un négociant de cesser son
trafic, et un laboureur de vendre ses instruments de
culture. »

Cette loi qui empêche l'excès de la peine, laisse
cependant aux jurés le droit funeste de favoriser
telle ou telle personne, en fixant, à leur gré, la proportion de la peine avec le crime, ou avec les facultés du coupable. Le plan que j'ai proposé n'en-
traîneroit point cet abus. La loi, déterminant la valeur de la peine par la portion à soustraire de la

____

(1) Les jurés en déterminent la quantité.

fortune de l'accusé, ne donneroit pas aux juges du fait le pouvoir de proportionner la quantité de l'amende à la nature du crime, et aux facultés du coupable. Les fonctions de ces juges ne consistant qu'à exposer aux juges du droit l'état des facultés de l'accusé, c'est-à-dire qu'à établir un fait, ils ne pourroient jamais trahir impunément la vérité, puisque leur perversité ne resteroit pas secréte. Les juges du droit auroient encore moins de pouvoir arbitraire, puisque la loi leur indiqueroit, d'une manière certaine, la portion de biens que doit perdre le coupable.

Le législateur n'auroit besoin que d'établir deux régles, pour rendre cette nouvelle méthode applicable à tous les cas. La première seroit de substituer une peine afflictive à une peine pécuniaire, dans tous les cas où les biens du coupable ne s'éléveroient pas à une certaine somme fixée par la loi (1). Si l'on n'établissoit pas cette régle, la peine d'un crime se réduiroit souvent à la perte d'une somme infiniment modique.

Par la seconde régle, il seroit statué que, dans les

---

(1) La loi devroit, par exemple, ordonner que toute personne qui n'a pas au moins la valeur de quatre cents ducats de biens disponibles, ne pourra être soumise à une peine pécuniaire ; mais que si elle commet les délits contre lesquels est établie la peine pécuniaire, cette peine sera commuée en une peine afflictive. Un exemple montrera au lecteur de quelle manière la loi pourroit s'exprimer. « La peine du stellionat sera la perte de la moitié des biens du coupable, et de trois années de condamnation aux travaux publics, si la valeur de ses biens ne s'élève pas à la somme de quatre cents ducats au moins. »

cas où la prompte exécution de la peine produiroit la ruine totale du coupable, les juges devroient lui accorder un délai déterminé d'après les circonstances où il se trouve ; et il seroit, par forme de compensation, suspendu de toutes les prérogatives de la cité, jusqu'à l'instant où il auroit entièrement payé la somme à laquelle il a été condamné.

Je trouve dans les lois d'Athènes un exemple de cette sage disposition. Celui qui n'avoit pas payé l'amende à laquelle on l'avoit condamné, étoit exclus de l'exercice de tout emploi (1) ; il ne pouvoit parler au peuple (2) ; il étoit regardé par la loi comme infâme (3). S'il mouroit avant d'avoir acquitté sa dette, ses enfants étoient soumis à la même peine, jusqu'au moment où ils payoient l'amende (4).

Tels sont les principes généraux qui doivent déterminer l'usage des peines pécuniaires. Nous ferons, dans le cours de ce livre, l'application de ces principes. Exposons maintenant ceux qui sont relatifs à la quatrième classe des peines.

---

(1) *Ærarius rempublicam ne gerito. Libanius argumento Androtianæ.*

(2) *Ærarius orationem ad populum habuisse convictus, ad undecimviros capitales adducitor. Dinarchus, in Aristogitonem.*

(3) *Ærarius donec mulctam irrogatam solverit, ignominiosus esto. Libanius, argument. orat. in Aristogit.*

(4) *Si quis ærarius antequam mulctam solverit, obierit, liberi eam solvunto ; secùs si faxint, ignominiosi sunto, donec solverint. Argum orat. in Timocrat.*

CHAPITRE IX.

Des peines qui privent de la liberté personnelle, ou qui en suspendent l'exercice.

Si la justice, l'humanité, l'intérêt public, exigent que l'usage de la peine de mort soit restreint à un très petit nombre de crimes; si les peines d'infamie ne peuvent se multiplier sans perdre de leur force; si elles ne doivent être établies que pour les délits infamants de leur nature, et contre ces classes de la société qui ont le sentiment de l'honneur; si les peines pécuniaires ne doivent frapper que sur une partie de ces crimes qui naissent de l'amour de l'argent, et sur les individus dont la fortune s'élève à une valeur déterminée par la loi; en un mot, s'il existe encore un grand nombre de délits que ne peuvent arrêter tous les obstacles dont nous avons parlé, il faut donc chercher de nouveaux moyens propres à égaler la somme des peines à celle des délits.

Les peines qui privent de la liberté personnelle ou qui en suspendent l'exercice, peuvent, lorsqu'elles sont bien dirigées, remplir cet objet de la manière la plus utile. Soit qu'on les considère par rapport au prix que tous les hommes attachent au bien dont ils sont privés, ou relativement à la facilité qu'il y a de les proportionner aux délits par la diversité de leur durée, ou par la variété des moyens et de l'intensité; soit qu'on les regarde comme des instruments de sûreté, ou comme des moyens d'instruction et d'exemple, comme des peines ou comme des dédommagements de tous les maux faits à la société ; en un mot, sous quelque aspect qu'on les considère, on sentira qu'elles sont relatives à toutes les classes de la société, et applicables aux crimes de diverse nature et de différents degrés ; qu'elles sont propres à corriger le coupable, par l'expérience des maux qui résultent du crime ; à délivrer la société de ses attentats, par la perte de sa liberté, ou pour un temps, lorsque le délit n'annonce pas un cœur perverti, ou pour toujours, lorsqu'il a inspiré à la société une défiance qui ne doit point avoir de terme. On verra qu'elles se concilient avec l'intérêt de l'état, parcequ'en privant l'homme de sa liberté personnelle, on peut employer ses forces à des ouvrages d'utilité commune. La prison, la condamnation aux travaux publics, le transport dans les îles ou dans les colonies, pour un temps, ou pour toujours ; l'exil d'un lieu déterminé : telles sont les différentes espèces de peines comprises dans cette classe. Je ne parle pas ici de l'exil de la patrie, parceque cette peine doit être mise dans la classe de celles qui privent des droits de la cité, ou qui en suspendent l'exercice.

Afin de déterminer avec exactitude l'usage que l'on doit faire des différentes peines qui privent un homme de sa liberté personnelle, pour un temps, ou pour toujours, je parlerai d'abord de la prison.

Les hommes marchent d'ordinaire vers le crime lentement et par degrés. La première mauvaise action est rarement dictée par la perversité du cœur : c'est l'habitude des délits légers qui prépare l'âme aux plus horribles attentats.

L'art du législateur est d'arrêter l'homme, et de le faire reculer, pour ainsi dire, aux premiers pas qu'il fait dans la route du mal. Une peine légère, attachée à un délit léger, annonce au coupable la vigilance et la sévérité des lois ; elle lui montre de loin tous les maux auxquels il s'exposeroit en violant la justice ; elle rend à la société un citoyen qui l'auroit un jour troublée par sa scélératesse.

Mais dans quel cas et de quelle manière peut-on faire usage de la peine de la prison ?

Tous les délits, comme on a vu dans la première partie de ce livre, ne méritent pas d'être punis par un jugement solennel ; toutes les peines ne doivent pas être infligées suivant les mêmes formes judiciaires. De légers délits, qui ne méritent que le nom de transgressions ; des peines, qui ne sont que de simples corrections, n'exigent pas cette exactitude de détails et de précautions de toute espèce dont la loi s'environne, lorsqu'elle a de grands crimes à punir. Elle doit, dans ces délits passagers, se reposer sur le jugement d'un magistrat qui ait toujours les yeux ouverts sur cette portion de citoyens confiés à sa vigilance. Si le décret de ce magistrat pouvoit être injuste une fois, cette injustice, vu l'extrême douceur de la peine, seroit beaucoup moins dangereuse que l'impunité qui accompagneroit cette espèce de délits, s'il falloit les juger avec tout l'appareil de l'instruction. Le magistrat municipal de chaque communauté, que nous avons proposé d'établir sur le modèle des *juges de paix* d'Angleterre, connoîtroit de ces délits, et les jugeroit *sommairement* (1).

C'est pour cette espéce de délits que les lois devroient réserver la peine de la prison. Par exemple, vingt, trente, quarante jours d'incarcération, prescrits par la loi pour une rixe légère sans effusion de sang, pour une injure entre gens d'égale condition, pour une désobéissance aux ordres du magistrat, contribueroient à maintenir le bon ordre dans l'état, à inspirer, à rappeler le respect pour les lois, à arrêter les progrès de la corruption dans l'ame d'un citoyen qui, par l'impunité, ne tarderoit pas à devenir un scélérat. La peine de la prison ne seroit donc qu'une simple peine de correction ; elle ne seroit pas de longue durée, afin de ne pas contrarier l'objet de son établissement.

Sa plus longue durée seroit de quatre mois. On

______

(1) Voyez le tome II, chap. XIX, art. xv. Si l'on réfléchit sur ce que j'ai dit à ce sujet, on trouvera que ce jugement *sommaire* suffiroit pour arrêter l'injustice et l'erreur. Tout ce qui est arbitraire est si étranger à mon plan, que je rougirois d'établir ou de justifier de tels principes, même pour une peine aussi légère que celle-ci. J'ai toujours devant les yeux ces réflexions de Cicéron sur la censure : *Primum illud statuamus, utrum, quia censores subscripserint, ita sit ; an quia ita fuerit, illi subscripserint. Videte quid agatis, ne in unumquemque nostrum censoribus in posterum potestatem regiam permittatis ; ne subscriptio censoria, non minus calamitatis civibus, quam illa acerbissima proscriptio possit afferre ; ne censorium stylum, cujus mucronem multis remediis majores nostri retuderunt, æquè post hac, atque illum dictatorium gladium pertimescamus. Cicer. pro Cluentio,* 44.

sépareroit cette prison de celles qui sont destinées à la garde des accusés (1).

On y emploieroit une partie du jour à des instructions morales, propres à réveiller l'horreur pour le crime, et à en exposer les suites funestes : on y liroit ensuite le code pénal. Des hommes distingués par leur probité et la douceur de leur caractère, seroient chargés de cet honorable et utile ministère. La présence continuelle de l'un de ces instituteurs préviendroit les désordres qui naissent de la réunion des hommes, et du mélange de toutes les passions. Enfin l'expérience de la peine, l'exemple de l'honnêteté, des leçons combinées de morale et de législation, tout concourroit alors à l'objet de la peine, et feroit naître les heureux effets que le législateur peut en obtenir.

Je passe rapidement sur ces objets, afin de ne pas ennuyer le lecteur par des détails superflus.

La condamnation aux travaux publics est une peine qui procure à la société deux sortes d'avantages. Elle offre l'exemple des maux attachés au crime, et elle fait tourner au profit de la société les occupations de celui qui l'a offensée.

Tandis que la pâleur de son visage, les chaînes dont il est entouré, et tous les signes honteux de la

----

(1) Les Athéniens, au rapport de Platon, *de legib.*, lib. X, avoient une prison pour les peines, séparée de celle qui étoit destinée aux accusés : ils avoient encore différentes espèces de liens ou d'instruments, pour punir les abus de la liberté personnelle, pareils à ceux dont on se sert dans les troupes pour la punition des délits contre la discipline militaire.

servitude, attestant hautement son malheur et les
terribles effets de son crime, éloignent de ses traces
une grande partie de ceux qui se préparoient à les
suivre ; ses bras vigoureux aident à construire des
ports, à ouvrir des canaux, à élever des forteresses,
à réparer des édifices publics, à arracher du sein de
la terre les trésors que couvre sa surface, à lancer à
la mer des vaisseaux qui doivent protéger le commerce, à conduire des eaux dans des campagnes
arides, à dessécher des marais ; en un mot, à faciliter, par de grands ouvrages, les travaux de l'agriculture, des arts, du commerce, et à multiplier dans la
société les moyens de protection, de subsistance et
de bien-être. Voilà les avantages qui sont liés à cette
espéce de peine ; mais de quelle manière doit-on
l'infliger?

Une peine dont la durée peut être plus ou moins
grande, se met d'elle-même facilement en proportion avec les délits de différents degrés ; mais si à
la diversité de la durée on joint encore la variété
d'intensité dont elle est susceptible, alors cette facilité de proportion augmente, et le législateur peut y
trouver un grand nombre de peines différentes pour
différents délits. Je développe mon idée. La condamnation aux travaux publics peut être, par exemple, de trois, quatre, cinq, six ans, etc. : elle peut
avoir pour objet un travail plus ou moins dangereux, plus ou moins pénible ; l'exploitation d'une
mine, par exemple, ou l'arrosement d'un pré. On
sent aisément la différence qu'il y a entre une condamnation aux mines pour dix ans, et l'arrosement

d'un pré pour une année. On pourra donc, par la même espèce de peine, punir un délit considérable, et un délit léger.

La loi doit donc déterminer la durée et l'objet de la peine. Voilà le principe fondamental de la condamnation aux travaux publics. Dans la plupart des états de l'Europe, c'est le juge qui fixe d'ordinaire le premier de ces objets : le conducteur détermine le second. Deux années de plus ou de moins d'esclavage, un travail plus ou moins dangereux, plus ou moins pénible, ne sont pas des choses assez indifférentes pour qu'on puisse les abandonner à la volonté arbitraire d'un juge, ou à l'esprit de vénalité d'un conducteur. La liberté civile exige que tout soit déterminé par la loi, et que la durée comme l'objet de la peine dépendent de sa sanction expresse et littérale. Voilà comment l'on peut multiplier les moyens de punition, et faciliter leur proportion avec les crimes.

L'exil d'un lieu déterminé, le transport dans les îles ou dans les colonies, sont, comme je l'ai dit, les autres peines comprises dans cette quatrième classe.

Il est des délits que l'on peut pour ainsi dire appeler locaux ; ce sont ceux qui naissent, non de la dépravation du cœur, mais des habitudes formées avec différentes personnes, et dans certains lieux. Dans les cas de cette espèce, l'exil est en même temps une peine proportionnée au délit, et un moyen d'en prévenir de nouveaux, que des occasions toujours présentes feroient commettre. Cette

peine peut encore s'appliquer à deux affections
de l'ame absolument contraires, la haine et l'a-
mour: la haine, qui suppose l'habitude de courir
en tous lieux après son ennemi, pour l'insulter; l'a-
mour, qui suppose l'habitude de poursuivre sans
cesse l'objet de ses desirs, pour le séduire. Ces deux
passions fermentent et se déploient avec une égale
impétuosité. Toutes les fois que la tranquillité ou la
sûreté d'un citoyen est exposée aux outrages ou aux
desseins pervers d'un ennemi, il faut donc que le
citoyen ait le droit de demander l'exil de son agresseur, et que la loi le lui accorde. Ce droit doit encore appartenir au mari contre le corrupteur de sa
femme, et au père contre le séducteur de sa fille.
Cette espèce d'exil d'un certain lieu, dont la durée
est fixée par la loi, servira, dans ces circonstances,
à punir les attentats du coupable, et à arrêter les
progrès d'un mal qui pourroit le conduire à de plus
grands crimes, et à des peines plus fortes. Le sage
législateur punit avec exactitude tous les petits délits, afin de prévenir les grands forfaits; le tyran
néglige les uns, afin d'entraîner vers les autres, qu'il
punira par des supplices horribles. Le premier s'occupe de l'intérêt de la société et de celui du coupable; le second nuit à tous les deux à-la-fois. L'un
est juste, parcequ'il est humain; l'autre est humain,
parcequ'il est féroce. Celui-là détruit le germe du mal;
celui-ci en excite le développement, parcequ'il se
prépare le plaisir de l'étouffer, lorsqu'il aura corrompu tout ce qui l'environne. Voilà le père du peuple, et voici le despote.

Quant à la peine du transport dans des îles presque inhabitées, je ne ferai que deux réflexions, pour montrer combien on devroit en restreindre l'usage. Cette espèce de peine, faisant oublier l'existence du coupable, ne peut entretenir dans l'esprit des hommes l'idée des dangers que le crime entraîne à sa suite. Celui qui souffre cette peine, au lieu de réparer, par son travail, une partie des maux qu'il a faits à la société, lui devient à charge, puisqu'il doit être nourri par elle. Cette peine ne doit donc être appliquée qu'à des crimes qui ne sont pas assez atroces pour mériter la mort, mais qui sont assez graves pour faire séparer le coupable de la société, dont il trouble le bon ordre. Il n'en est pas de même du transport dans les colonies.

Les peuples qui possèdent des pays dont la population ne suffit pas pour animer leur agriculture et leur commerce, et étendre ou soutenir leur industrie, ont un moyen de plus que les autres pour punir certains délits, et faire servir les perturbateurs de la société à l'accroissement de la richesse publique. Quand l'expérience de toute l'antiquité, et sur-tout les exemples d'un grand nombre de colonies de la Grèce, ne nous attesteroient pas que le rebut d'une nation peut devenir une excellente société politique ; quand l'histoire de nos temps modernes ne nous offriroit pas un pareil spectacle, la raison seule nous feroit sentir qu'il est possible de faire d'un malhonnête homme un homme de bien, en l'éloignant du théâtre de ses crimes, de son infamie, et de sa condamnation.

Pour peu que l'on réfléchisse sur le caractère général des hommes, on verra que si la conscience d'une bonne réputation élève l'ame, la soutient, et la prépare chaque jour à de nouveaux actes de justice et de vertu, la conscience d'une mauvaise réputation la flétrit, la dégrade, et éteint jusqu'au dernier sentiment d'honnêteté. Environné de tous les témoins de ses crimes, devenu l'objet de leur crainte ou de leur exécration, convaincu de l'impossibilité de regagner leur estime et leur confiance, un coupable se voit privé pour toujours ou pour long-temps des plus douces récompenses de la probité. Un nouveau ciel, une terre nouvelle, peuvent détruire en lui cette idée funeste. Transporté d'un pays où il est abhorré, dans des lieux où il croit pouvoir inspirer quelque intérêt pour sa personne, son cœur s'ouvre d'avance à toutes les jouissances d'une nouvelle opinion publique, que l'éloignement des lieux et une nouvelle espèce de concitoyens lui permettront de mériter.

Une société naissante offre, avec peu de devoirs à remplir, un petit nombre de besoins, et une grande facilité de les satisfaire. Ces circonstances, jointes à la nécessité de travailler, et à la certitude de recueillir de grands profits de son travail, concourent à maintenir dans l'observation des lois l'homme condamné au transport dans les colonies.

Tel est le premier avantage qui naît de cette peine, lorsqu'elle est bien dirigée. Le second est l'utilité qu'en retire le corps social; il acquiert un citoyen laborieux, et participe aux profits de son industrie. Le troisième est la proportion de cette peine avec les différents délits, et sur-tout avec la plupart de ceux qui ne supposent pas un cœur dépravé et endurci dans le crime. Je ne puis en indiquer l'usage avec plus de précision, parceque la valeur de cette peine, dépendant du sol, du climat, et d'une foule d'autres circonstances locales qui la rendent plus ou moins rigoureuse, n'est pas susceptible de principes généraux. Je ne voulois qu'en démontrer les avantages. Maintenant portons nos regards sur la dernière classe des peines.

CHAPITRE X.

Des peines qui privent des droits de la cité, ou qui en suspendent
l'exercice.

Les prérogatives de la cité offrent au législateur
de nouveaux moyens de peine, c'est-à-dire de nouveaux obstacles plus ou moins puissants à opposer
aux crimes. Les droits à la vie, à l'honneur, à la
propriété réelle, à la propriété personnelle, sont
communs au citoyen et à l'étranger, et peuvent
devenir, soit contre l'un, soit contre l'autre, les objets de la sanction pénale : mais les peines dont nous
parlons dans ce chapitre ne sont applicables qu'aux
membres de la société, aux citoyens coupables.

Dans tous les états, excepté sous le despotisme,
où les droits deviennent les droits d'un seul, ou sous
l'oligarchie, où les droits de tous deviennent les
droits d'un petit nombre ; dans tous les états, quelles
que soient leur constitution et la nature de leur gouvernement, le citoyen acquiert, en naissant, des
prérogatives que ses crimes seuls peuvent lui faire
perdre. Il a plus ou moins d'influence dans le gouvernement ou dans l'exercice de l'autorité ; il peut
prétendre ou à des places de magistrature, ou à
des emplois qui exigent la confiance des lois ; enfin
par-tout il jouit du droit précieux de vivre dans la
société dont il est membre, de respirer sous le ciel
qui l'a vu naître, d'obéir aux lois qui ont protégé
son enfance. Telles sont les prérogatives de la cité ;

3.   5

tels sont les objets des peines comprises dans cette classe.

Pour déterminer par un principe général l'emploi de ces peines, dont la valeur, soit absolue, soit relative, varie à l'infini avec les circonstances politiques des peuples, on peut dire que, puisque l'un des principaux soins du législateur, en fixant la sanction pénale, est de proportionner, autant qu'il est possible, la nature de la peine à la nature du délit, et de faire en sorte que la même affection de l'ame qui pourroit exciter l'homme à violer la loi l'engage toujours à l'observer, il est évident que les peines qui privent des prérogatives de la cité, ou qui en suspendent l'exercice, peuvent être utilement employées contre les délits qui naissent de l'abus de ces prérogatives. Que le citoyen, par exemple, convaincu d'avoir brigué une place en soit exclu pour toujours : plus les prérogatives de cette place seront importantes, plus elle fixera les desirs ; et par conséquent, plus il sera dangereux de briguer pour l'obtenir, plus la peine de l'exclusion sera effrayante.

Que le magistrat qui s'est efforcé de reculer les bornes de sa juridiction soit privé pour toujours de cette magistrature ; que celui qui en a abusé subisse, outre cette peine, celle qui est attachée à l'espèce d'abus dont il s'est rendu coupable : l'amour du pouvoir servira de frein à l'abus du pouvoir, l'ambition sera réprimée par l'ambition même (1). Que le citoyen convaincu d'avoir vendu son suf-

______

(1) La loi *Aquilia* déclara, à Rome, l'ambitieux incapable de toute magistrature. Voyez Dion Cassius, *Histor. lib.* XXXVI.

frage dans les délibérations publiques soit puni tout à-la-fois et de la peine pécuniaire établie par la loi contre les crimes qui naissent de l'avidité de l'argent, et par l'exclusion perpétuelle des assemblées publiques.

Enfin que celui qui a été puni d'une peine d'infamie soit regardé comme mort civilement; qu'il soit privé de toutes ces prérogatives que pourroit lui donner l'influence dans le gouvernement, ou l'autorité sur ses concitoyens; qu'il soit exclu de toutes les fonctions civiles attachées à l'état de citoyen, à la confiance des lois.

Mais que dirons-nous de l'exil de la patrie? Cette peine est quelquefois trop forte d'elle-même pour qu'on puisse l'employer avec modération; d'autres fois elle est trop foible et trop dangereuse pour la faire entrer dans le code pénal. Dans les gouvernemens où le citoyen exerce une partie de la souveraineté, cet exil est une peine capitale qui ne doit être établie que contre les délits importants : c'est ainsi qu'on en fit usage à Rome pendant la liberté de la république. La loi cependant n'osoit pas la prononcer d'une manière directe; elle recouroit à une circonlocution qui en attestoit l'effet sans l'indiquer expressément. On défendoit au coupable l'usage de l'eau et du feu; on lui laissoit ainsi le choix de la mort naturelle ou de la mort civile, de la perte de la vie ou de la patrie, et on le déterminoit à l'exil sans le lui ordonner littéralement (1). Mais il y a

____

(1) « Exilium, *dit Cicéron, orat. pro Cæcina,* non est suppli-

5.

une très grande différence, quant aux effets, entre
l'exil d'un Romain dans les beaux jours de la république, et celui d'un citoyen dans nos gouvernements modernes.

Le citoyen représentoit à Rome une partie de la
souveraineté, et la souveraineté de Rome étoit celle
de presque toute la terre. Proscrire le citoyen du
siége de son empire, c'étoit le dépouiller des titres
de son autorité, c'étoit détrôner un roi.

L'existence politique étoit aussi précieuse à un
Romain que l'existence physique; et s'il préféroit
la perte de la patrie à la mort, lorsque, privé de l'u-
sage de l'eau et du feu, il s'exiloit de lui-même,
c'étoit, non par un amour exclusif pour la vie, mais
par la nécessité de choisir entre la perte de deux
biens ou celle d'un seul (1). Rome put donc, tant
qu'elle jouit de sa liberté, infliger à un de ses citoyens une peine terrible, sans élever des gibets ou
teindre ses faisceaux de sang (2).

---

cium, sed perfugium, portusque supplicii; nam qui volunt pœnam
aliquam subterfugere aut calamitatem, eò solum vertunt, hoc est,
locum ac sedem mutant. Itaque nullâ in lege nostrâ reperietur, ut
apud cæteras civitates, maleficium ullum exilio esse multatum. Sed
quum homines vincula, neces, ignominiasque vitant, quæ sunt
legibus constitutæ, confugiunt quasi ad aram in exilium; qui, si in
civitate legis vim subire vellent, non prius civitatem quam vitam
amitterent. »

(1) *Paulus*, V, *sentent.* 26, §. *et qui eum.*

(2) C'est par le même principe qu'à Athènes on laissoit au coupable la liberté de prendre la fuite après la première harangue
qu'il avoit faite pour sa défense : cet exil volontaire étoit, aux yeux
de la loi, une peine aussi forte que celle qu'il eût subie après le
jugement ; l'exil étoit alors confirmé par l'autorité publique, et le

Mais la même institution pourroit-elle avoir lieu dans une autre forme de gouvernement, dans le gouvernement d'un seul, par exemple? Exista-t-elle à Rome sous la domination des Césars, après la perte de la liberté publique (1)? Si l'exercice de la souveraineté est entre les mains d'un seul, si le droit de cité n'est qu'un titre de dépendance, si le citoyen exilé de sa patrie n'est proscrit ni des assemblées de la nation ni du sénat, cette peine imprimera-t-elle l'effroi qu'excitoit dans l'ame du Romain libre l'interdiction de l'eau et du feu? sera-t-elle proportionnée aux délits énormes contre lesquels on l'avoit établie à Rome? ne devroit-elle pas plutôt être réservée pour de légers délits? et dans ce cas ne vaudroit-il pas mieux la proscrire entièrement du code pénal? Une peine qui, pour un délit peu important, prive l'état d'un homme dont les travaux pourroient lui être utiles n'est-elle pas très dangereuse? et ne conviendroit-il pas d'y substituer une autre

coupable ne pouvoit plus revenir dans la patrie. Cet usage n'existoit que pour les citoyens, et cela justifie notre réflexion. Voyez Démosthène, *in Aristocrat.*, et Pollux, lib. VIII.

(1) La loi *Porcia* ne fut pas, il est vrai, expressément abrogée après la perte de la liberté, parcequ'on vouloit en conserver l'apparence ; mais on éluda la force de cette loi par l'esclavage de la peine. En vertu de cette fiction de droit, un citoyen qui avoit commis un délit énorme étoit regardé comme esclave ; et, en cette qualité, on le faisoit mourir. Paul, dans la loi 6, ff. *de injust. rupt. irrit. fact. testam.*, dit : « Si quis fuerit capite damnatus, vel ad bestias, vel ad gladium, vel aliam pœnam quæ vitam adimit, testamentum ejus irritum fiet, non tunc quum consumptus est, sed quum sententiam passus est ; nam servus pœnæ efficitur. » Voyez encore les lois 3, 12, 29, ff. *de pœnis, leg. ult., cod de emancipat liberor.*, où il s'agit de cet esclavage de la peine.

peine qui pût produire le même effet sans causer le même mal?

Ces réflexions, que je me contente d'indiquer, suffiront, je l'espère, pour montrer que la peine de l'exil de la patrie (1) ne doit pas entrer dans le code criminel d'une monarchie. Dans l'aristocratie, elle ne peut être infligée qu'au seul corps des grands; et ce n'est que dans la démocratie qu'on peut y soumettre tous les citoyens. J'approfondirai ces questions dans le cours de cet ouvrage : ce que j'en ai dit suffit pour préparer le lecteur à l'examen du rapport que les peines doivent avoir avec les différents objets qui constituent ce que l'on appelle *l'état d'une nation*, et pour voir comment les principes de la *bonté relative* des lois que j'ai exposés dans le premier livre doivent être appliqués au code pénal. Tel est l'objet des deux chapitres suivants.

------

(1) Par le mot d'*exil de la patrie*, je n'entends pas l'exil d'un certain lieu : l'exil de la patrie est l'exil de l'état; l'exil d'un certain lieu est l'exil d'un pays. J'ai indiqué dans le chapitre précédent l'usage qu'on pouvoit faire de cette dernière espèce d'exil.

CHAPITRE XI.

Du rapport des peines avec les différents objets qui constituent l'état d'une nation.

Après avoir développé les principes qui peuvent déterminer l'emploi des peines, il faut, pour généraliser nos idées et en faciliter l'application aux nations les plus différentes, examiner l'influence que doivent avoir sur le système pénal les circonstances politiques, physiques et morales des peuples, et établir de cette manière les fondements de la grande théorie du rapport des peines avec les différents objets qui constituent *l'état d'une nation*.

Afin de procéder avec l'ordre qu'exige un sujet si difficile, il faut d'abord examiner les principes du système pénal le plus propre à une société qui commence ; il faut que, dirigeant mes idées selon la marche de cette société, je puisse faire voir comment le système pénal doit se développer et se perfectionner à mesure que le corps social acquiert de la force et des lumières (1). On sentira, après cet examen, que l'ignorance seule de ces rapports a porté quelques écrivains politiques à s'élever contre le système des codes criminels des nations barbares, codes qui, malgré tant de frivoles déclamations, offriront toujours à un observateur philosophe ces rapports qu'on

____

(1) Voyez le chap. XVIII du liv. I.

ne trouve plus dans les nôtres, et cette bonté relative des lois dont nous sommes encore très éloignés. J'examinerai ensuite les principes qui naissent du rapport des peines avec les autres objets qui constituent l'état des nations déjà parvenues au période de la perfection ; enfin je m'arrêterai sur l'influence que les diverses circonstances politiques, physiques, et morales des peuples doivent avoir sur le système pénal, et je développerai la théorie des lois relative à cette influence.

Le sujet est vaste, il tient à l'histoire de tous les lieux et de tous les siècles ; mais je n'en offrirai que les parties les plus importantes. Quelques personnes trouveront peut-être trop de hardiesse dans mes vues générales sur les rapports du système pénal avec l'enfance et le développement de la société ; d'autres les regarderont comme étrangères à l'objet principal de ce livre. Mais le lecteur qui voit le système entier de mes idées, et qui se rappelle l'*universalité* de mon sujet (1), ne me fera pas ces reproches ; il regardera du moins cette partie de mon ouvrage comme le résultat utile d'une méditation profonde et d'une lecture immense.

Toutes les nations policées ont commencé par l'état sauvage ; et tous les peuples sauvages, abandonnés à leur instinct naturel, doivent arriver un jour à l'état de civilisation (2). La famille est la première

---

(1) Je trace la science de la législation pour tous les peuples et pour tous les temps. Rappelons-nous le principe établi par Aristote : *Scientia debet esse de universalibus et æternis.*

(2) Voyez le chap. I du premier livre de cet ouvrage, où j'ai ex-

société, et le premier gouvernement est le gouvernement patriarchal, fondé sur l'amour, l'obéissance et le respect. La famille s'étend, se multiplie, et se partage ; plusieurs familles voisines forment une tribu, une horde, une société purement naturelle ; leurs chefs vivent entre eux comme les nations (1).

Le droit appelé *jus majorum gentium*, ou *de violence privée* (2), est le seul droit, si l'on peut s'exprimer ainsi, qui, dans la société primitive, existe entre les chefs de ces familles. La force met en possession du territoire, en fixe les limites, en défend la propriété ; c'est à elle qu'appartient la protection

---

posé les motifs de la sociabilité. Je me suis contenté de faire observer les extrêmes, c'est-à-dire le passage de l'état d'indépendance naturelle à l'état de dépendance civile, parcequ'il n'étoit pas alors de mon sujet d'indiquer les espaces intermédiaires que les hommes ont dû parcourir avant d'arriver à ce dernier état. Je vais maintenant développer ces idées, qui tiennent à l'objet dont il s'agit ici.

(1) Tel étoit Polyphème parmi les Cyclopes d'Homère, au rapport de Platon, qui voit l'origine des dynasties dans le gouvernement de la famille (*Plato de legib. lib.* II). Tels étoient les patriarches de l'histoire sainte. Souverains indépendants au milieu de leur famille, ils exerçoient un empire monarchique sur les personnes comme sur les biens de leurs enfants, qui, par cette raison, sont appelés par Aristote (*Polit. lib.* I), *animata instrumenta parentum*, et compris dans les tables des décemvirs sous le nom *rei suœ*, comme on le voit dans ce fragment connu : *Uti paterfamilias super pecuniâ tutelâve rei suœ legassit, ita jus esto.* Le droit de vie et de mort (*jus vitæ et necis*) conservé par les lois des douze tables aux pères de famille, et le droit de pécule qui subsiste encore, sont des suites de ce pouvoir originaire.

(2) Voyez, dans la note qui se trouve à la fin de ce chapitre, le développement de cette idée ; je n'aurois pu le placer ici sans embarrasser l'esprit du lecteur.

des biens, des personnes, de tous les droits naturels. La jurisprudence de *formules*, introduite dans la société civile, n'est que le symbole, l'image de ce qui se pratiquoit dans cet état de choses, et de ce qui se pratique encore chez les peuples placés dans les mêmes circonstances. Ce qui n'est plus aujourd'hui que nom, formule, signe, exprimoit alors des actes réels (1). Les chefs de ces familles terminoient

(1) C'est pour cela peut-être que Justinien les appeloit *juris antiqui fabulas;* et en effet, le *jus quiritium* des Romains, comme le prouve le célèbre *Vico,* ne renfermoit que les symboles de ce qui se pratiquoit dans l'ancien état d'indépendance naturelle. Je vais me servir de ses propres expressions : « *Homines exleges, quidque suâ* manu capiebant, usu capiebant, *vi turbantur; suum usum, seu possessionem* rapiebant, *et sic vi suâ reciperabant. Undè erant mancipia res verè manu captæ,* nexi *debitores verè* obligati ; *verè* mancipationes, usucapiones, vindicationes, raptiones; *uti uxores usurariæ, quæ in possessione erant, non in potestate virorum,* trinoctium usurpabant, *hoc est, tres perpetuas noctes usum sui rapiebant viris, ne in eorumdem manum, seu potestatem, anni usucapione transirent. Judicia* duella *erant, sive singularia certamina inter duos æquales, quia* tertius *non erat judex superior, qui controversias vi adempta dirimeret.* Vindicationes *per veram manuum consertionem* (manus *enim conserere pugnare est*) *peragebantur;* et vindiciæ *erant res verè per vim servatæ. Actiones autem personales erant verè* conditiones... *Per veras autem* conditiones *creditores cum debitoribus, qui aut infciarentur debitum, aut cessarent, obtorto collo tractis, suam* condibant, *seu* simul ibant *. domum, ut ibi operis sui* nervo nexi *debita exsolverent,* etc.... *Hoc jus majorum gentium, primi rerumpublicarum fundatores in quasdam* imitationes violentiæ *commutarûnt : ut* mancipatio, *quâ omnes fermè* actus *legitimi transiguntur, liberali nexus traditione* (c'étoit un nœud symbolique qu'on donnoit à quelqu'un pour la *tradition civile*); *usucapio non corporis adhæsione perpetuâ, sed possessione principio quidem corpore quæsita, deindè solo animo conservata ; usurpatio non usus rapinâ quædam, sed modestâ appellatione, quam vulgò nunc* citatio-

leurs querelles les armes à la main : l'issue du combat formoit la décision. Juger et combattre étoient pour eux la même chose (1) : ils défendoient eux-mêmes leurs droits, et vengeoient leurs injures.

La *clientèle* naquit de cet ordre de choses. Tous les hommes n'ont pas la force, ou, ce qui est la même chose, la vertu (2) nécessaire pour se défendre eux-mêmes. Les plus foibles cherchent l'appui des plus forts, leur cèdent une portion de leur indépendance naturelle ; et ceux-ci leur offrent, en échange, la protection de leurs droits et des moyens de subsistance. Tels étoient les serviteurs des héros

---

nem *dicunt ; obligatio non ultrà corporum nexu, sed certo verborum ligamine ;* vindicatio *per simulatam manuum consertionem, et vim,* quam *Gellius appellat* festucariam (c'étoit une motte de terre que l'on présentoit au juge, avec la formule de *revendication : Aio hunc fundum meum esse ex jure quiritium.* Tant que le droit appelé *jus arcanum subsista,* on exprima cette formule par les seules lettres initiales) ; *tandem, ut alia omittam,* conditio, *sive actio personalis non itione creditoris cum debitore, vel cum re debitâ, vel cum re aliâ, sed solâ* denunciatione, *peragerentur.* (*Undè* conditiones *posteà dictæ sunt* condictiones *, quia denunciare prisci dicebant* condicere.) » J'ai pris la liberté de réunir ici plusieurs morceaux des trois ouvrages de ce profond écrivain, afin d'établir une vérité qui ne me paroit pas très connue. Le premier de ces ouvrages a pour titre, *De uno universi juris principio et fine uno liber unus,* cap. 100, 124 et 135 ; le second, *De constantiâ jurisprudentis,* part. 2, cap. 3 ; le troisième, *Scienza nuova,* lib. IV. pag. 432, 439, et pag. 480, 489 de la troisième édition de Naples.

(1) L'étymologie même du mot l'indique, Κρίνειν, chez les Grecs, signifioit combattre et juger. *Decernere,* chez les Latins, étoit la même chose que *cæde definire ;* voilà pourquoi on disoit *decernere armis.* Le même mot s'appliqua aux jugements, qui n'étoient d'abord que des combats.

(2) Voyez la note 9 du ch. XI de la première partie de ce livre.

d'Homère (1), les clients des Romains dans les temps
héroïques (2), les *ambactes* des Gaulois (3), et les
hommes ou vassaux rustiques des temps héroïques
plus voisins de nous (4).

Dans cet état, l'indépendance naturelle entre les
chefs de la famille se conserve encore tout entière;
ils sont parfaitement égaux, et se regardent comme
tels.

Bientôt l'on sent le besoin de se défendre contre
une tribu voisine; ou peut-être l'ambition de la
soumettre vient s'emparer tout d'un coup d'un des
chefs de ces familles. Il engage les autres à le suivre dans son expédition; tous ou du moins la plu-

---

(1) Voyez l'*Odyssée*, liv. XVI, vers 248, et dans plusieurs autres
endroits. Les Grecs se servoient du mot δοῦλος pour désigner les
serviteurs esclaves, c'est-à-dire, ceux qu'on avoit eus par la con-
quête: δρηστήρ, ou δραστήρ étoit le foible qui cherchoit un asile auprès
du fort, pour se soustraire aux dangers de sa situation.

(2) Voyez Vico, *Scienza nuova*, lib. I, p. 65, 66; ibid., p. 95,
96; *dignità* 70 et *dignità* 79; et son autre ouvrage intitulé *De universi juris principio uno et fine uno*, cap. 104, où il montre, avec
beaucoup d'érudition, quelle fut l'origine de la clientèle des Romains. Plusieurs autres passages de son livre justifient encore son
opinion.

(3) Cæsar, *Comment. lib.* VI *de bello gallico*, cap. 15.

(4) Nous voyons, dans les règnes héroïques de la Grèce, les
gens du peuple appelés du nom d'*hommes*, à la différence des nobles, qu'on nommoit *dieux*, ou *fils des dieux*. Homère en offre
plusieurs exemples. C'est une des preuves innombrables qui attestent que les mêmes idées reviennent avec les mêmes circonstances.
Vico montre que ces *hommes*, ou serviteurs rustiques des derniers
temps héroïques, ressembloient exactement, dans leur origine, aux
premiers clients des Romains. Voyez la *Scienza nuova*, lib. IV,
pag. 465 jusqu'à la pag. 510; et l'autre ouvrage cité *De uno universi*, etc., cap. 129.

part d'entre eux se rendent auprès de lui ; chacun, suivi de ses clients, accompagne le chef principal (1). Si le succès de la guerre est le même pour les deux partis, les choses restent dans le même état ; mais si l'une des tribus soumet l'autre, comme cela doit arriver après un certain temps, alors le vaincu devient esclave du vainqueur ; tous les individus de la tribu subjuguée, avec leurs biens de toute espèce, sont partagés entre les vainqueurs : la contrée est gouvernée par un chef, par ses compagnons, et par les soldats, qui, tous ensemble, représentent la partie libre de la nation, tandis que le reste des habitants est dévoué aux humiliations et aux cruautés de la servitude. Le chef est le général qui a conduit l'expédition, ses compagnons sont les nobles ou chefs de familles qui l'ont suivi, les soldats sont leurs clients. Une partie du territoire et des biens des vaincus est assignée au général ; l'autre se partage également entre ses compagnons, et ceux-ci subdivisent leur portion entre leurs clients.

C'est là que commence l'état de *barbarie*, d'où la société civile doit sortir un jour. L'inégalité de biens entre les trois classes qui composent la partie libre de la nation, et l'habitude de la subordination militaire, détruisent une petite portion de l'indépendance naturelle ; mais elles laissent subsister l'autre dans toute son étendue.

Le général, ou le roi, si l'on veut, est plus puis-

____

(1) C'est ce qu'atteste l'histoire de toutes les nations, dans les circonstances dont nous parlons.

sant que chacun de ses compagnons ; ensemble ils sont beaucoup plus puissants que lui. Chacun d'eux, par la même raison, est plus fort qu'aucun de ses clients ; mais en masse ceux-ci sont plus forts que lui. Cette inégalité réciproque de force et de foiblesse conserve dans un tel état cette grande partie d'indépendance naturelle dont j'ai parlé. En ne l'observant ici que sous le point de vue qui est relatif à notre objet, on la voit se manifester tout entière dans le système pénal.

Un sénat foible et tumultueux, composé des nobles et du roi, exerce une très petite partie du pouvoir législatif ; mais le pouvoir exécutif, et sur-tout l'exercice du droit de punir, ou de la vengeance personnelle, doivent rester long-temps entre les mains des individus. Cet état est trop voisin de l'état d'indépendance naturelle pour déterminer la cession d'un droit si précieux. Cette partie du droit *de violence privée* doit encore exister, et il ne peut être détruit qu'insensiblement. Il faut donc commencer par quelques modifications. Tout se réduit d'abord à établir les formalités suivant lesquelles il doit être exercé (1) ; mais la vengeance continue à être le seul

---

(1) C'est par ces formalités que l'on doit prévenir, autant qu'il est possible, tout abus dans l'exercice de ce droit. Je laisse au lecteur le soin d'appliquer cette théorie aux faits qui attestent que tout ce que j'ai indiqué à cet égard est précisément ce qui a été pratiqué par des peuples placés dans ces circonstances. Je crois que le mot *quiritare* des Romains, appliqué, dans des temps de civilisation, à des actions judiciaires, étoit destiné, dans les premiers temps, dans ce période de barbarie dont je parle, à exprimer une de ces formalités. L'offensé, avant de se livrer à sa ven-

motif et le seul objet de la peine. Le corps de la société ne s'intéresse nullement à des attentats individuels.

« Dans un tel ordre de choses, dit Aristote, il ne peut y avoir de lois pénales pour punir les injures et protéger les droits particuliers (1); » et c'est l'in-

---

geance, devoit *quiritare*, c'est-à-dire annoncer aux patriciens, qu'on appeloit *quirites*, l'offense qu'il avoit reçue, et la vengeance qu'il se proposoit d'en tirer.

Homère parle d'une semblable formalité établie chez les peuples d'Ithaque, qui, d'après la description qu'il en fait, étoient précisément au degré de barbarie dont on parle ici. Télémaque, offensé des brigandages que les nobles exerçoient dans ses troupeaux, les assemble ; et, après leur avoir rappelé les injures qu'il a reçues d'eux, après avoir imploré l'assistance des dieux, il leur dit: *Impunè deindè intra domum vos occidam.* Odyss. liv. XI, vers 145.

(1) Aristote, *de Republ.*, lib. III. Il doit s'écouler un long espace de temps avant que le corps social s'intéresse aux offenses particulières. La mort de la sœur des Horaces, sous Tullus Hostilius, fut, dans l'histoire romaine, le premier exemple d'un attentat particulier poursuivi par l'autorité publique. Nous voyons dans Homère qu'un meurtrier, chez les Grecs, à l'époque de la guerre de Troie, n'étoit obligé de se tenir éloigné de sa patrie que jusqu'au moment où l'on avoit apaisé les parents du mort. Alors il ne couroit plus aucun risque; il étoit à l'abri de toute punition. Voyez *Feith. Antiquit. Homer.*, lib. II, c. 8, pag. 187. Le droit de punir étoit donc, à cette époque de l'histoire grecque entre les mains des particuliers. Chez les Germains, le droit de vengeance personnelle existoit encore dans toute son étendue, au temps de Tacite, c'est-à-dire plus de deux siècles après César, quoiqu'ils eussent eu très souvent occasion de connoître les Romains et de traiter avec eux. « Suscipere tam inimicitias seu patris seu propinqui, quam amicitias, necesse est; nec implacabiles durant. Luitur enim etiam homicidium certo armentorum ac pecorum numero, recipitque satisfactionem universa domus; utiliter in publicum, quia periculosiores sunt inimicitiæ juxtà libertatem. » Tacit. *De morib. German.*, cap. 7 et 21.

existence de cette espéce de lois qui a engagé les poëtes et les historiens à appeler cet âge *temps d'innocence, siècle d'or*. Ils ont cru qu'il n'y avoit point de lois pénales parcequ'il n'y avoit point de crimes ; mais à cette époque de la société, les bras, la hache et l'épée de l'offensé sont les véritables lois pénales : voilà les vengeurs de l'injure et les gardiens du droit. L'agresseur n'a rien à craindre si l'offensé lui pardonne. Les seuls crimes contre lesquels on exerce le droit nommé *jus minorum gentium*, ou *droit de violence publique* (1), sont les crimes d'état ; et les crimes d'état, dans cette société, sont les délits contre la religion (2). La superstition, que les chefs de ces sociétés appellent à leur secours pour resserrer les liens sociaux, conserve en quelque sorte l'ordre intérieur par des principes de théocratie. Tout ce qui est public, tout ce qui tient au droit général, est confié à la surveillance ou à la protection d'une divinité. Les attentats contre le public sont donc des crimes contre la Divinité : il faut l'apaiser. La peine est la prière universelle (*supplicium*) (3) ; le coupable

---

(1) Voyez, à la fin de ce chapitre, note dernière, la différence du droit nommé *jus majorum gentium*, et du droit nommé *jus minorum gentium*.

(2) « Ne quid inaugurato faciunto ; ne quis nisi per portas urbem ingreditor, neve egreditor ; mœnia sancta sunto. » Voilà deux lois royales des Romains que le temps a respectées. Ce fut contre les impies (*adversus deorum violatores*) qu'on infligea d'abord à Rome, sous les rois, le supplice du sac de cuir. Voyez Valère-Maxime, lib. I, cap. 1, num. 13.

(3) On donna aux peines le nom de *supplices* (*supplicia*), parceque, dans l'origine, c'étoient des prières adressées aux dieux.

est la victime (*sacer esto*) (1) : les exécuteurs et les juges sont les prêtres, auxquels l'opinion publique donne cette force qui manque au gouvernement (2).

Les Germains et les Gaulois n'y attachoient pas d'autre idée. Voyez Tacite, *de morib. German.*, c. 1 ; et César, *Comment.*, lib. VI, c. 15.

(1) « Sei. quis. terminom. exarsit. ipsos. boveis. que. sacrei. sunto. » C'est un fragment d'une loi royale du code Papirien, rapporté par Fulvius Ursinus, dans ses notes sur le livre *De legibus et senatusconsultis* d'Antoine Augustin. Nous avons encore de semblables fragments que je ne rapporte pas ici. Les lois des douze tables conservèrent, dans les condamnations à mort, cette expression ancienne ; et même, dans certains cas, elles exprimoient le nom de la divinité à laquelle on immoloit le coupable. Nous y voyons consacrer à Jupiter celui qui avoit outragé un tribun du peuple ; au dieu des pères, un fils impie ; à Cérès, celui qui avoit incendié les blés d'autrui. Ce ne sont là que des effets de ces mœurs primitives, nées du besoin, et confirmées par l'usage. Je crois trouver dans cette institution la véritable origine des sacrifices humains, si communs chez les nations barbares. La coutume de sacrifier un homme à la Divinité, comme on lui immoleroit un bouc ou un bœuf, n'a pu naitre que chez un très petit nombre de peuples parvenus à l'état de dégénération. Les sacrifices humains, communs à la plupart des peuples dans leur enfance, ne devoient être que ces sacrifices d'hommes méchants dont nous venons de parler. En effet, les coupables que l'on faisoit mourir avec ces formes religieuses étoient d'abord dévoués à l'exécration, aux furies ; c'étoient les *diris devoti* des Latins, et les ἀναθήματα des Grecs. Cette coutume fut commune aux différents peuples, parcequ'ils y étoient déterminés par les mêmes causes politiques.

(2) On trouve chez presque toutes les nations barbares, à cette époque de leur histoire dont nous parlons ici, la magistrature unie au sacerdoce, pour les crimes relatifs à la Divinité. Voyez Denys d'Halicarnasse, lib. II ; Strabon, lib. IV ; Platon, *de legibus*, lib. VI et lib. VIII, *initio* ; Justin., lib. XI, cap. 7 ; et Tacite, *de morib. German.*, cap. 7, où il dit : « Cæterum neque animadvertere, neque vincire, neque verberare quidem, nisi sacerdotibus, permissum, non quasi in pœnam, nec ducis jussu, sed velut deo imperante, quem adesse bellantibus credunt. » Chez les

Leur autorité n'humilie pas la fierté d'un barbare, toujours soumis à la puissance des dieux, par sa haine contre la puissance des hommes. Ces exécutions, avec les motifs qui les ont dictées, se conservent dans le corps du sacerdoce par une tradition inconnue au peuple : voilà pourquoi les lois pénales furent nommées *exempla*, et le corps de droit qui les renfermoit fut appelé *jus arcanum* (1).

Revenons aux délits contre les particuliers. Nous

Gaulois, les druides étoient tout à-la-fois juges et exécuteurs. *Comment. Cæsar.*, lib. VI, cap. 15. C'est peut-être d'après le même principe que, dans quelques monarchies de l'Asie, comme je l'ai observé, l'emploi de bourreau, sous le nom de *grand-sacrificateur*, est une charge très importante. Voilà pourquoi, dans tous les gouvernements barbares, le sacerdoce a toujours été dans les mains des nobles, et le chef ou roi a presque toujours été le premier prêtre. « Patres sacra magistratusque soli peragunto, ineuntoque. Sacrorum omnium potestas sub regibus esto ; sacra patres custodiunto. » *Lex regia.* Voyez Denys d'Halicarnasse, lib. II. Aristote, dans ses livres de politique, faisant la division des républiques, parle des règnes héroïques, où les rois faisoient exécuter les lois au-dedans, soutenoient la guerre au-dehors, et étoient chefs de la religion. *Polit.*, lib. III, édit. *Petri Vittor.*, pag. 261, 262. En effet, Érechtée fut, dans la Grèce, le premier roi qui sépara le sceptre du sacerdoce. *Apollodor.*, lib. III, pag. 198. Les rois de Rome furent tous rois des choses sacrées (*reges sacrorum*). Après leur expulsion, le chef des féciaux fut revêtu de ce titre. On trouve encore les restes de cet usage dans la consécration des rois, pendant les siècles de barbarie moderne. Hugues-Capet se faisoit appeler *comte et abbé de Paris*; et Parradin, dans ses *Annales de Bourgogne*, rapporte des chartes anciennes, où plusieurs princes de France prenoient communément le titre de *comtes et abbés*, ou *ducs et abbés*.

(1) Voyez sur ce sujet Vico, *De uno universi juris principio et fine uno liber unus*, cap. 167 et 168, et *Scienza nuova*, lib. I, *dignità* 2, pag. 101.

avons laissé l'exercice du droit de punir entre les mains de l'offensé ; nous l'avons seulement astreint à quelques formalités. Cette première modification en amène une autre quelque temps après. L'esprit de vengeance se déploie avec toute sa fureur dans des hommes barbares. D'abord elle ne connoît point de bornes. Obliger l'offensé de retarder quelques instants l'exercice de son droit de punir, c'est affoiblir l'activité de sa passion, c'est en prévenir les excès. Voilà ce que la puissance législative doit prescrire dans cet état de choses ; voilà ce qu'elle a véritablement prescrit (1).

---

(1) Je pourrois confirmer ici cette vérité par l'histoire de nos derniers siècles de barbarie ; mais comme elle est assez généralement connue, je me contenterai de rapporter un fait que je trouve dans les temps héroïques des anciens peuples. Chez toutes les nations barbares, l'institution des asiles a précédé l'établissement des lois pénales : nous la trouvons dans les siècles où le droit de punir étoit exercé par chaque individu. Andromaque se réfugie dans le temple de Thétis (*Euripid. Androm.*, act. 1) ; on engage Polixène à se retirer dans les temples et aux pieds des autels pour éviter la mort : *Abi ad templa, abi ad altaria*, etc. (*Euripid. Hécub.*) ; Féminis, dans l'Odyssée, cherche auprès de l'autel de Jupiter un asile contre Ulysse (*Homer. Odyss.* 22) ; Priam se réfugie dans le temple de Jupiter après la prise de Troie (*Pausanias in Corinthiacis*) ; et OEdipe dans le bois sacré des Euménides (*Sophocl. OEdip. Colon.*). Je néglige une foule d'autres exemples. Réfléchissant sur la cause d'une institution si générale, je pense qu'elle ne pouvoit avoir d'autre objet, à cette époque, que de défendre l'agresseur contre les premiers mouvements de vengeance de l'offensé, lui donner le temps nécessaire pour l'apaiser par des prières, des indemnités, etc. ; ou du moins de calmer leur fureur réciproque, et prévenir ainsi les terribles excès de la vengeance. La crainte d'encourir la peine du sacrilège, qui, dans cet état de société, devoit être un crime public, puisque c'étoit un crime contre les dieux ; cette crainte suf-

De là naît un autre avantage. Comme la vengeance de l'offensé est alors le seul objet de la peine; comme il a le droit de punir, de pardonner, de transiger, dans l'intervalle du délai sa fureur se calme, et il accepte un dédommagement plus utile pour lui. Afin de parvenir à ce but, on confie l'agresseur, pendant tout cet espace de temps, à une personne chargée de le défendre contre les violences de l'offensé. Le noble, le seigneur est garant de son client, de son *homme*; le roi, le chef de la nation est garant du noble, du seigneur. Lorsque la *composition* est fixée, l'agresseur, après avoir payé l'offensé, rembourse à son garant ses frais de garde (1). Voilà l'origine du *fredum* de nos derniers siècles de barbarie (2).

---

fisoit pour arrêter l'impétuosité d'un barbare, malgré tout son fanatisme pour la liberté personnelle. Sous ce point de vue, l'asile n'étoit donc qu'un moyen de séparer la vengeance de l'injure; c'étoit une trêve, pendant laquelle on pouvoit ou stipuler la paix, ou se soustraire à une partie des maux de la guerre. J'exprime de cette manière le droit d'asile, parcequ'il n'est pas possible de supposer qu'à cette époque un homme se déterminât à passer toute sa vie dans un temple pour se dérober à la vengeance de l'offensé. Un barbare, hardi et courageux, pouvoit bien se réfugier dans un temple, mais ce n'étoit pas pour long-temps.

(1) Tacit. *de morib. German.*

(2) Voyez Dufresne, *Glossar.*, v° *fredum* et *faida*. Celle-ci étoit la somme qu'on payoit à l'offensé et à ses parents; l'autre, le prix de la garde qu'on payoit au garant. On continua de payer ce dernier droit, même lorsque la garde de l'agresseur ne fut plus nécessaire, c'est-à-dire lorsqu'on eut ôté aux particuliers le droit de la vengeance, ou l'exercice du pouvoir de punir. On ne fit qu'établir les cas où l'on devoit payer le *fredum*; il avoit lieu toutes les fois qu'il existoit une offense. Lorsque le meurtre, le tort ou l'injure

Cette seconde opération en amène, avec le temps, une troisième beaucoup plus utile. Jusques alors on a dû abandonner au choix de l'offensé l'étendue de la peine et la valeur de l'indemnité. En effet, comment un homme transporté de colère eût-il laissé prescrire des bornes à une vengeance qui pouvoit suivre immédiatement l'injure, et comment fixer l'indemnité si l'on ne commence par mettre des bornes à la vengeance?

Il falloit donc disposer le barbare à ces deux opérations, en l'obligeant à laisser écouler quelque temps avant d'exercer son droit sur l'agresseur. Or ce délai dont j'ai parlé, prévenant les excès de la vengeance, et favorisant le reméde de la *composition*, permet à la puissance législative de joindre à ces deux avantages celui de restreindre cette partie de l'indépendance naturelle, en fixant l'étendue de la peine et la valeur de l'indemnité. On établit donc la peine du talion, et on régle d'après elle la valeur de l'amende.

Cette peine du talion, contre laquelle s'élévent des criminalistes qui ne savent apercevoir que les objets qui les environnent; cette peine, qui doit être proscrite du code d'une nation perfectionnée (1),

---

étoient involontaires, on ne payoit point de *fredum*. Voyez le code des Ripuaires, tit. 70 et tit. 46; celui des Lombards, liv. I, chap. 31, §. 3; la loi Salique, tit. 28, §. 6; Marculfe, liv. I, form. 2, 3, 4, 17.

(1) Je parle du talion en général, non du talion établi en quelques cas particuliers par la sanction pénale. Celui-ci peut convenir à des peuples parvenus au plus haut degré de civilisation

est cependant, dans l'état de société dont nous parlons, l'institution la plus sage et la plus conforme aux circonstances politiques.

Nous la trouvons en effet établie chez tous les peuples qui furent et qui sont dans cet état (1); et si Locke lui-même eût dû former un système pénal pour un peuple placé à ce degré de barbarie, il eût établi le talion, comme Pythagore (2) et nos barbares aïeux l'établirent. Examinons-en les avantages.

En fixant le talion comme mesure de toute peine, et établissant en même temps la valeur de l'indemnité d'après les cas les plus ordinaires, on donne au peuple la première idée, quelque imparfaite qu'elle soit, de la proportion de la peine avec le crime, et de la *composition* avec la peine.

A ce premier avantage il s'en joint un autre beaucoup plus important. Celui qui ne peut plus laisser à sa vengeance un libre cours, celui qui ne peut faire à son agresseur plus de mal qu'il n'en a reçu, abandonne volontiers à d'autres le soin de le punir

(nous l'avons en effet proposé comme peine de la calomnie, à l'exemple des Romains) : le premier n'est propre qu'à des peuples placés dans cet état de barbarie.

(1) Les Européens, qui ont trouvé en Amérique quelques peuples vivant dans l'état de barbarie dont nous parlons, y ont vu l'usage du talion établi de la même manière que nous venons de l'exposer. Voyez le Voyage de Coréal, tom. I, pag. 208 ; le Voyage de J. de Lery, pag. 272 ; et l'Histoire générale des Voyages, t. IV, pag. 324, 325.

(2) Aristote, dans son *Éthique*, appelle le talion *le juste pythagorique*, parceque Pythagore l'établit dans la Grande-Grèce, qu'il trouva au degré de barbarie que nous venons d'indiquer

et de venger son offense, lorsqu'il ne veut pas accepter la commutation pécuniaire. La puissance législative doit alors profiter de cette disposition insensible des esprits, pour convertir la *force privée* en *force publique*, pour arracher des mains des individus l'exercice du droit de punir, et le confier à une magistrature analogue aux circonstances politiques où se trouve alors la nation.

Le noble jugera et punira comme magistrat son client agresseur; le roi jugera et punira comme magistrat le noble coupable. Tel est l'état où Ulysse trouva les Phéaciens (1); voilà ce qui exista à Rome sous les derniers rois (2), et ce qui a existé chez les

(1) Homère, ce grand historien de la barbarie, ce poëte qui offre aux philosophes les moyens d'observer les différents états par lesquels les peuples doivent passer pour arriver à l'état civil, montre les Phéaciens dans ce dernier état de barbarie, et trace en peu de mots la forme de leur gouvernement. Douze rois ou nobles gouvernoient le peuple, divisé en différentes tribus; et le treizième roi (Alcinoüs) jugeoit les douze rois inférieurs ou nobles. Dans le discours qu'il met dans la bouche d'Alcinoüs, il se sert de ces expressions : « Duodecim enim in populo præclari reges principes imperant, tertius decimus autem ego ipse. » *Homer. Odyss.*, lib. VIII, v. 390, 391. On n'a qu'à lire ce discours en entier, et on verra combien de force il donne à mon système.

(2) C'est ainsi que Tarquin fit mourir une grande partie des patriciens. Il est très certain que les rois, dans ce dernier période du règne héroïque de Rome, jugeoient les patriciens, puisqu'après l'expulsion des rois cette prérogative passa aux consuls, à qui furent transmis la plupart des droits de la royauté. Brutus s'en servit pour punir les partisans des Tarquins et leurs enfants. Nous avons observé ailleurs que la loi Valeria porta le premier coup à cette funeste prérogative, qui fut ensuite entièrement abolie par les lois des douze tables. Il est vrai que dans ces lois on parle en général du citoyen de Rome; mais nous démontrerons bientôt, dans

nations barbares des temps modernes, placées au degré le plus voisin de l'état civil (1).

C'est ici que commence le droit qu'on nomme écrit (*jus scriptum*). La loi écrite n'est, dans cet état de choses, que le tarif des prix par lesquels on peut racheter les différentes espèces d'offense (2). Pour

---

une note, que, par le mot de citoyens, on ne pouvoit entendre alors que les nobles. Le droit de juger de la vie d'un citoyen, dont les consuls furent revêtus après les rois, étoit donc le droit de juger de la vie d'un patricien. Nous avons plusieurs preuves que les patriciens jugèrent comme magistrats les clients qui composoient le peuple. Voyez ce fragment de la loi royale que nous avons cité : *Patres sacra magistratusque soli peragunto, ineuntoque.* On trouve dans un autre fragment une peine très forte contre le noble qui abusera de ce droit : *Si patronus clienti fraudem fecerit, sacer esto.* Ce fragment nous a été conservé par Servius, sur cette fin de vers du sixième livre de l'Énéide : ... *aut fraus innexa clienti.* Il est vraisemblable que lorsqu'on fit, sous les derniers rois, la répartition du peuple en différentes tribus, on eut pour objet de distribuer la juridiction de chaque patricien sur sa clientèle, afin qu'il pût exercer le pouvoir judiciaire sur tous les individus qui la composoient. Un grand nombre de faits, que je néglige ici, justifient cette conjecture.

(1) Les juridictions seigneuriales, dans ce dernier période de notre barbarie moderne, sont une partie de l'histoire si généralement connue, qu'il est inutile d'en parler. Quant au droit qu'a le roi de juger les nobles ou grands (*proceres, optimates*), pour me servir des termes usités dans les codes de ces peuples, je ne sais comment quelques personnes ont pu douter que le roi, assisté de son conseil privé, non seulement ait eu ce droit, mais qu'il l'ait exercé. Les lois, les formules, l'histoire de ces temps, tout atteste cette vérité. Voyez Grégoire de Tours, lib. VI, cap. 32 et 35 ; et lib. X, cap. 18 et 19.

(2) Voyez tous les codes barbares dans la collection de Lindenbrock, et particulièrement le code des Lombards, liv. I, tit. 6, §. 3 ; le code des Frisons, tit. 5 et suiv. ; le code des Bourguignons, tit. 5, 10, 11, 12 ; le code des Allemands, tit. 58, §. 1 et 2 ; la loi Salique, tit. 19, 21, 31, 43, 61 ; et Grégoire de Tours, *Hist.*, lib. IV, c. 18.

fixer ces différentes sommes, la loi doit examiner l'inégalité des conditions entre les nobles et les clients, entre les clients et les esclaves. Le prix de la composition est donc déterminé par la condition de l'offensé, par celle de l'agresseur, par la nature de l'offense (1).

Il y a plus; les causes morales et politiques qui ont amené un peuple vers la civilisation, la perte de l'exercice du droit de punir et de la vengeance personnelle, le progrès lent mais sensible des mœurs, l'affoiblissement du caractère général de férocité, que l'habitude de vivre ensemble et la communication des devoirs sociaux ont dû nécessairement produire, mettent la puissance législative en état d'établir, sous une nouvelle forme, ce système pénal. Le choix du talion ou de la *composition* n'appartient plus à l'offensé. La peine pécuniaire est la peine commune; le talion est la peine extraordinaire. Lorsque le coupable, lorsque l'agresseur ne veut ou ne peut payer le prix de la composition, on le condamne au talion; et c'est, pour ainsi dire, à l'agresseur, non à l'offensé, qu'appartient le choix de la peine (2). Cette méthode a de nombreux

---

(1) Voyez les titres cités du code des Bourguignons, et les tit. 26, 30, 33, 48 ; la loi Salique, titres cités, et tit. 37, 41, 43, art. 6, 7, 8. Les autres codes renferment les mêmes dispositions.

(2) Aulu-Gelle, parlant de la loi Royale insérée dans les tables des décemvirs (*si membrum rupit, ni cum eo pacit, talio esto*), fait voir que dans ce temps, qui répond au période de barbarie que nous traçons, c'étoit l'agresseur et non l'offensé qui avoit droit de choisir entre le talion et la composition. *Reum*, dit-il, *habuisse facultatem paciscendi, et non necesse habuisse pati talionem, nisi cum*

avantages; je n'en remarquerai que deux. Elle achéve de détruire l'ancien droit de la vengeance personnelle, et elle corrige une grande partie des abus attachés au talion; abus qu'on ne peut supprimer entièrement dans cet état de choses, mais qu'il est nécessaire de modifier.

Comparons ce dernier période de barbarie avec le premier. Quel espace immense nous avons parcouru! La vengeance personnelle n'existe plus, la peine n'est plus indéterminée, la composition n'est plus arbitraire, l'offensé n'a plus droit de choisir entre le talion et la peine pécuniaire. Il existe un juge, une loi; il est un code écrit, et un magistrat qui en applique les dispositions à tous les cas particuliers.

Cet ordre de choses, très imparfait en lui-même, mais le meilleur possible dans les circonstances où nous supposons la nation, doit, avec le temps, produire nécessairement un grand mal, et de ce mal doit ensuite naître un grand bien. L'autorité de juger et de punir, exercée par le roi sur les nobles, et par les nobles sur les clients; cette autorité, jointe aux autres prérogatives de leur condition politique, est placée dans des mains trop puissantes pour ne pas entraîner, tôt ou tard, les plus grands désordres. Avec un tel instrument, ou le roi accablera les

---

elegisset. Aulu-Gelle, lib. XI, cap. 1; et Sigonius, *De judiciis*, lib. II, cap. 3. Dans les codes des nations barbares de nos temps modernes, on trouve cette méthode généralement établie. On infligeoit le talion quand le coupable ne vouloit ou ne pouvoit payer le prix de la composition. Voyez, entre autres lois, la loi Salique, tit. 61.

nobles, ou les nobles accableront les clients. Dans le premier cas, l'oppression armera les nobles contre le roi; dans le second, elle armera le corps des clients, le peuple contre les nobles. Dans le premier cas, les nobles s'uniront au peuple pour chasser le roi; dans le second, le peuple s'unira au roi pour affoiblir et tourmenter les nobles. Dans le premier cas, on fondera une aristocratie, comme cela arriva à Rome (1); et dans le second, une monarchie,

(1) C'est une erreur de croire que Brutus établit à Rome la démocratie. Si, après l'expulsion des Tarquins, l'ancien système de la clientéle tomba en désuétude, les individus qui la formoient et composoient un seul corps sous le nom de peuple, ne participèrent pas pour cela au gouvernement. Ils continuèrent à ne connoître d'autre pouvoir que celui qui avoit été établi dans le dénombrement de Servius Tullius, vrai système de dépendance et de servitude; et lorsque, par la seconde loi agraire, qui fut l'objet de la première loi insérée dans les douze tables, ils obtinrent le pouvoir quiritaire, *dominium quiritarium*, ce pouvoir resta long-temps imparfait dans leurs mains. Comme le peuple ne jouissoit pas encore de la *solennité des mariages*, il n'en avoit pas les effets civils, tels que la *puissance paternelle*, les *agnations*, les *successions légitimes*, etc. Tant que les plébéiens ne purent prétendre, non au droit de s'allier aux patriciens, comme on le croit communément, mais aux *connubia patrum*, aux droits de *mariage solennel*, à ce que Modestus appelle *omnis divini et humani juris communicatio*, il ne leur fut pas possible d'être regardés comme citoyens. Puisqu'ils ne participoient pas aux effets civils des mariages, comment auroient-ils pu participer aux effets politiques? Lorsqu'après tant de clameurs et de menaces ils eurent enfin obtenu ces droits précieux, ils furent citoyens; mais il dut s'écouler encore quelque temps avant que la souveraineté passât au peuple composé de nobles et de plébéiens, parcequ'avant cette époque on n'entendoit par le mot de *peuple* que le corps des nobles: c'étoient les seuls citoyens. La démocratie commença à Rome avec les grands comices, composés, comme on sait, des nobles et du peuple. Avant ce temps, lorsqu'il est question du peuple, on ne parle que du corps des nobles, dont

comme cela est arrivé chez les nations modernes
de l'Europe.

Le gouvernement démocratique ne peut naître
que de la corruption de l'une de ces constitutions.
Si l'aristocratie devient violente et tyrannique, si la
monarchie dégénère en un despotisme féroce, alors
le peuple, las de souffrir, sort de sa léthargie, voit
ses droits, mesure ses forces, combat, chasse les tyrans, et élève au milieu de sa patrie les trophées
de la liberté ; ou bien il se dérobe au joug par la
fuite, et va s'établir au loin, dans des îles, sur des
rochers, sur des montagnes, au milieu des marais,
dans des lieux où l'eau et la terre combattront pour
lui et défendront ses droits.

C'est ainsi que se forment les trois espéces de sociétés civiles ; voilà l'époque de la maturité politique
d'un peuple, époque où la législation, et le code
pénal en particulier, peuvent acquérir toute la perfection convenable, et être établis sur les principes
que nous avons exposés ci-dessus, et que nous con-
tinuerons de développer dans le cours de ce livre (1).

une partie formoit le sénat, pendant que tout l'ordre des nobles représentoit le peuple. L'histoire romaine de ces temps semble pleine
de contradictions, si on ne la lit d'après ces idées. Je prie le lecteur
de réfléchir sur cette note, à laquelle je ne puis pas donner beaucoup d'étendue, et qui m'a coûté beaucoup de travail et de médita-
tions. On y verra quelle fut la première constitution aristocratique
établie à Rome après l'expulsion des Tarquins, expulsion qui eut
pour cause principale l'abus qu'ils avoient fait du droit de punir
les patriciens.

(1) Je prie le lecteur de se rappeler ce que j'ai dit dans le dernier
chapitre du tome I ; il y verra comment les principes généraux qui

Laissons au lecteur le soin d'appliquer les faits à ces vérités, et voyons l'influence que doivent avoir sur le système pénal ces trois espéces de constitutions. Après que nous aurons examiné les principes

---

j'ai établis reçoivent leur application dans le cours de cet ouvrage. L'unité est le principal mérite d'un système.

Je vais éclaircir ici une idée que je n'ai fait qu'indiquer, pour ne pas troubler l'ordre de mon raisonnement.

La notion que j'ai donnée du *jus majorum gentium* et du *jus minorum gentium*, en suppose d'autres ; il faut avoir une idée exacte du *droit*, et du *droit des gens*.

Je définis le droit, *l'égalité d'avantages*. Je laisse au lecteur le soin d'examiner cette définition, qui ne paroît pas avoir été inconnue aux anciens, puisqu'au mot *jus* ils ajoutèrent le mot *æquum*.

Je définis le droit des gens en général, *le droit de la violence ;* c'est-à-dire, *l'égalité d'avantages établie et soutenue par la force.* Cette *violence* est ou *particulière* ou *publique ;* et de là naît la différence entre le *jus majorum gentium* et le *jus minorum gentium*.

Je définis le *jus majorum gentium, le droit de violence particulière ;* c'est-à-dire, *l'égalité d'avantages soutenue par les forces individuelles.* Cette égalité existoit entre les hommes, dans l'état d'indépendance naturelle, comme elle existe entre les nations, dont chacune doit défendre son droit par sa propre force.

Je définis le *jus minorum gentium, le droit de violence publique ;* c'est-à-dire, *l'égalité d'avantages soutenue par la force publique.* Cette égalité existe dans la société civile, où tout le corps social défend les droits des individus qui le composent.

Ce que l'on appelle donc communément *droit des gens* n'est autre chose que le *jus majorum gentium ;* et ce que l'on nomme *droit public* est le *jus minorum gentium*. Voilà pourquoi les anciens jurisconsultes ont confondu le *droit* public avec le *droit des gens*.

Le lecteur, en réfléchissant sur ces idées, auxquelles je n'ai pu donner plus de développement, apercevra encore le motif de ces distinctions si fréquentes chez les anciens écrivains, entre ce qu'on appelle *majorum gentium dii, majorum gentium patricii,* et *minorum gentium dii, minorum gentium patricii.* On donnoit le nom de *majorum gentium dii* aux dieux plus anciens, antérieurs à l'origine des villes, comme Saturne, Jupiter, Mars, Mercure, et les autres

qui dépendent de ce premier rapport. du système
pénal avec la nature du gouvernement, nous passerons à ceux qui dépendent des rapports avec les
autres objets dont l'ensemble constitue *l'état de la
nation*. Nous la considèrerons, non plus dans son
enfance, mais dans sa maturité politique. Tel est
l'objet du chapitre suivant.

---

que la mythologie appelle ainsi (*). Le nom de *minorum gentium
dii* étoit appliqué à ceux qu'on honoroit depuis la formation des
villes, comme *Quirinus*. Ainsi les Romains nommèrent *Patricii
majorum gentium* ceux qui descendoient des premiers *pères*, choi-
sis par Romulus à l'époque de la fondation de Rome, c'est-à-dire
qui avoient été dans l'indépendance naturelle; et *minorum gentium
patricii*, ceux qui descendoient des patriciens d'une création postérieure. On appeloit, par la même raison, *gentes majores*, les familles nobles anciennes, comme, par exemple, celles qui descendoient des premiers pères dont Romulus composa le sénat; et
gentes minores, les familles d'une *noblesse nouvelle*, qui étoient
issues des pères créés postérieurement à la formation du sénat;
tels, par exemple, que ceux dont Junius Brutus, après l'expulsion
des rois, composa le sénat, que Tarquin-le-Superbe avoit presque
épuisé par ses meurtres de sénateurs.

(*) Ils furent chez les Chaldéens au nombre de douze. Les Grecs, pour
les exprimer, se servoient, comme on sait, du seul mot δώδεκα. C'étoient
Jupiter, Junon, Diane, Apollon, Vulcain, Saturne, Vesta, Mars, Vénus,
Minerve, Mercure, Neptune.

CHAPITRE XII.

Suite de la théorie précédente.

Nous voici arrivés à la partie de cette théorie qui intéresse le plus l'état actuel des nations de l'Europe. L'influence que doivent avoir sur le système pénal les différentes circonstances politiques, physiques, et morales des peuples parvenus à l'état de perfection sera l'objet de ce chapitre. Je commence par la nature du gouvernement.

Il y a dans l'aristocratie une classe qui commande, et une classe qui obéit : la souveraineté est le droit des nobles; l'obéissance est le devoir du peuple.

Dans la monarchie, le prince dicte la loi, le corps des magistrats la fait exécuter. Un ordre de nobles illustre le trône, et en est illustré; une distinction de rangs y est établie sur des prérogatives d'honneur, non de pouvoir. La dernière classe de cet état ne connoît pas beaucoup l'honneur, et redoute peu l'infamie.

Dans la démocratie, le peuple commande. Chaque citoyen représente une portion de la souveraineté. Dans l'assemblée publique, il voit, pour ainsi dire, une partie de la couronne appuyée sur sa tête : l'obscurité de son nom, la modicité de sa fortune, ne peuvent éteindre en lui le sentiment de sa dignité.

Si le délabrement de sa triste demeure lui annonce sa foiblesse, il n'a qu'à franchir le seuil de sa maison, il sera bientôt au milieu de son palais; il verra son trône, il sentira sa souveraineté tout entière. S'il rencontre dans la rue un citoyen beaucoup plus riche que lui, suivi d'une foule de domestiques, environné d'un cortége de partisans, orné de tous les attributs de la plus éclatante magistrature, il n'a qu'à se souvenir de l'égalité politique qui existe entre lui et son concitoyen; et, loin d'être humilié de cette supériorité, il s'appropriera, par l'imagination, une partie de la grandeur qu'il a devant les yeux.

C'est ainsi que se manifestent les trois formes des gouvernements modérés. Examinons quelle doit être leur influence sur l'emploi des peines.

Dans l'aristocratie, le noble, proscrit de sa patrie, est proscrit du siége de son empire. L'homme du peuple perd ses amis, ses parents; mais l'exil ne porte point atteinte à sa condition politique. Qu'il soit dans sa patrie, qu'il en soit éloigné, son état est toujours le même. Obéir aux lois sans concourir à leur formation, telle sera sa condition politique chez quelque nation qu'il aille. Dans l'aristocratie, l'exil de la patrie sera donc une très grande peine pour un noble, et une peine assez légère pour un homme du peuple. Elle ne doit donc pas être prononcée contre ce dernier, parceque, comme je l'ai observé ailleurs (1), une peine légère, qui ne pour-

____

(1) Chap. X.

roit être appliquée qu'à un délit peu important, et qui cependant prive l'état d'un individu, est une peine très dangereuse : le législateur doit lui en substituer une autre qui produise le même effet sans causer le même mal.

La peine de l'exil ne sera donc infligée dans l'aristocratie qu'à la seule classe des nobles. Cette peine, établie, par exemple, contre le perturbateur de l'ordre public, éloignera de semblables attentats le noble ambitieux, et préservera en même temps la constitution des nouvelles intrigues que le coupable pourroit former si la peine de son délit ne le séparoit de la patrie.

Dans la monarchie, cette peine devroit être proscrite du code pénal. Aucune classe de l'état ne doit jouir, dans cette constitution, d'un pouvoir inhérent à la personne des individus qui la composent ; aucun particulier n'y participe à la souveraineté, n'y doit représenter une portion du pouvoir législatif, n'y peut naître avec le droit d'exercer une partie du pouvoir exécutif (1). Si ces abus existent, la constitution est vicieuse. Dans une monarchie régulière, la peine de l'exil de la patrie ne doit donc être établie contre aucun ordre de l'état. Le noble, qui a des prérogatives d'honneur et n'a point de pouvoir à perdre, conserveroit, par l'exil, à moins que son délit ne fût infamant, tout l'éclat de sa condition ; il consommeroit ses revenus hors de la patrie ; il laisseroit dans l'inaction une foule de citoyens que

____

(1) Voyez le développement de cette vérité, tom. III, ch. XVIII.

3.   7

son luxe entretenoit dans le travail et dans l'aisance ; il nuiroit à la société et par son délit et par sa peine. Le magistrat, partant pour le lieu de son exil, ne regretteroit que l'exercice d'une charge dont on eût pu le dépouiller sans le proscrire ; et sans doute cette humiliation, en offrant sans cesse à tous les yeux les tristes effets de son crime, auroit été plus sensible pour lui, et plus utile pour les autres. La peine de l'exil devroit, dans ce gouvernement, être considérée, pour tous les ordres de l'état, du même œil qu'on l'envisage relativement au peuple dans l'aristocratie. Elle devroit donc être proscrite du code pénal d'une monarchie (1).

On ne peut pas dire la même chose de la démocratie. Dans ce gouvernement, chaque citoyen représente une partie de la souveraineté : le peuple entier est, dans la démocratie, ce qu'est l'ordre des nobles dans l'aristocratie. La même cause qui rend utile la peine de l'exil contre l'ordre des nobles dans l'aristocratie, la rendra donc utile contre le peuple dans la démocratie. Dans ce gouvernement, le citoyen, proscrit de sa patrie, est privé de sa condition politique ; il perd sa souveraineté, son empire. En quelque lieu qu'il aille, il trouve une dépen-

______

(1) L'histoire de la législation romaine offre une preuve de cette vérité. Avant César, l'interdiction de l'eau et du feu n'étoit pas accompagnée de la confiscation des biens. La perte de la patrie étoit pour un Romain la plus forte de toutes les peines. Lorsque la liberté fut détruite, la perte de la patrie devint une peine trop légère ; et comme elle étoit destinée aux délits les plus graves, César y joignit la confiscation des biens, pour ne pas changer entièrement le système pénal. *Suéton. in Cæsar.*, *et Dion*. lib. I.

dance d'autant plus insupportable, qu'il n'y est pas préparé par l'éducation, familiarisé par l'habitude. L'exil doit donc être considéré sous différents aspects, suivant la différence des gouvernements.

Examinons maintenant quelle influence doit avoir la nature du gouvernement sur l'usage de la peine d'infamie. Si l'on se rappelle ce que j'ai dit sur cette espèce de peine dans les principes généraux développés ci-dessus, on verra que la peine d'infamie ne doit être prononcée que contre les crimes infamants de leur nature, et infligée qu'à ces classes de l'état qui sentent le prix de l'honneur. Appliquons maintenant ces principes généraux aux principes particuliers qui doivent déterminer l'emploi de cette peine dans les différents gouvernements, et nous verrons qu'elle ne peut être véritablement générale que dans la démocratie.

Dans ce gouvernement, comme je l'ai dit, chaque citoyen est pénétré de l'idée de sa dignité. Sa main qui jette dans l'urne le décret de la guerre ou de la paix, qui souscrit un traité de confédération, de trève, d'alliance, d'où dépendent peut-être la tranquillité, la sûreté, la destinée de sa patrie et d'un grand nombre de peuples; sa bouche qui propose, rejette, ou approuve une loi nouvelle, déroge à une ancienne, dénonce les vices ou atteste les vertus du citoyen qui demande une place de magistrature; sa maison qui, malgré le spectacle de misère qu'elle présente, est assiégée à chaque instant par les personnages les plus distingués de la république, qui vont, avec le respect qu'inspire l'ambition, solliciter son suffrage et disposer son opinion en leur faveur; la place publique, où, dans le temps des assemblées, et le magistrat qui convoque, et le sénat qui prépare les objets de délibération, et l'orateur qui accuse, défend, oppose ou soutient, et les candidats qui ambitionnent les charges, en un mot tous ceux qui s'élèvent le plus au-dessus de lui, dépendent, d'une manière plus particulière, de ses décisions; tout doit sans cesse rappeler au citoyen son pouvoir et sa dignité. Ce sentiment, formé et entretenu par le concours de tant de causes; ce sentiment, commun à tous les membres de la démocratie; ce sentiment, qui a tant de rapports avec le véritable honneur, qu'on peut le regarder comme le même principe d'activité; ce sentiment, dis-je, doit, dans une telle constitution, rendre généralement l'honneur précieux et l'infamie terrible.

Les peines d'infamie doivent donc y être prononcées contre tous les membres du corps social. Mais peuvent-elles exister aussi au sein d'une aristocratie, d'une monarchie? Quel prix l'homme du peuple, dans ces deux espèces de gouvernement, attachera-t-il à l'infamie? Dénué de pouvoir, d'honneur, de fortune, de lumières; enseveli dans l'obscurité de sa condition; inconnu à ses concitoyens, et, pour ainsi dire, à lui-même, il ne sait pas donner à l'opinion publique cette valeur qui doit en rendre la perte assez effrayante pour qu'on puisse se servir avec utilité de la peine d'infamie.

Cette peine, qui n'est qu'un signe du mépris public, ne peut être très sensible pour un homme qui

n'est pas accoutumé à être respecté, et qui n'en a
pas les moyens. Vous verrez l'homme du peuple
subir avec intrépidité l'infamie, à laquelle le noble
préfèreroit la mort la plus douloureuse.

Dans l'aristocratie et dans la monarchie, le législateur ne peut donc prononcer indistinctement la
peine d'infamie contre tous les individus, comme
il peut le faire dans une démocratie. Ceux qui,
dans les deux premiers gouvernements, forment
cette classe de la société que l'on nomme la populace (1), doivent être éloignés du crime par d'autres
moyens. Mais aux yeux de la justice, dira-t-on, tous
les coupables sont égaux : le noble et l'homme du
peuple doivent être également punis, lorsqu'ils ont
également offensé les lois. J'accorde cette proposition ; mais le noble, puni par l'infamie, le sera-t-il
moins que l'homme du peuple condamné à une servitude perpétuelle? La valeur de la peine ne doit-elle
pas se mesurer par son intensité? et la manière dont
on croit que le coupable en sera affecté n'est-elle
pas la mesure de cette intensité? La loi n'est pas plus
sévère pour l'homme du peuple lorsqu'elle substitue
à l'infamie la servitude perpétuelle ou pour un certain temps, qu'elle ne l'est pour le noble dont elle
punit le même crime par l'infamie ; elle ne fait qu'é-
galer la peine de l'homme du peuple à celle du noble. En punissant l'un et l'autre par l'infamie, elle

____

(1) Je distingue dans l'aristocratie le peuple de la populace. Le
peuple est la partie de la société qui obéit, la populace est la dernière classe du peuple ; et c'est contre cette classe que les peines
d'infamie ne doivent pas, selon moi, être établies.

montreroit de la partialité en faveur du premier ; elle seroit trop foible, et sa sanction seroit en même temps injuste et impuissante. S'il s'agissoit d'une peine qui cause une douleur physique, de la mutilation d'un membre, par exemple, dans ce cas je dirois que le noble et l'homme du peuple, coupables du même délit, doivent y être également soumis : mais on ne peut pas dire la même chose des peines d'opinion.

Le noble préféreroit toute autre peine à l'infamie, et l'homme du peuple feroit un choix contraire. La crainte de l'infamie seroit donc un grand frein pour le premier, et un obstacle très foible pour le second. Il suit de là que, dans tous les gouvernemens où une classe de citoyens, par la nature même de la constitution, ne peut ni attacher un grand prix à l'honneur, ni redouter beaucoup l'infamie, les peines de cette espèce doivent être réservées pour les autres ordres de l'état. Telle est l'influence de la nature du gouvernement sur l'emploi de cette peine.

Après avoir déterminé l'influence de la nature du gouvernement sur le système pénal, voyons celle que doivent avoir sur ce système les circonstances morales, c'est-à-dire le génie, le caractère particulier des peuples, et leur religion.

Un peuple est-il avide, orgueilleux, féroce, laborieux, indolent ; ses mœurs sont-elles douces ; sa religion lui annonce-t-elle des peines ou des récompenses dans une vie à venir ; lui permet-elle ce que les lois doivent défendre, proscrit-elle ce que ces lois doivent permettre ; ou bien, venant au secours des

lois, défend-elle ce qu'elles condamnent, condamne-
t-elle ce qu'elles proscrivent; admet-elle la nécessité
des actions humaines et la doctrine du fatalisme, ou
bien est-elle fondée sur le système de la liberté; fait-
elle dépendre le pardon des fautes de quelques pratiques purement corporelles, ou bien, comme la religion chrétienne, lie-t-elle ce pardon à des moyens
de perfection morale, en ordonnant à l'homme vicieux de se repentir et de se corriger; l'ancienne et
absurde doctrine de la métempsycose est-elle adoptée par un peuple comme un dogme religieux: tels
sont les objets auxquels le législateur doit faire attention en composant le code pénal.

Les peines pécuniaires, par exemple, pourront
être établies avec le plus grand succès chez un peuple avide; les peines d'infamie produiront d'excel-
lents effets chez un peuple dont l'orgueil forme le
caractère. Solon se servit des peines pécuniaires (1),
et Lycurgue des peines d'infamie (2). Les Athéniens, industrieux et commerçants, devoient aimer
l'argent: les Spartiates, fiers et orgueilleux, n'esti-
moient pas les richesses, qu'ils ne connoissoient pas
et ne cherchoient pas à connoître; mais ils redou-
toient extrêmement l'infamie.

Dans un pays où l'intérêt est la passion dominante, la plus grande partie des crimes naît de l'a-
mour de l'argent. Dans une nation dont le caractère
est la férocité, la plupart des crimes sont produits

____

(1) Plutarque, *Vie de Solon*.
(2) Le même, *Vie de Lycurgue*.

par le ressentiment, par la vengeance, par le désir de montrer de la hardiesse et du courage. Là, le législateur doit enchaîner l'avidité par l'avidité même; il doit, dans chaque délit qui dépend directement ou indirectement de ce principe, combiner la peine pécuniaire avec celle qui est liée à ce délit. Ici, au contraire, il ne peut recourir que très rarement aux peines pécuniaires, parceque les délits qui naissent de l'avidité de l'argent doivent être très rares. Il ne doit pas non plus espérer que la peine de mort puisse être un frein toujours suffisant contre les crimes qui naissent précisément du mépris de la mort. La peine ne feroit qu'ajouter, dans beaucoup de circonstances, au mérite de l'action, et offrir un aliment nouveau à la vanité et au fanatisme du coupable.

Un peuple est-il laborieux, ou bien aime-t-il le repos et l'oisiveté, dans le premier cas on doit beaucoup adoucir le système pénal. Un tel peuple est d'ordinaire un peuple vertueux. Le travail est le plus puissant obstacle au crime; et la sanction pénale peut, chez ce peuple, avec des peines plus douces, obtenir de plus grands effets. Les Chinois offrent une preuve de cette vérité. Un peuple, au contraire, qui aime le repos et l'oisiveté, se corrompt beaucoup plus facilement; les peines doivent y être plus sévères; la condamnation aux travaux publics y sera de toutes les peines la plus réprimante, la plus propre au caractère de la nation. Cette règle pourroit être établie chez plusieurs peuples de l'Inde. Ils ont, comme on sait, tant de penchant à l'oisiveté, qu'ils regardent l'inaction absolue comme l'état le plus parfait, comme l'objet unique de leurs desirs; ils donnent à Dieu le surnom d'*immobile* (1); et les Siamois croient que le bonheur suprême consiste à n'être pas obligé de faire mouvoir une machine telle que le corps (2).

Un peuple enfin a-t-il fait de grands progrès dans la civilisation, ses mœurs sont elles douces et sensibles, le code pénal doit s'adoucir avec elles. Lorsque les lois sont en contradiction avec les mœurs, ou elles les corrompent, ou on élude leur sévérité.

Peuples de l'Europe, c'est à la plupart d'entre vous que j'adresse cette réflexion. En lisant vos codes criminels, on doit dire que vos mœurs sont encore aujourd'hui celles de vos barbares aïeux, ou que vos lois sont en contradiction avec vos mœurs. Vous qui ne parlez que de *délicatesse* et de *sensibilité;* qui goûtez avec transport, avec enthousiasme tout ce qui est doux, tout ce qui est aimable; qui n'avez que des fleurs dans les mains et des chants dans la bouche; qui courez au théâtre pour y verser des larmes, pour y livrer votre cœur aux plus tendres, aux plus déchirantes impressions de la pitié et de l'amour; vous avez encore des lois, vous avez encore des peines propres à faire frémir des cœurs de fer. Corrigez donc vos lois, ou souffrez que la rigueur en soit anéantie par l'impunité, par des jugements arbitraires: ou bien retournez à votre ancienne férocité; et sans doute vos lois, si elle sont exécutées, ne tarderont pas à vous y ramener.

____

(1) *Panamanack.* Voyez Kircher.
(2) La Loubère, *Relation de Siam*, pag. 446.

Mais que dirons-nous de la religion? Un peuple dont le système religieux admet des peines et des récompenses dans une vie à venir, prononce ces peines contre les crimes que les lois punissent, offre ces récompenses aux actions que les lois prescrivent; un peuple, dis-je, qui suit une religion si conforme à l'ordre social, peut avoir un code criminel bien plus modéré que tout autre peuple, placé d'ailleurs dans les mêmes circonstances politiques, mais dont la religion n'admet ni des peines ni des récompenses futures, ou qui établit ces peines et ces récompenses pour des actions qui n'intéressent pas la société, ou qui défend ce que les lois doivent permettre, et permet ce qu'elles doivent défendre. La religion dominante des Japonois, par exemple, n'admet ni paradis ni enfer. Celle des habitants de Formose annonce un lieu de tourmens, après la vie, destiné pour ceux qui n'ont pas fait des courses tout nus dans certains mois de l'année, qui se sont vêtus de toile et non de soie, qui ont pêché des coquilles, qui ont entrepris une affaire sans consulter le chant des oiseaux (1). Dans la religion des Tartares, sous Gengiskan, c'étoit un péché de mettre un couteau dans le feu, de frapper un cheval avec sa bride, de rompre un os avec un autre os; mais on regardoit comme une action indifférente de violer la foi de ses promesses, de s'emparer du bien d'au-

---

(1) Recueil des Voyages qui ont servi à l'établissement de la Compagnie des Indes, tom. V, part. Ire, pag. 172.

trui, de commettre une injure, et même de tuer un homme (1).

La religion des habitants du Pégu condamne au contraire avec sévérité l'homicide, le vol, l'impudicité; elle défend de causer le moindre tort à son prochain, et ordonne de lui faire le plus de bien possible : c'est un article de foi pour eux, que l'on peut se sauver dans quelque religion que ce soit en remplissant ces devoirs (2).

Il est aisé de sentir que, toutes les autres circonstances étant égales d'ailleurs, le code criminel des habitants du Pégu devroit être plus doux que celui des Japonois, des habitants de Formose, et des Tartares. S'il manquoit quelque chose à la force des peines chez le premier de ces peuples, la religion y suppléeroit; et ce qui manque à la religion chez les autres seroit suppléé par une plus grande sévérité de châtiments.

Si la religion d'un peuple établit le dogme de la nécessité des actions humaines; si la doctrine du fatalisme, doctrine née avec le despotisme et la servitude, forme un des articles de sa croyance, il est évident que la législation doit y être plus sévère, l'administration plus vigilante, et la sanction pénale plus rigoureuse que chez un peuple où la religion établit le dogme contraire de la liberté. A mesure

---

(1) Relation du frère Jean Duplan-Carpin, envoyé en Tartarie par Innocent IV, dans l'année 1246.

(2) Voyez le Recueil des Voyages cité ci-dessus, tome III, part. I.re, pag. 63.

que les motifs moraux ont moins de force pour
éloigner les hommes du crime, les motifs purement
sensibles doivent en avoir davantage. Supposer la
nécessité des actions humaines, c'est détruire toute
idée de mérite et de démérite, de vertu et de vice :
un homme persuadé de ce principe absurde ne
trouve en lui aucun frein contre ses passions. Qu'ar-
rivera-t-il si les lois ne suppléent à ce défaut de liberté, si la rigueur de la peine ne vient remplacer
le remords?

On éprouvera encore les mêmes désordres dans
un pays où la religion attache la perfectibilité de
l'homme à de vaines pratiques qui n'ont aucun rapport avec sa raison. Quelques peuples de l'Inde, par
exemple, croient que le Gange possède à un si haut
degré la vertu de sanctifier, que tous les crimes dont
un homme s'est souillé pendant sa vie disparoissent
à l'instant même où ses cendres sont plongées dans
les eaux (1).

Qu'importe d'être pendant sa vie méchant ou
honnête? les eaux du fleuve effaceront toutes les
traces du crime; elles rendront égaux le scélérat et
l'homme de bien, et les conduiront tous deux dans
le même séjour de délices.

Un peuple chez lequel existe un système de religion si dangereux a besoin d'un code pénal plus
sévère que le peuple dont la religion, toutes choses
égales d'ailleurs, n'admet ni peines ni récompenses
dans une vie à venir. Ici, l'homme n'a rien à espé-

______

(1) Lettres édifiantes, 15ᵉ recueil.

rer, rien à craindre après sa vie ; perdre cette vie ou
la traîner dans l'infortune est le plus grand de tous
les maux. Là, il n'a rien à craindre, mais il a beaucoup à espérer. Or toutes les fois que l'idée d'un lieu
de récompenses n'est pas unie à l'idée d'un lieu de
tourments, toutes les fois qu'on espère sans rien
craindre, cette certitude d'un bonheur à venir rend
l'homme moins sensible à son infortune présente.
Il faut donc l'émouvoir par des peines plus grandes
et d'un appareil plus terrible ; il faut que l'illusion
de l'opinion soit corrigée par une plus forte impression sur les sens.

Je ne m'étendrai pas davantage sur des vérités
qu'il est inutile de démontrer ; mais, avant de terminer cet examen, voyons quelle différence il y a
entre le dogme de la métempsycose et celui de
l'autre vie des chrétiens, quant à leur influence sur
le code pénal. D'après la distinction de Platon, j'ap-
pellerai *métempsycose* le passage de l'ame dans un
corps de la même espèce, et *métensomatose* le passage de l'ame dans un corps d'espèce différente (1).

On sent aisément que chez les peuples où existe
cette doctrine antique de la métempsycose, la mort
doit inspirer peu d'effroi. La certitude d'animer un
nouveau corps ; l'espoir de retourner sur la terre,
pour y jouir d'un sort plus heureux ; le souvenir des
amusements de son enfance, des plaisirs de sa jeunesse, qu'on goûtera de nouveau ; ces douces illusions viennent consoler l'homme mourant, et lui

____

(1) *Plato, lib. X de legibus.*

offrir, avec le terme de ses maux, le commencement de sa félicité. César attribue, avec raison, à cette cause la valeur prodigieuse des Gaulois, et le courage avec lequel ils s'exposoient à la mort (1). L'expérience fait voir que les suicides sont plus fréquents dans les pays où cette opinion s'est établie (2). Le lecteur a déja aperçu sans doute les conséquences qui doivent naître de ce fait; il sent que la peine de mort ne devroit pas exister dans le code pénal d'un peuple qui a adopté le système de la métempsycose.

Comment justifier en effet l'usage de cette peine, lorsqu'elle enlève tout à-la-fois, à un homme son existence, à l'état un citoyen, à la société un exemple, à la loi son efficacité.

Mais, dira-t-on, cette règle ne devroit-elle pas encore être appliquée à un peuple de chrétiens? Leur religion ne promet-elle pas un bonheur éternel au coupable qui meurt réconcilié avec l'Être suprême? Quel effroi peut inspirer à un vrai croyant ce gibet qui va peut-être séparer une vie malheureuse d'une éternelle félicité? Je ferai à mon tour quelques objections en réponse. Qui peut assurer le coupable de sa justification auprès de Dieu? Qui

---

(1) « In primis hoc volunt persuadere, non interire animas, sed ab aliis post mortem transire ad alios ; atque hoc maximè ad virtutem excitari putant, metu mortis neglecto. *César, Comment. de bello gallico*, lib. VI, cap. 13.

(2) On sait en Italie avec quel courage le fameux *Sala* reçut la mort à Milan, en 1775; on sait quelle étonnante quantité de suicides furent commis à Crémone, depuis le moment où ce fanatique y enseigna la doctrine de la métempsycose.

peut assurer lui et les spectateurs que son repentir n'est pas inspiré par l'effroi d'une mort certaine? La religion chrétienne, à côté de la clémence d'un Dieu toujours prêt à pardonner, ne nous montre-t-elle pas sa justice terrible? à l'espérance d'une éternelle félicité ne joint-elle pas la crainte d'un tourment éternel? Si un seul moment de résignation peut racheter une vie toute pleine de crimes, un seul instant de désespoir ne peut-il pas effacer une longue durée de repentir? Cette incertitude ne doit-elle pas rendre la mort d'autant plus épouvantable, que les suites, selon notre croyance, en sont plus terribles? Le ministre même de la religion n'accroît-il pas encore les horreurs du spectacle que le criminel va offrir sur l'échafaud?

Ces réflexions suffiront, je l'espère, pour montrer que la religion chrétienne n'ôte rien à la peine de mort de cette force qu'elle doit avoir pour faire partie du code criminel, lorsque les autres rapports moraux ne s'y opposent pas. Si nous ajoutons que les préceptes de cette religion sont conformes aux dispositions des lois, nous pourrons conclure de ce que nous avons dit ci-dessus que le système pénal d'un peuple de chrétiens peut, toutes choses d'ailleurs égales, être plus modéré que celui de tout autre peuple.

De l'influence des rapports moraux sur le code pénal, passons à l'influence des rapports physiques; et d'abord parlons du climat.

J'appliquerai ici au système pénal les principes généraux que j'ai établis, dans le premier livre de cet ouvrage, sur le rapport des lois avec le climat (1).

L'influence du climat, ai-je dit, sur le physique et sur le moral des hommes est presque insensible dans les pays tempérés; elle n'est forte que dans les pays où la chaleur et le froid sont extrêmes. Dans les uns, le climat agit à peine comme cause concourante; dans les autres, il agit comme cause principale. Ces régions, par exemple, où un froid excessif engourdit le corps, anéantit toute l'énergie, toute la sensibilité de l'ame, et retarde le développement des facultés morales, pourroient-elles avoir le même code pénal que des pays situés dans un climat doux et tempéré?

Les mêmes peines y feroient-elles les mêmes impressions? Pourroit-on, sans injustice, y fixer à la même époque de la vie l'âge où un homme est supposé capable de commettre un crime? Si parmi nous, où le climat n'arrête pas le développement des facultés morales, la loi exige un âge de dix-huit ans pour condamner le coupable à la peine ordinaire, ne devroit-elle pas exiger au moins trente ans dans la Laponie ou dans le Groenland? et si les lois romaines déclarent incapable de fraude, et par conséquent de crime, l'impubère (2), c'est-à-dire l'homme au-dessous de quatorze ans, et la femme au-dessous de douze, les lois de ces régions ne devroient-elles pas étendre le droit de l'impuberté au moins jusqu'à

____

(1) Voyez le chap. XIV du tome I.

(2) Leg. 23, §. *excipitur et ille*, ff. *de ædil.*; leg. *impuberem*, 22, ff. *ad leg. Cornel. de fals.*; leg. 1, §. *impuberes*, cod. *de fals. monet.*

la vingtième année? Dans un pays où des neiges amoncelées, des mers et des fleuves de glaces, arrêtent toute communication, et forcent des familles entières de demeurer, pendant huit mois de l'année, ensevelies dans leurs maisons comme dans des tombeaux (1), seroit-il possible de maintenir les mœurs, l'honnêteté domestique, sans accroître la sévérité des peines destinées à éloigner les hommes de ces délits que la nature abhorre, mais que l'habitude et la nécessité de vivre ensemble inspirent et facilitent? L'ivrognerie, au contraire, si dangereuse dans d'autres climats, ne devroit-elle pas mériter l'indulgence des lois dans les pays où un froid excessif rend nécessaire l'usage des liqueurs fortes, et où l'abus de ces boissons rend l'homme stupide, et ne le porte pas à des excès, à des crimes? Pittacus, qui vivoit dans un climat très tempéré, ordonna que tout ivrogne qui attaqueroit quelqu'un seroit puni plus fortement qu'un autre agresseur. La raison qu'en donne Aristote montre quelle indulgence les lois devroient avoir pour ce vice dans les pays froids (2).

La peine de l'exil, même dans le cas où nous avons cru que l'usage en seroit très utile, pourroit-elle être établie dans un pays où le coupable crain-

---

(1) Voyez les relations des voyages faits en Laponie, etc.

(2) « Fuit autem et Pittacus legum opifex.... Lex autem propria ipsius est, ut ebrii, si aliquem pulsarint, majore pœnà afficiantur quam sobrii; quia enim plures ebrii quam sobrii contumeliosi sunt, non respexit ad veniam, quam decet temulentis magis dare, verum ad id quod conducit. » Aristot. *de Republic.*, lib. II, *in fine.*

3. 8

droit d'être rappelé, où il annonceroit à ses concitoyens le bonheur dont il jouit, et l'opposeroit à
leur propre infortune? La peine de mort devroit-elle
exister dans le code pénal d'un peuple où des travaux communs, nécessaires à la conservation de la
société, mais meurtriers pour ceux qui y sont dévoués, ne peuvent être exécutés que par des hommes qui ont perdu tout droit à la vie? Pourroit-on
enfin employer utilement les peines d'infamie chez
un peuple que le climat rend presque stupide, et
qui est incapable d'attacher à l'opinion publique
cette force que la communication habituelle peut
seule produire et soutenir?

Telle est l'influence d'un climat très froid sur le
code pénal : celle d'un climat extrêmement chaud
n'a pas moins d'étendue et de variété dans ses
effets.

J'ai fait voir (1) que, si le développement des facultés morales n'est ni arrêté ni retardé dans les climats tempérés, il n'en est pas de même dans les climats très froids ou très chauds. Cette difficulté de
développement doit donc produire les mêmes effets
sur le code pénal d'un pays très chaud que sur celui
d'un pays très froid.

J'ai montré d'ailleurs que le peu de sensibilité,
la stupidité, le défaut d'énergie, sont également
les effets d'un climat très chaud et d'un climat très
froid (2).

---

(1) Tome I, chap. XIV.
(2) Cela me paroit évident. Comme le mécanisme naturel de

Les autres modifications du système pénal, qui naissent des effets communs à ces deux climats, doivent donc être les mêmes dans l'un et dans l'autre.

Enfin les mêmes raisons qui attestent l'inutilité

---

l'homme est également altéré par l'excès de la chaleur et par l'excès du froid, ces deux causes physiques contraires doivent produire les mêmes effets moraux. Si Montesquieu avoit fait un peu plus d'attention à ce phénomène, il n'auroit pas indistinctement attribué le courage aux habitants des climats froids, et la lâcheté à ceux des climats chauds. Lorsqu'on parle des climats dont la température est à peu près la même, les causes morales et politiques peuvent rendre plus courageux l'habitant du climat plus chaud que celui du pays plus froid, et réciproquement. L'histoire, qui renverse avec tant de force le système de Montesquieu, offre des preuves innombrables de cette vérité. Si le climat détruit le courage, l'énergie, la sensibilité, etc., ce n'est, à mon avis, que parmi les peuples qui vivent dans des pays extrémement froids ou extrémement chauds, où le physique et par conséquent le moral de l'homme sont également altérés et dépravés. Dans les autres régions, ce sont les causes morales et politiques qui produisent ces effets ; le climat n'y influe que d'une manière très peu sensible. Rien n'est plus singulier que la manière dont Montesquieu cherche à se débarrasser sur ce sujet de la contrariété des faits. Les Indiens, ou du moins la plus grande partie des peuples connus sous ce nom, vivent dans un climat modéré, puisque ce n'est pas la situation d'un pays par rapport au soleil qui doit seule déterminer la chaleur ou le froid extréme d'un climat, comme je l'ai démontré dans le chap. XIV du liv. Ier de cet ouvrage. Montesquieu dit, liv. XIV, chap. III : « Les Indiens sont naturellement sans courage ; les enfants mêmes des Européens, nés aux Indes, perdent celui de leur climat. Mais comment accorder cela avec leurs actions atroces, leurs coutumes, leurs pénitences barbares ? Les hommes s'y soumettent à des maux incroyables ; les femmes s'y brûlent elles-mêmes. Voilà bien de la force pour tant de foiblesse. » Mais il éclaircit tout de suite cette difficulté : « Cette même délicatesse d'organes, qui leur fait craindre la mort, sert aussi à leur faire redouter mille choses plus que la mort. » Une telle solution suffi-

de la peine d'exil, de mort ou d'infamie dans un pays très froid, et la nécessité d'y établir des peines sévères contre les délits domestiques, démontrent que le code pénal d'un pays très chaud doit recevoir de pareilles modifications. Dans l'un comme dans l'autre, abandonner sa patrie c'est acquérir toutes les jouissances du bonheur; dans l'un comme dans l'autre, des travaux publics, infiniment dangereux, ne peuvent être exécutés que par des criminels qui ont perdu le droit de vivre; dans l'un comme dans l'autre, toute communication est interrompue pendant une grande partie de l'année (1).

Voilà, selon moi, tout ce qu'il est permis de dire relativement à l'influence du climat sur le système pénal. On sent aisément qu'il ne peut y avoir de dif-

---

roit peut-être pour montrer à quelles idées conduit l'amour des systèmes. Le courage consiste-t-il à ne pas craindre la mort, ou bien à surmonter cette crainte? à ne pas aimer la vie, ou bien à aimer quelque autre chose plus que la vie? Pourquoi le Romain étoit-il si courageux à la guerre? Est-ce parcequ'il ne craignoit pas la mort, ou parcequ'il redoutoit plus que la mort l'ignominie, la perte de sa liberté? N'y a-t-il que les Indiens qui, craignant la mort, méprisent la vie dans certaines circonstances? Le guerrier le plus courageux ne ressemble-t-il pas à cet égard à un Indien? S'il fuit devant l'ennemi, ce n'est pas au climat qu'il faut attribuer sa lâcheté; c'est à l'indifférence que le despotisme inspire pour la patrie, c'est à la bassesse qui nait de la servitude, c'est à la mollesse que produisent l'abondance et le luxe, c'est à la cruelle certitude d'être constamment opprimé, après la victoire par l'ancien tyran, après la défaite par le nouvel usurpateur.

(1) Si on compare les relations des voyageurs qui décrivent les mœurs et les usages des pays excessivement chauds avec ceux qui décrivent la manière de vivre des peuples très septentrionaux, on verra que ces deux assertions sont vraies.

férence entre les codes criminels de deux peuples, que lorsque l'un habite un climat modéré, et l'autre un climat extrêmement chaud ou extrêmement froid. L'influence directe d'un climat modéré sur le physique et sur le moral des hommes est tellement affoiblie par le concours des autres causes morales et politiques, qu'elle ne doit produire aucune modification importante dans les principes généraux du code pénal.

Dira-t-on la même chose des autres rapports physiques d'un peuple? je parle de la nature du sol, du genre de ses productions, de la situation, de l'étendue du pays. Ces objets, comme on l'a vu dans les deux premiers livres de cet ouvrage, doivent avoir une grande influence directe et immédiate sur quelques parties de la législation ; mais auront-ils la même influence sur le code pénal?

Je dis une influence *directe* et *immédiate*, parceque si on considère ces objets comme des causes qui agissent fortement sur le génie, le caractère, la religion, la nature du gouvernement d'un peuple, ils peuvent avoir une grande influence *indirecte* sur le système pénal. Mais mon dessein n'est pas d'examiner ici cette espèce d'influence. En effet, si ces causes physiques contribuent, par exemple, à donner à un peuple telle forme de gouvernement, il est inutile de m'arrêter sur cet objet, puisque j'ai déja développé les principes qui dépendent du rapport des peines avec la nature du gouvernement. Si elles concourent à déterminer le génie, le caractère, la religion d'un peuple, ces objets sont également étran-

gers à cette partie de mon ouvrage, puisque j'ai exposé les principes qui naissent de leur rapport avec
le système pénal. Je ne dois donc m'occuper que de
leur influence directe et immédiate ; et si elle est
très sensible, comme on l'a vu, dans la partie politique et économique de la législation, il n'est pas
difficile d'apercevoir qu'elle doit être très légère
dans la partie pénale. Voyons à quoi elle peut se
réduire.

Le sol d'une nation est-il extrêmement stérile, la
partie du peuple qui s'occupe à le mettre en valeur
est-elle trop peu robuste, ses travaux sont-ils trop
coûteux ; le territoire, en un mot, ne peut-il être
défriché que par des hommes condamnés pour leurs
délits à une plus grande fatigue et à un moindre sa-
laire, le législateur, dans un tel pays, devra se servir de ces peines qui, privant l'accusé de sa liberté
personnelle, l'obligent à réparer par son travail les
maux qu'il a causés à la société par ses crimes. Dans
un pays, au contraire, où la fertilité du sol dispense
de ces opérations serviles, où les objets de travaux
publics sont en très petit nombre, le législateur doit
user avec réserve de cette espéce de peine ; si elle
devenoit très commune, elle obligeroit la société de
nourrir inutilement ceux qui l'ont offensée, et aug-
menteroit par la peine même les maux que le coupable a déja faits par son crime.

Un autre pays a des sources de richesses qu'on ne
peut conserver que par le sacrifice de la vie d'une
portion de ceux qui sont occupés à les exploiter. Au
lieu de laisser acheter de malheureux Africains,

pour les conduire à une mort inévitable; au lieu d'entretenir ce commerce infame, qui dégrade à la fois celui qui vend, celui qui achéte, celui qui est vendu; au lieu de souffrir que l'on commette, avec tant d'assurance et sous la protection des lois, une multitude de vexations honteuses; en un mot, au lieu de suivre un ordre de choses qu'aucun principe de morale, aucun système de religion, aucun motif d'intérêt public ne peut justifier, mais que la superstition favorise dans plusieurs pays de l'Europe par ses absurdes et détestables maximes; que le législateur substitue dans un tel pays à la peine de mort la condamnation à cette espéce de travaux publics; que l'effigie du coupable, suspendue au gibet, annonce la peine qu'il a méritée, et qu'il soit transporté dans un lieu où sa vie, sacrifiée à une multitude d'innocents, puisse être utile à la société, et épargner à la loi l'injustice dont elle se rend coupable.

Passons à la situation et à l'étendue du pays. Quant au premier objet, je ne vois pas, après y avoir bien réfléchi, quelle peut être son influence directe sur le code pénal; quant au second, je pense qu'il ne peut fixer l'attention du législateur que dans un seul cas, où il doit avoir la plus grande influence.

Un pays immense, soumis à un seul gouvernement, est habité par plusieurs peuples qui diffèrent par le génie, le caractère, la religion, le climat; on y trouve tout à-la-fois l'avidité, l'orgueil, l'amour du travail, le goût de l'oisiveté; ici le climat est très froid, là il est très chaud, ailleurs il est tempéré ; des dogmes et des cérémonies de différente espèce y forment différentes religions. En supposant que le gouvernement de cette nation soit modéré, quel sera le système de son code pénal? La solution de ce problème est facile. Ce pays ne peut avoir un seul code criminel, comme il ne peut avoir une seule législation.

Le lecteur, combinant cette solution avec les principes précédents, en apercevra facilement les conséquences ; il se rappellera qu'il existe en Europe une nation telle que je viens de la supposer. Je me repose à cet égard sur son intelligence ; et je vais examiner quelle influence directe la prospérité d'un peuple peut avoir sur le code pénal, et quels sont les principes qui en découlent.

Si la peine, comme on l'a vu (1), est la perte d'un droit, et si les droits sociaux sont d'autant plus précieux que la prospérité publique est plus grande, la même peine deviendra plus sensible à mesure que la prospérité d'un peuple s'accroîtra.

Si la justice détermine les limites de la rigueur des peines, si l'on ne peut faire souffrir au coupable que le degré de mal suffisant pour empêcher les autres de suivre son exemple (2), il est évident que lorsque les progrès de la prospérité publique ont augmenté, avec le prix des droits sociaux, la rigueur des peines établies, alors le code pénal doit être adouci.

----

(1) Voyez le chap. Ier de ce tome.
(2) Voyez le chap. IV de ce tome.

Si une peine égale à dix suffisoit d'abord pour éloigner les hommes d'un crime, une peine égale à huit produira ensuite le même effet. Avec la même peine dont on punissoit un délit léger, on pourra punir un délit considérable, en diminuant proportionnément la première. De plus, à mesure que la prospérité publique s'accroît dans un état, les causes des crimes diminuent. Leur action étant affoiblie, la réaction qu'on doit leur opposer peut donc sans danger être affoiblie à son tour.

Ces conséquences sont aussi simples que les principes d'où elles dérivent : ce seroit se défier de la pénétration du lecteur, que de leur donner plus de développement. Je viens d'exposer la théorie difficile du rapport des peines avec les divers objets qui composent l'état d'une nation, et j'ai appliqué au code pénal les principes généraux de la bonté relative des lois, déja établis dans le premier livre de cet ouvrage. Je passe maintenant à la théorie des délits; et après avoir développé les principes qui doivent déterminer le rapport des peines avec l'état politique des peuples, je vais examiner les principes qui déterminent le rapport des peines avec les délits. Voyons d'abord ce que c'est qu'un délit, et quelle en est la mesure.

CHAPITRE XIII.

Du délit en général.

Toutes les actions contraires aux lois ne sont pas des délits ; tous ceux qui les commettent ne doivent pas être appelés coupables. L'action sans la volonté n'est pas criminelle ; la volonté sans l'action ne doit pas exposer à la peine. Le délit consiste donc dans la violation de la loi, jointe à la volonté de la violer.

La volonté est cette faculté de l'ame qui nous détermine à agir d'après les mouvements du cœur et les calculs de la raison. Le desir excite, la raison compare, la volonté détermine. Pour vouloir, il faut donc desirer et connoître.

Connoître une action, c'est en apercevoir le but et les circonstances qui l'accompagnent. Nous appelons donc action volontaire celle qui naît de la détermination de la volonté, précédée du desir, et de la connoissance du but ainsi que des circonstances de l'action, et action involontaire celle qui naît ou de la violence ou de l'ignorance (1).

La violence est l'impression d'une force étrangère, qui nous entraîne malgré notre volonté ; l'i-

____

(1) « Videntur invita ca esse, quæ aut vi, aut ignoratione efficiuntur. » Aristot., *Moral. ad Nicomach.*, lib. III, cap. 1.

gnorance est cet état de l'esprit qui ne permet d'apercevoir ni le but ni les circonstances d'une action. Dans ces deux cas, l'homme qui a violé la loi ne peut être regardé comme coupable.

Faisons l'application de ces principes, et voyons quelles lois doivent en découler.

Le délit consiste, comme je l'ai dit, dans la violation de la loi, jointe à la volonté de la violer. Les personnes que la loi doit supposer incapables de volonté peuvent donc être regardées comme incapables de commettre un délit.

La volonté, ai-je dit encore, est cette faculté de l'ame qui nous détermine à agir d'après les mouvements du cœur et les calculs de la raison. Il suit de là que les personnes qui, par la foiblesse de l'âge ou un vice d'organisation, n'ont pu acquérir ou conserver l'usage de la raison, doivent être regardées par la loi comme incapables de volonté, et par conséquent de crime. Tels sont les enfants, les imbéciles, les visionnaires, les frénétiques. La loi doit donc fixer l'époque de l'enfance et de la puberté, par rapport au climat, qui, comme je l'ai dit ailleurs, accélère ou retarde le développement des facultés intellectuelles de l'homme ; elle doit déclarer l'enfant incapable de volonté (1) ; elle doit, pour l'âge

______

(1) Les lois romaines étendent encore cette incapacité à l'âge voisin de l'enfance. L'impubère, jusqu'à l'âge de dix ans et demi, c'est-à-dire jusqu'à la moitié du second période, ne peut être soumis à aucune peine, parceque la loi le déclare incapable d'intention criminelle. *Leg. infans,* 12, ff. *ad leg. Corn. de sicariis.* La loi des Saxons avoit fixé cette époque à douze ans : les lois actuelles

de puberté, laisser aux juges du fait le soin de décider si l'accusé a l'usage de la raison (1); elle doit enfin soumettre au même jugement le cas de frénésie ou de stupidité (2). Telles sont les dispositions qui naissent de ce principe.

J'ai dit ensuite que pour vouloir il faut desirer et connoître, que connoître une action c'est en apercevoir le but et les circonstances qui l'accompagnent, et qu'une action ne doit être appelée volontaire que lorsqu'il est possible de trouver cette connoissance dans celui qui agit. De ce principe naît la distinction entre l'*accident* et la *faute*.

L'accident suppose, dans celui qui agit, l'ignorance absolue de la possibilité de l'effet qui résulte de son action (3); la faute suppose un effet différent de celui qu'on s'étoit proposé d'obtenir, mais qu'on savoit pouvoir arriver, parceque l'on connoissoit

---

d'Angleterre l'ont restreinte au premier période, qui finit à sept ans; et Blackstone rapporte un jugement qui condamna à mort deux jeunes gens, l'un de neuf ans, l'autre de dix. *Code crimin. d'Angl.*, chap. II.

(1) En Angleterre, ce sont les jurés qui examinent si l'impubère accusé a l'usage de raison. Cet examen n'a pas lieu avant les sept années révolues, parcequ'il est absous par la loi. Après ce terme, si l'accusé impubère est déclaré par les jurés capable d'intention criminelle, il est condamné.

(2) Comme il ne s'agit ici que de constater un fait, l'examen en doit appartenir, d'après mon plan, aux juges du fait.

(3) En voici un exemple. Je suis dans mon enclos, les portes en sont fermées, et j'en ai les clefs dans ma poche. J'aperçois un lièvre, je tire un coup de fusil. Le plomb frappe et tue un homme qui s'étoit caché dans cet endroit, et que j'étois sûr de ne pouvoir trouver là. Cet homicide sera purement fortuit; ce sera un simple accident, et la loi ne peut me condamner à aucune peine.

toutes les circonstances de l'action (1). On ne peut donc être responsable de l'accident, on est responsable de la faute. Dans l'un, il n'y a point de volonté, puisqu'il y a ignorance ; dans l'autre, il n'y a pas absolument défaut de volonté, puisqu'il n'y a pas défaut absolu de connoissance. Dans l'un, il n'y a ni volonté de violer la loi, ni volonté de s'exposer au risque de la violer ; dans l'autre, il n'y a non plus aucune volonté de violer la loi, mais il y a celle de s'exposer au risque de la violer.

A mesure que la connoissance de ce risque s'accroît, la valeur de la faute augmente, elle approche de la mauvaise foi ; à mesure que cette connoissance diminue, la faute s'éloigne de la mauvaise foi, et approche de l'accident (2).

De ces principes découlent les régles suivantes.

Si l'accident ne rend pas coupable, les lois ne peuvent pas le punir ; si la faute rend coupable, les lois doivent la punir.

Si la faute rend moins coupable que la mauvaise foi, parceque celle-ci renferme la volonté de violer

---

(1) Si, poursuivant un lièvre qui fuit dans une rue, je tire sur lui un coup de fusil qui tue un homme, je commettrai une faute, je serai coupable d'homicide. Quoique j'eusse pour objet de tuer un lièvre, je n'ignorois pas qu'il étoit possible qu'un homme passât alors dans ce lieu. C'étoit une des circonstances de l'action qui devoient me déterminer à laisser fuir le lièvre, plutôt que de m'exposer au risque de commettre un homicide.

(2) Il y a une très grande différence, comme on l'a vu, entre tuer un homme lorsqu'on tire sur un lièvre dans un sentier peu fréquenté, et tuer un homme lorsqu'on tire sur un lièvre qui fuit à travers les rues d'une ville, et à une heure où il y a un grand concours de monde.

la loi, et qu'il n'y a dans la faute que la volonté de s'exposer au risque de la violer, la peine de la faute ne devra donc jamais, dans la même action, être égale à la peine de la mauvaise foi.

Si, à mesure que s'accroît la connoissance de la possibilité de l'effet qui naît de l'action, la valeur de la faute augmente, la faute approche de la mauvaise foi; et si, à mesure que la connoissance de cette possibilité diminue, la valeur de la faute diminue et qu'elle approche de l'accident, il y aura donc différents degrés de faute, et les lois y appliqueront différents degrés de peines.

S'il n'est pas possible de déterminer tous les degrés de faute, et qu'il soit injuste et dangereux de laisser à la volonté des juges le choix et l'objet de la peine, les lois seront donc obligées de fixer des degrés de faute auxquels tous les autres puissent se rapporter. Ces degrés seront au nombre de trois, *très grand, moyen, très petit.* Elles établiront une régle générale, qui indique aux juges auquel de ces trois degrés la faute doit être rapportée.

Voici quelle pourroit être cette régle générale: Lorsque les circonstances de l'action montrent que, dans l'ame de celui qui agit, la possibilité de l'effet contraire aux lois qui est résulté de l'action égale ou surpasse la possibilité de l'effet qu'il s'étoit proposé d'obtenir, la faute est *très grande;* lorsque cette première possibilité est moindre que la seconde, mais sans une différence très sensible, la faute est *moyenne;* lorsqu'il y a une très grande différence entre l'une et l'autre, la faute est *très petite.*

Enfin les juges, pour déterminer la sanction pénale, distingueront dans chaque délit (1), outre la
peine de la mauvaise foi, celle de la faute *la plus
grande*, celle de la faute *moyenne*, celle de la faute
très petite (2).

Telles sont les règles de jurisprudence qui dérivent des principes précédents. Poursuivons cette
analyse.

J'ai dit que les actions involontaires sont celles
qui naissent de la violence ou de l'ignorance ; que
la violence est l'impression d'une force étrangère,
qui nous entraîne malgré notre volonté ; que l'ignorance est cet état de l'esprit qui ne permet d'apercevoir ni le but ni les circonstances d'une action ;
que par conséquent les actions contraires aux lois
qui sont l'ouvrage de la violence ou de l'ignorance
ne soumettent pas celui qui les commet à la punition des lois. L'application de ce principe est dans
le principe même ; la règle générale qui en découle
est entièrement exprimée dans la conséquence que
j'en ai déduite, et il est inutile de la développer.
Mais pourroit-on dire la même chose dans deux
questions auxquelles nous conduit l'énoncé de ce
principe incontestable ? Je veux parler des actions
qui semblent procéder en même temps de la vio-

---

(1) Je parle des délits qui peuvent se commettre par *faute*, et non
des délits tels que l'assassinat, le vol, etc.

(2) Suivant mon plan de procédure criminelle, les juges du fait,
combinant les circonstances de l'action avec ces règles, indiqueroient à quel degré de faute elle doit être rapportée ; et les juges
du droit trouveroient dans la loi la peine fixée pour ce degré de
faute. Voyez ce que j'ai dit, liv. III, chap. XIX, art. vii. tom. II

lence et de la volonté, de l'ignorance et de la connoissance. Quant aux premières, qu'Aristote appelle *mixtes* (1), il suffit de jeter un coup d'œil sur les divers événements de la vie, pour sentir que l'homme peut quelquefois se trouver dans la dure nécessité de n'avoir à choisir qu'entre deux ou plusieurs maux. La préférence qu'il donne à l'un de ces maux, dans de telles conjonctures, dépend, il est vrai, de sa volonté, puisque, selon l'expression d'un ancien (2), « personne ne dérobe ou ne tyrannise la volonté : » mais sa volonté ne l'auroit-elle pas éloigné de ce mal, si la nécessité de se dérober à un autre ne l'eût forcé de faire ce choix ? Le pilote qui voit son navire près d'être englouti s'il n'est allégé fait jeter à la mer une partie des marchandises : cette action est volontaire (3) ; mais l'auroit-il faite sans la nécessité d'échapper au danger ? Si un tyran arme ma main d'un poignard, et me fait annoncer par ses satellites que je dois ou perdre la vie ou assassiner quelqu'un, n'est-ce pas cette cruelle alternative qui déterminera mon action ?

Laissons aux moralistes l'examen des principes relatifs au for intérieur, et contentons-nous de tracer les dispositions de la loi sur cette espèce d'actions.

---

(1) Aristot., *Moral. ad Nicomach.*, lib. III, cap. 1.

(2) Épictète.

(3) « Nemo enim sponte absolute (in tempestatibus) sua projicit ; sed ob salutem tum suam, tum aliorum, omnes, modo mentis compotes sint, facere id videntur. Mixtæ igitur hujus modi actiones quum sint, spontaneis tamen magis sunt similes. » Aristot. *ibid.*

Trois régles générales suffiront au législateur pour résoudre tous les cas qui peuvent être compris dans cette question. Je prie le lecteur de se rappeler que, si les lois civiles doivent inspirer la perfection morale, elles n'ont pas le droit de l'exiger : elles peuvent donner des martyrs à l'héroïsme, comme la religion en a donné à la foi ; mais elles ne peuvent, comme elle, punir ceux qui n'ont pas le courage qu'exige un tel effort. Je passe maintenant à ces trois régles générales.

1° Le choix entre deux ou plusieurs maux égaux n'est jamais punissable.

2° Dans le cas de deux ou plusieurs maux inégaux, le choix du moindre n'est pas punissable ; mais le choix du plus grand peut être puni, lorsque l'intérêt de l'existence n'y est pas mêlé.

3° Dans le cas de deux ou plusieurs maux inégaux, dont le moindre porte atteinte à l'intérêt de l'homme obligé de choisir, la préférence donnée au plus grand n'est punissable que dans une seule circonstance : c'est lorsque le mal personnel qu'on évite est très léger, très supportable ; et celui qu'on choisit, très sensible et très préjudiciable à tout le corps social, ou à quelque individu (1).

____

(1) Je crois devoir observer ici que, d'après mon plan, l'examen de l'égalité ou de l'inégalité des maux appartiendroit aux juges du fait, et l'application du principe de jurisprudence aux juges du droit. Ces juges du fait examineroient encore si le moindre mal qu'on a évité nuisoit directement à l'intérêt personnel de celui qui a été obligé de choisir, et si cette considération suffit pour justifier son choix. Le chapitre suivant éclaircira toutes les difficultés

3.   9

Que le lecteur réfléchisse sur ces régles, et il en apercevra, je crois, la justice. Je passe à l'autre question relative aux actions qui naissent en même temps de la connoissance et de l'ignorance. Tels sont les délits commis dans l'ivresse.

L'homme qui est dans cet état ne connoît ni le but ni les circonstances de l'action ; mais avant de s'y trouver, il connoissoit les circonstances et les suites de cette sorte d'excès (1). Celui qui veut la cause ne peut nier qu'il ne veuille aussi les effets. L'ignorance de l'homme ivre n'exclut donc pas la volonté de ses actions, puisque son ignorance est absolument volontaire. Pour me servir d'une expression de l'école, je dirai que quoique la violation de la loi, commise dans l'ivresse, ne dépende pas d'une volonté *immédiate*, elle n'en est pas moins punissable, puisqu'elle dépend d'une volonté *médiate*. Mais, dira-t-on, le sera-t-elle comme un effet de la mauvaise foi, ou bien de la *faute*? Quelle différence y a-t-il entre la violation de la loi commise par faute, et cette violation produite par l'ivresse ou le désordre de la raison? Dans l'un et l'autre cas, l'effet de l'action n'est-il pas différent du but que se proposoit celui qui agit? Quel est celui qui s'enivre pour tuer un homme? N'est-ce pas la volonté seule

qui pourroient naître sur cette théorie. Nous y distinguerons trois degrés de *dol* ou mauvaise foi, comme nous avons distingué trois degrés de faute.

(1) Je prie le lecteur de rapprocher de ces idées ce que j'ai dit au chapitre précédent sur l'ivresse dans les pays extrémement froids ; il verra que ce que j'établis ici ne peut avoir lieu dans ces régions.

de s'exposer au risque de violer la loi qui rend punissable l'une et l'autre action? Comment la même cause pourroit-elle produire des effets différents? Les lois ne doivent donc prononcer contre les actions commises dans l'ivresse qu'une peine égale à celles qu'elles ont établies contre les actions commises par une *faute* du *plus haut degré* (1).

Cette conséquence est erronée, parceque le principe d'où elle dérive est faux. Il y a une très grande différence entre la violation de la loi qui naît de la *faute*, et la violation de la loi qui naît de l'ivresse. Dans la première, l'action qui a produit l'effet contraire aux lois est indifférente en elle-même; dans l'autre, il y a un mal dans la cause, il y a un mal dans l'effet. Tirer sur un lièvre qui fuit est une action indifférente : cette action devient mauvaise, si je m'expose au risque de tuer un homme. L'abus du vin, la perte volontaire de la raison est un mal véritable : il en entraîne un autre, si dans l'ivresse je commets un délit. Dans la violation de la loi produite par une simple faute, le législateur ne doit donc punir qu'un seul excès; dans la violation de la loi produite par l'ivresse, il doit en punir deux.

Il y a plus : dans le premier cas, il existe un véritable mal pour la société, mais il n'y a point de scandale; le second cas offre l'un et l'autre. Enfin si l'on réfléchit que cet abus est très commun, qu'il

____

(1) C'est ce que nous avons appelé *la plus grande faute*, et que les moralistes appellent *lata culpa*.

est utile d'en éloigner les hommes autant qu'il est possible, qu'il est difficile de prouver qu'un coupable n'est pas dans l'ivresse, et qu'il seroit très aisé par ce moyen d'éluder la rigueur des lois dans les pays où l'ivresse délivreroit d'une partie de la peine; si l'on ajoute à cela tout ce que j'ai dit ci-dessus, il en résulte que, loin d'accuser d'une sévérité excessive les législateurs qui ont puni de la même peine le crime produit par l'ivresse et le crime produit par le *dol*, il importe d'adopter leurs dispositions à cet égard : la loi pourroit ordonner que la peine fût, dans ce cas, celle du *moindre degré* du dol. Je développerai ceci dans le chapitre suivant.

Revenons maintenant à l'idée que j'ai donnée du délit, et voyons s'il n'est pas possible d'ajouter encore à tout ce que j'ai dit sur ce sujet. Si le délit suppose le concours de la volonté avec l'acte, après avoir montré comment la volonté se forme, il faut expliquer de quelle manière elle se manifeste.

Il est certain que la volonté seule ne peut créer ce qu'on appelle un délit: c'est à la Divinité de juger nos pensées et nos sentiments; c'est à elle de récompenser notre volonté pour le bien, de punir notre volonté pour le mal, quoique dans les deux cas elle n'ait été suivie d'aucun effet. Laissons donc à la religion le soin d'arrêter par ses menaces les desirs secrets du crime, et n'exigeons pas des lois ce qui n'appartient qu'à Dieu. La loi ne peut punir l'acte sans la volonté, ni la volonté sans l'acte. « Personne ne doit subir la peine de sa pensée, » *Cogitationis pœnam nemo patitur*, dit la jurisprudence romaine (1). Ce n'est pas dans le code des tyrans qu'on lit cette maxime (2).

Mais, dira-t-on, est-ce l'acte qui renferme une violation de la loi, ou l'acte qui manifeste la volonté de la violer, que la loi doit punir? Une simple tentative, un effort peut-il entraîner la même peine qu'un délit déja consommé? Telles sont les questions qui ont divisé les jurisconsultes et les législateurs (3) : c'est par les principes éternels de la justice et de la raison que je vais les résoudre; je ne ferai que suivre les principes établis ci-dessus.

Le délit, ai-je dit, consiste dans la violation de la loi, jointe à la volonté. Donc, toutes les fois que la volonté de violer la loi se manifeste, mais sans l'action prohibée par la loi, il n'y a point de délit. Si je dis, par exemple, à quelqu'un, « Je suis déterminé à tuer un tel; je ne quitterai cette épée qu'après lui avoir percé le cœur; je le poursuivrai jusqu'à ce qu'il tombe mort à mes pieds, » et que ces paroles soient prononcées avec toutes les formalités qu'exige la loi, puis-je être condamné comme homicide? Ne m'est-il pas possible, après de tels propos, de changer de volonté, de devenir l'ami de celui que je détestois, le défenseur de celui que j'a-

---

(1) L. 18, ff. *de pœnis.*

(2) Marsias songea qu'il coupoit la gorge à Denys. Celui-ci le fit mourir, disant qu'il n'y auroit pas songé la nuit s'il n'y eût pensé le jour. Voyez Plutarque, *Vie de Denys.*

(3) Voyez les opinions contraires de Binkershoek et de Cujas, sur la loi 14, ff. *ad leg. Cornel. de sicar.*, qui dit : *In maleficiis voluntas spectatur, non exitus.* Binkershoek, *Observ.*, lib. III, cap. 10; et Cujas, *Observ.*, lib. XIX, cap. 10.

vois résolu de tuer? La loi peut-elle me punir d'un délit que je n'ai pas encore commis (1)?

Si, au contraire, je dis ou j'écris à un assassin : « Cours, égorge mon ennemi; telle somme sera le prix de ton action; je te la donnerai à l'instant même où tu m'apporteras la preuve de ton heureux succès : » supposons que cet assassin n'ait pu exécuter son projet; ne dois-je pas, la preuve de la commission bien constatée, subir la même peine à laquelle j'aurois été condamné si l'homicide eût été exécuté? Sans doute, je dois la subir; car l'acte par lequel j'ai manifesté ma volonté est en lui-même contraire à la loi. Dès le moment où j'ai engagé l'assassin à la violer, je l'ai violée moi-même, je suis criminel autant qu'il m'étoit possible de l'être : il est indifférent que mon ennemi meure ou conserve la vie.

On peut dire la même chose d'une conjuration. Si je manifeste à une ou à plusieurs personnes, d'une manière non équivoque, la volonté de tramer une conjuration contre le gouvernement, le magistrat doit s'assurer de ma personne, jusqu'à ce qu'il lui soit démontré que j'ai abandonné mon projet; mais je ne puis être soumis à la rigueur des lois prononcées contre le crime de conjuration. Si, au contraire, dans le silence de la nuit et dans le

---

(1) Tout ce que la loi doit faire en ce cas est d'obliger le magistrat chargé de maintenir le bon ordre de s'assurer de ma personne jusqu'à ce qu'il m'ait entièrement éloigné de ce projet criminel. Ce ne seroit pas là une peine; ce seroit un moyen d'empêcher l'exécution d'un forfait.

lieu le plus écarté de ma maison, j'assemble les conjurés, je leur livre des armes, je reçois d'eux le serment du mystère et de la fidélité, je fais passer tour-à-tour à chacun, suivant l'antique usage, la coupe sanglante, symbole de vengeance et de carnage ; si, bientôt après, les conjurés sont surpris ; si la conjuration se découvre avant le moment où elle devoit éclater : alors, mes complices et moi, ne serons-nous pas condamnés à la même peine que nous aurions subie si l'attentat eût été exécuté ? Dans le premier cas, je n'ai manifesté ma volonté par aucun acte prohibé par la loi ; dans le second, j'ai fait tout le contraire. Dans le premier cas, la volonté de violer la loi existe, mais il n'y a point de violation ; dans le second, il y a tout à la fois violation, et volonté de violer. C'est donc ici seulement que l'on voit un véritable crime.

Nous déduirons de ces principes la règle générale par laquelle le législateur peut résoudre tous les cas possibles renfermés dans cette question.

« La volonté de violer la loi ne constitue le crime que lorsqu'elle se manifeste par l'acte prohibé par cette loi ; et c'est dans ce seul cas que l'on doit être puni pour la tentative du crime, comme pour son entière exécution (1). »

Je vois déja une foule de criminalistes modernes s'élever contre moi. D'après vos principes mêmes, me diront-ils, le tort que l'on cause à la société est, sinon la seule, au moins la principale mesure de la

______

(1) Voyez le chap. 1er de ce volume.

gravité du délit (1). Comment pouvez-vous donc avancer qu'il est des cas où la simple tentative du crime doit être soumise à la même peine que l'exécution? la société ne reçoit-elle pas dans ce dernier cas un dommage bien plus considérable?

Cette objection n'est forte qu'en apparence; il suffit, pour la détruire, de la discuter avec quelque attention.

Quel est l'objet de la loi dans la punition du crime? est-ce de venger la société contre le méchant qui vient de lui nuire, ou bien de maintenir la sûreté publique, d'offrir un exemple, un moyen d'instruction? Je l'ai dit, la vengeance est une passion, et les lois en sont exemptes. Mes adversaires sont les premiers à convenir que, dans un état de société perfectionnée, l'objet de la peine ne peut être que la sûreté, l'instruction. Si la peine qui suit le délit n'est donc destinée qu'à garantir la société des attentats du coupable, qu'à empêcher les autres de suivre son exemple, ces deux motifs de la peine se trouvent dans la volonté de violer la loi, manifestée par l'action prohibée par cette loi même. Le coupable a montré toute sa perversité; la société en a reçu le funeste exemple. Quel que soit le succès de l'attentat, les deux motifs de punir n'en existent pas moins. La même cause doit donc produire le même effet, c'est-à-dire l'égalité de la peine.

De plus, le délit, comme je l'ai déjà dit (2), est

---

(1) Voyez les principes généraux établis dans le chap. Ier.
(2) Ibidem.

la violation d'un pacte. A mesure que le pacte est plus précieux à la société, la peine de la violation doit en être plus forte, soit parceque la société a un motif plus puissant de redouter le coupable, soit parcequ'elle a un plus grand intérêt d'éloigner les autres hommes de son exemple. Dans le cas dont il s'agit, le pacte est violé, quand même l'effet de l'action n'auroit pas répondu aux projets du coupable. Il doit donc être puni de la même manière que s'il eût obtenu le succès le plus conforme à ses vues.

L'évidence de ces principes me dispense, je crois, de les développer. Après avoir déterminé la nature du délit en général, et fixé les principes qui en dépendent, je vais jeter un coup d'œil sur la mesure des délits; je parlerai ensuite de la proportion qui doit exister entre les peines et les délits.

CHAPITRE XIV.

De la mesure des délits.

Les actions contraires aux lois sont, comme je l'ai dit (1), les violations des conventions sociales, dont les lois sont les formules écrites. L'intérêt de la société est que chacune de ces conventions soit religieusement observée ; mais cet intérêt n'est et ne peut être le même par rapport à toutes ces conventions. Il est plus ou moins grand, suivant qu'elles ont une plus grande ou une moindre influence sur l'ordre social. L'influence du pacte exprimé par la loi et violé par le coupable, sur la conservation de l'ordre, sera donc la première mesure du délit, ou de l'action contraire à la loi. Ce principe nous indiquera les degrés des différents crimes ; il nous montrera, par exemple, la différence qui existe entre l'assassinat et le vol, entre le régicide et l'homicide, entre le péculat et la spoliation d'une hérédité. Mais nous montrera-t-il aussi la différence qu'il y a entre deux violations de la même loi accompagnées de circonstances différentes? Un homme peut en tuer un autre dans l'impétuosité de la colère, de sang froid, avec plus ou moins de cruauté, etc; c'est toujours le même pacte qu'il a violé. Dans tous

____

(1) Voyez les principes généraux établis dans le chap. Ier.

ces cas, il enfreint la loi qui l'obligeoit de respecter la vie de ses semblables ; mais est-il également coupable, doit-il être également puni? Si la mesure du délit doit régler la quantité de la peine, si l'objet de cette peine est de prévenir le danger de l'exemple, et de garantir la société de tous les maux que le coupable pourroit lui faire, en corrigeant ses inclinations perverses, ou en les mettant dans l'impuissance de nuire, il en faut conclure que celui qui a montré dans la violation d'une loi une méchanceté plus réfléchie, une plus grande disposition à violer d'autres lois, doit être plus sévèrement puni que celui qui n'effraie pas la société par la même perversité. Les circonstances du délit peuvent donc le rendre plus ou moins grave, plus ou moins punissable. Mais comment ramener ces circonstances à une mesure générale? Tel est l'obstacle qu'il faut surmonter. Si, par les circonstances du délit, nous entendons tout ce qui, dans le système erroné de notre législation actuelle, est compris sous ce nom, nous chercherons vainement cette régle générale. Nos législateurs, n'ayant pas su distinguer les délits par leurs objets, ont voulu les distinguer par leurs circonstances. Ils ont appelé circonstances d'un délit, non seulement le fait qui en augmente ou en diminue la valeur, mais celui qui, d'après le système de classification que nous allons tracer, change la *qualité* et l'espéce du délit. Ils ont, par exemple, considéré comme circonstance de l'homicide l'état politique de la personne tuée. Mais, selon notre plan, le meurtre d'un magistrat et le meurtre d'un simple citoyen sont deux crimes absolument différents, et par la qualité, et par l'espèce. Il y a ici violation de deux pactes bien distincts, et non violation d'un seul, avec des circonstances différentes. Le premier pacte a une plus grande influence sur l'ordre social que le second : la violation de l'un n'est donc pas égale à celle de l'autre. La mesure que nous avons établie déterminera donc la peine de l'un et de l'autre.

Le lieu, suivant notre jurisprudence, est encore une circonstance du délit; mais tuer un homme dans un temple, et le tuer dans un lieu de débauche, c'est, d'après notre plan, commettre deux délits de différente espèce. Par le premier, on viole deux pactes; par le second, on n'en viole qu'un. Par celui-ci, nous violons le pacte en vertu duquel nous sommes obligés de ne pas attenter à la vie de nos semblables; par celui-là, nous violons en outre le pacte qui exige notre respect pour le culte national.

Il faut donc distinguer avec soin toutes ces idées, et ne pas appeler circonstances d'un délit tout ce qui en change la *qualité* et l'*espèce*. Nous ne donnerons ce nom qu'aux choses qui, sans altérer la qualité du délit, le rendent plus ou moins grave, plus ou moins punissable. Sous ce point de vue, il n'est pas impossible de les réduire à une règle générale.

De même que nous avons distingué trois divers degrés de faute, auxquels nous avons rapporté tous les autres, nous pourrons distinguer trois divers degrés de dol dans chaque délit; et comme le législateur doit, dans chaque délit produit par la faute, fixer, pour chacun de ces trois degrés, une peine différente, il doit fixer aussi une peine différente pour chaque degré de dol. Voici le principe général par lequel la loi pourroit exprimer l'existence du plus petit, du moyen, et du plus grand degré de dol, et réduire à une seule régle toutes les circonstances aggravantes d'un délit. « Lorsque la cause d'impulsion est extrêmement forte, c'est-à-dire lorsque l'action est commise dans l'impétuosité de la passion, le degré de dol sera *très petit;* lorsque la cause d'impulsion est foible, c'est-à-dire lorsque l'action est commise de sang froid et avec réflexion, le degré de dol sera *moyen;* lorsque l'action est commise sans motif (1), ou avec motif, mais d'une manière cruelle, le degré de dol sera *très grand.* »

Suivant notre plan de procédure criminelle, les juges du fait, rapprochant les circonstances du fait des cas indiqués dans cette régle, décideroient avec quel degré de dol l'accusé a commis le délit, comme nous avons dit qu'ils décideroient à quel degré de faute le délit doit être rapporté. Les juges du droit chercheroient ensuite dans la loi la peine prononcée contre ce délit, et relativement à ce degré de dol, de la même manière que s'il s'agissoit d'une simple faute (2).

____

(1) Un homme, pour éprouver sa poudre, tira, il n'y a pas long-temps, un coup de fusil sur un malheureux qu'il ne connoissoit pas. Voilà un homicide sans motif.

(2) Le législateur doit, dans la sanction pénale, établir différents

Cette méthode de distinguer dans les délits la qualité de la gravité donnera au législateur le moyen de résoudre toutes les questions qui concernent les complices de chaque crime. Tous ceux qui ont participé directement ou indirectement à la violation de la loi seront regardés comme coupables, mais à des degrés différents. Tous ont contribué à la violation de la loi, mais tous n'ont pas montré la même perversité dans les moyens dont ils se sont servis. Les juges du fait décideront donc, par les régles établies ci-dessus, du degré de crime que chacun d'eux a manifesté; et, après leur jugement, les juges du droit décerneront la peine que chaque complice doit subir. Voilà le moyen de réduire à une mesure générale les circonstances qui peuvent augmenter ou diminuer la valeur d'un délit. Nous aurons donc deux mesures : l'une pour distinguer la valeur relative de différents délits; l'autre pour distinguer celle du même délit, accompagné de circonstances diverses : l'une consiste dans le plus ou le moins d'influence qu'a sur l'ordre social le pacte que l'on viole; l'autre, dans le degré du dol.

Que le lecteur réfléchisse sur ces idées, qu'il les combine avec celles que j'ai exposées dans le chapitre précédent, et j'ose croire que ses doutes s'évanouiront: il apercevra peut-être la route qui doit conduire à un bon système de jurisprudence criminelle; il verra qu'un code pénal, d'où le nom

---

degrés de peine, pour les délits produits par une simple faute, comme pour ceux qui sont produits par le dol.

arbitraire de *peine extraordinaire* soit entièrement proscrit, et où la loi ne permette jamais au juge de prendre la place du législateur, n'est pas, comme on l'a cru, une institution impossible. Il se confirmera dans cette opinion, lorsqu'il verra comment on peut proportionner les peines aux délits.

CHAPITRE XV.

De la proportion des peines avec les délits.

L'inégalité des délits indique l'inégalité des peines, et tout ce que nous avons dit jusqu'ici montre assez combien il est nécessaire de conserver cette juste proportion. Mais comment est-il possible de parvenir à ce but?

Chacun sent que la violation d'un pacte doit être suivie de la perte d'un droit; que cette perte doit être proportionnée à l'importance du pacte que l'on viole; que la violation d'un pacte, accompagnée de circonstances qui montrent une disposition du coupable à violer d'autres pactes, doit être plus sévèrement punie que la violation d'un seul pacte accompagnée de circonstances différentes. Chacun sent enfin que l'individu qui, par un seul délit, viole plusieurs pactes, doit perdre plusieurs droits; que si, par un seul délit, il viole tous les pactes, il doit perdre tous les droits. Si l'on consulte les principes éternels de la justice et de la raison, qui servent de base à l'intérêt social, on apercevra encore la nécessité de cette proportion entre les délits et les peines. Pourquoi donc n'existe-t-il pas un seul code pénal où elle soit établie? Est-ce à l'impossibilité de l'exécution ou à l'ignorance des moyens qu'il faut attribuer ce mal politique? Ouvrons la route, et laissons le lecteur juger lui-même s'il est possible d'arriver au but.

La comparaison suivante préparera au développement de mes idées. Un architecte veut élever un édifice ; il en fait transporter les matériaux sur la place voisine ; on les jette là pêle-mêle : l'espace qu'ils occupent est au moins vingt fois plus considérable que l'espace destiné à l'édifice. S'il falloit juger de sa grandeur par les matériaux dont la place est couverte, ceux de la plus misérable habitation annonceroient la demeure d'un grand, et ceux de la maison d'un homme riche annonceroient le palais d'un prince.

Changeons les noms, et nous verrons le même phénomène dans l'édifice politique de la législation criminelle.

Lorsque notre imagination se représente cette suite innombrable de crimes dont le mélange confus forme les codes criminels de toutes les nations, nous sommes si effrayés de cette masse énorme, qu'il nous semble impossible de composer un code pénal où chaque peine, fixée par la loi, soit proportionnée à chaque délit, à moins de ne donner à ce code une étendue qui alors ne permettroit pas de le mettre en pratique, et qui, loin de diminuer le désordre, ne feroit que l'accroître.

Mais s'il étoit possible de réduire cette masse énorme de crimes à quelques classes distinguées par les principaux objets auxquels se rapportent les devoirs sociaux, et de distinguer dans chaque classe les délits, suivant leur *qualité* et leur *gravité*, on verroit alors s'évanouir toutes ces illusions d'impossibilité ou de danger; et on sentiroit que, dans le physique comme dans le moral, l'esprit d'ordre divise les masses, et en distribue avec choix les différentes parties.

La violation du pacte constitue la *qualité* du délit; le degré de faute ou de dol avec lequel on le viole forme la *gravité* du délit. Il faut donc proportionner la peine à la *qualité* et à la *gravité*.

Toutes les différences qui naissent de la *gravité* ont été déja déterminées par deux régles générales dans les deux chapitres précédents (1). Nous ne nous en occuperons donc pas dans la distribution des délits. Il suffit que le législateur fixe, comme je l'ai dit, ces deux régles, dont l'une est destinée à indiquer le degré de la faute, et l'autre le degré du dol; que pour chaque espéce de délit commis par faute, il établisse six degrés de peine proportionnés à trois degrés de faute et à trois degrés de dol; et que pour ceux qui ne sont pas produits par une faute, il établisse trois degrés de peine proportionnés à trois degrés de dol. Cette simple et facile opération peut seule faire surmonter le plus grand obstacle qui s'oppose à la perfection du code pénal, et qui consiste dans la difficulté de proportionner la peine aux différents degrés de perversité avec lesquels un délit peut être commis. Il est vrai que dans plusieurs cas cette proportion ne pourra avoir une

---

(1) Voyez les deux regles relatives à la faute et au dol , l'une à la page 126, l'autre à la page 141 de ce volume.

exactitude géométrique; mais elle en aura toujours assez pour qu'on puisse obtenir l'effet politique et moral que l'on cherche, c'est-à-dire pour que l'on ne soit pas forcé d'abandonner à la volonté du juge le choix et la mesure de la peine, et d'infliger le même châtiment à deux accusés qui, violant le même pacte, ont montré dans leur crime une grande différence de méchanceté.

Nous établirons donc par ce moyen une proportion entre la peine et la gravité du crime; mais la peine doit être proportionnée à la *qualité*, et à la *gravité*. Voyons donc quelle doit être cette proportion.

J'ai dit que la violation d'un pacte constitue la *qualité* du délit, et que la mesure de la valeur de deux délits différents est l'influence que l'un et l'autre ont sur l'ordre social. La proportion entre la peine et la *qualité* du délit est donc déterminée par l'influence qu'a sur l'ordre social le pacte que l'on viole. Le délit par lequel je viole un pacte qui a une très grande influence sur l'ordre social doit être soumis à une peine plus sévère que le délit par lequel je viole un pacte d'une moindre influence. Cette différence de peine, proportionnée à la *qualité* des deux délits, se combinant avec celle qui naît de la gravité de ces délits, formera la proportion complète. Je m'explique. Supposons que ces deux délits soient le résultat d'une faute, c'est-à-dire que le législateur doive fixer pour chacun d'eux six degrés de peine relatifs à trois degrés de faute et à trois degrés de dol : pour conserver une parfaite proportion entre la peine du premier délit et celle du second, il faut qu'au même degré la peine de l'un soit plus forte que celle de l'autre. Par exemple, si la peine du premier délit, au plus grand degré de dol, est égale à dix, celle du second, au plus grand degré de dol, doit être tout au plus égale à neuf; si celle du premier délit, au moyen degré de dol, est égale à neuf, celle du second, au moyen degré de dol, doit tout au plus être égale à huit; si celle du premier délit, au moindre degré de faute, est égale à cinq, celle du second, au moindre degré de faute, doit être tout au plus égale à quatre; et ainsi de suite pour les autres degrés intermédiaires. Que l'on réfléchisse à cette progression, et l'on verra que, sans altérer la proportion établie, la peine d'un délit moindre à un degré peut être plus forte que celle d'un délit plus considérable à un autre degré. L'homicide, par exemple, est sans doute un délit plus grave que le vol. Par l'un, on viole un pacte plus précieux que par l'autre. La peine de l'homicide doit donc, au même degré, être plus forte que celle du vol. Tel est l'objet de la proportion que nous avons établie; mais cette proportion n'est pas altérée, si la peine du vol commis avec le plus grand degré de dol est plus forte que la peine de l'homicide commis, ou avec l'un des trois degrés de faute, ou avec le plus léger degré de dol; parceque la peine, comme nous avons dit, doit se proportionner à la *qualité* combinée avec la *gravité*.

Il n'est pas difficile de voir, d'après cela, comment l'on peut obtenir une proportion entre les

peines et les délits dans le code pénal. Que le législateur calcule la quantité relative de l'influence
qu'ont sur l'ordre social les différents pactes que
l'on viole par différents délits ; qu'il établisse d'a-
bord la peine la plus forte, telle que la perte de
tous les droits, contre le délit par lequel on viole
tous les pactes avec le plus grand degré de dol ;
qu'il passe ensuite aux délits par lesquels on viole
quelques uns des pactes qui ont la plus grande influence sur l'ordre social. Après avoir établi la proportion la plus exacte possible entre la peine de
chaque degré du premier délit et celle de chaque
degré du second, qu'il passe aux délits par lesquels
on viole un ou plusieurs pactes qui ont sur l'ordre
social une influence très grande, mais moindre cependant que celle des pactes que l'on viole par le
second délit ; et qu'il conserve, entre la peine du
second délit et celle du troisième, la même proportion qu'il a établie entre la peine du premier délit et celle du second ; en sorte que la peine de chaque degré du troisième délit soit moindre que la
peine de chaque degré correspondant du second,
et ainsi, en descendant par degrés, jusqu'au dernier délit par lequel on viole celui de tous les pactes qui a le moins d'influence sur l'ordre social.

Tout ceci deviendra plus facile à entendre, lorsque le lecteur sera parvenu à l'article de la classification des délits. Mais il est nécessaire de prévenir
auparavant quelques objections, et de développer
une exception au principe général : ce sera l'objet
des deux chapitres suivants.

CHAPITRE XVI.

Suite du chapitre précédent.

Les degrés de peine dont nous avons parlé suffiront-ils pour correspondre à la progression considérable des crimes? pourra-t-on toujours soumettre au calcul leur valeur relative, et obtenir la proportion nécessaire?

Toute cette question peut se réduire à l'examen de trois objets; le nombre des peines, leur qualité, leur quantité. Le nombre des peines, afin de voir si elles sont susceptibles de classification, comme les délits; leur qualité, afin de voir si l'on peut conserver une progression entre des peines différentes; leur quantité, afin de voir si, dans les crimes les plus considérables, on peut établir quelque proportion, sans sortir des bornes de la modération.

Commençons par le nombre des crimes; et d'abord ne dissimulons point à nos lecteurs les difficultés qu'on peut opposer à notre système : tâchons de les surmonter; et ne croyons pas, à l'exemple de quelques écrivains, qu'un ton tranchant et décisif puisse tenir lieu de l'esprit de discussion, et qu'il soit permis de substituer à la profondeur de l'examen un vain étalage d'expressions brillantes et équivoques. Nous en imposerions peut-être à l'ignorance; mais nous ferions rire les gens éclairés.

Si l'on se rappelle ce que nous avons dit dans le chapitre précédent sur l'ordre suivant lequel on doit procéder pour obtenir la proportion entre les délits et les peines dans le code pénal; si l'on se rappelle ce que nous avons dit et démontré dans les chapitres de cette seconde partie, qui renferment l'analyse des cinq classes de peines relatives aux cinq classes de droits dont un membre de la société peut être privé par ses crimes; si l'on réfléchit enfin à l'accroissement prodigieux que peut recevoir le nombre des peines, par leur combinaison, ou par l'union de plusieurs peines pour un seul délit, lorsque par ce délit on viole plusieurs pactes, on verra qu'il existe un nombre suffisant de degrés de peines pour le vaste plan que nous avons tracé. Je n'ai pas prétendu que chaque action contraire aux lois doive être punie d'une peine différente; car, dans ce cas, toutes les espéces de peines qui existent ne suffiroient pas pour cette immensité de délits : mais je crois avoir assez développé mes idées à cet égard pour ne pas craindre qu'on m'attribue une idée si étrange. Je suis si éloigné d'une telle opinion, que, suivant le plan exposé ci-dessus, la peine du plus grand délit, commis avec le plus léger degré de faute, peut être égale à la peine d'un délit beaucoup moins important, commis avec le plus grand degré de dol. L'égalité de la peine détruit la proportion, lorsqu'elle frappe au même degré des délits de différente qualité. Si, par exemple, on punit de la même peine l'homicide et le vol, commis l'un et l'autre avec le plus grand degré de dol, l'égalité de la peine anéantira toute proportion; mais si la peine de l'homicide commis avec le moindre degré de dol est égale à la peine du vol commis avec le plus grand degré de dol, la proportion n'est pas altérée, parceque la valeur du délit et la proportion de la peine dépendent de la qualité combinée avec la gravité. La même peine peut donc être infligée, pour plusieurs délits, à des degrés différents; par exemple, 1° pour un délit commis avec le moindre degré de faute; 2° pour un délit inférieur au premier par la *qualité*, mais commis avec un degré moyen de faute; 3° pour un délit inférieur au second, mais commis avec le plus grand degré de faute; 4° pour un délit inférieur au troisième, mais commis avec le moindre degré de dol; 5° pour un délit inférieur au quatrième, mais commis avec un degré moyen de dol; 6° pour un délit inférieur au cinquième, mais commis avec le plus grand degré de dol. Dans tous ces cas, l'emploi de la même peine ne porte aucune atteinte à la proportion. La seule peine que, dans notre système, on ne puisse infliger que pour un seul délit et à un seul degré, c'est celle dont on doit punir le délit le plus considérable, commis avec le plus grand degré de dol. La progression descendante des peines doit commencer à ce point, avec la progression descendante des délits. C'est en quelque sorte la base d'un cône, dont le diamètre est plus grand que celui de tout autre cercle décrit sur sa surface.

Si, après avoir montré qu'il est moins difficile

qu'on ne le croit de trouver une proportion entre les peines et les délits, je développe tous les moyens que l'on peut employer pour y parvenir, la première difficulté relative au nombre des peines s'évanouira bientôt.

Je ne répéterai point ici tout ce que j'ai dit dans les chapitres de cette seconde partie, où j'ai exposé les différentes espéces de peines dont l'autorité législative peut faire usage sans sortir des bornes de la modération (1). On y a vu que le nombre des peines, considérées séparément, est beaucoup moins considérable qu'il ne paroît l'être au premier aspect.

Mais ce nombre peut encore être augmenté par les combinaisons des peines. Je dois ajouter ici le développement de cette idée aux principes que j'ai établis plus haut.

Nos législateurs ont réuni les peines lorsqu'il falloit les séparer, et les ont séparées lorsqu'il falloit les réunir. Par cette fausse opération, ils ont doublement diminué les moyens de punir. On a joint, par exemple, l'infamie au plus grand nombre des peines. Chez quelques peuples, on l'a unie à l'exil, soit de la patrie, soit d'un lieu particulier, au transport dans les colonies, aux galères, à toute espéce de condamnation aux travaux publics, à la mort civile ou naturelle, aux peines pécuniaires. Que le délit soit ou non infamant de sa nature, qu'il soit atroce ou léger, il suffit d'être soumis à quelqu'une de ces peines pour encourir l'infamie de droit.

______

(1) Voyez au commencement de ce volume les chap. VII, VIII, IX, X, XI, XII.

On sent aisément que cette méthode a dû non seulement rendre inutile la combinaison des deux peines, mais affoiblir la valeur de l'infamie. Elle a rendu inutile cette combinaison, parceque l'infamie prononcée par la loi est un effet de la peine, au lieu d'être une suite du crime ; elle a affoibli la force de l'infamie, parceque, comme nous l'avons démontré (1), lorsque cette peine n'est pas destinée aux seuls délits qui sont infamants de leur nature, lorsqu'on multiplie trop le nombre des gens infames, lorsqu'on prononce cette peine contre les classes de la société qui ont une foible idée de l'honneur, elle ne produit aucun effet.

J'ai dit que les législateurs, non seulement ont réuni les peines lorsqu'il falloit les séparer, mais qu'ils les ont séparées lorsqu'il falloit les réunir. La seconde partie de cette proposition ne me paroît pas moins vraie que la première.

Pourquoi trouve-t-on dans quelques codes criminels de l'Europe des peines dignes du génie infernal des tyrans les plus atroces ? pourquoi, dans les peines de mort, épuise-t-on, suivant la différence des délits, tous les genres de tourments sur la malheureuse victime de la loi, avant de l'immoler à la tranquillité publique ? C'est, dira-t-on, parcequ'il est nécessaire de mettre une différence entre les peines de deux délits dignes l'un et l'autre de la mort, mais inégalement funestes à la société. Je le demande encore, ne pourriez-vous obtenir le même

---

(1) Voyez dans ce volume le chap. VII du liv. III.

effet sans recourir à ces actes de férocité, sans soulever contre la loi l'ame du spectateur, que vous
vous proposez, non de corrompre, mais d'instruire?
croyez-vous que l'union de plusieurs peines ne suffiroit pas pour produire cet acte de justice? Ne pourroit-on, par exemple, condamner à la mort le moins
coupable de ces deux criminels, et prononcer contre
l'autre, outre la peine de mort, des peines qui peuvent se combiner avec elle? Pourquoi séparer dans
ces cas des peines qu'il étoit utile de réunir?

Il y a plus; on a séparé la peine de la marque du
fer chaud de la perte perpétuelle de la liberté; on
a permis à un homme infame, qui porte sur son
corps le signe du crime et de l'ignominie, de retourner auprès de ses semblables; on rend à la société un homme digne d'exécration, et qui désor-
mais ne se servira de ses bras que pour attenter à
la sûreté publique. Il est aisé de voir qu'il falloit,
ou proscrire entièrement cette peine du code pénal,
ou ne la destiner qu'à ces crimes où elle peut se
combiner avec la mort, ou avec la perte perpétuelle
de la liberté. L'homme condamné aux travaux publics, qui recouvre sa liberté après avoir expié son
crime, peut devenir un homme de bien; il peut
espérer que le temps effacera le souvenir de ses
premiers délits, et qu'un nouveau genre de vie lui
ouvrira le chemin de la fortune, peut-être même de
la gloire. Mais ce doux espoir peut-il naître dans
l'ame d'un malheureux que le fer chaud a dégradé
pour toujours? Voyez-vous comme il tremble sans
cesse que le secret de son crime et de son infamie

ne soit découvert; comme il frémit à la seule idée de l'horreur que doit exciter ce funeste événement? Pourra-t-il, de cet excès d'opprobre, s'élever au courage de la vertu? Il regarde, et il voit toutes les routes de la fortune et de l'honneur fermées pour lui. Repoussé de tous côtés par le sentiment de sa honte, par le mépris, par l'indignation publique, il a perdu tous les moyens légitimes d'exister : il ne lui reste d'autre ressource que de déclarer la guerre à cette société dont il n'a rien à espérer; il n'a plus d'autre parti à prendre que de chercher dans le crime une subsistance, une célébrité même qu'il lui est défendu d'obtenir par ses vertus. Rendre la liberté à de telles conditions, c'est déchaîner un tigre féroce. Il falloit donc, ou abolir cette peine, ou la combiner avec l'esclavage perpétuel, ou avec la mort (1).

Sans nous arrêter plus long-temps sur ce qu'on a fait, voyons ce que l'on devroit faire.

L'union des peines doit avoir deux objets; multiplier les moyens de punir, et faciliter la proportion entre ces moyens et les délits. Pour parvenir à ce double but, le législateur ne doit donc jamais réunir inutilement deux ou plusieurs peines. Si, par exemple, la peine de mort suffit pour punir l'homicide au plus haut degré de dol, pourquoi, dans

---

(1) Le lecteur trouvera peut-être une contradiction entre ce que je dis ici et ce que j'ai dit à la page 125 du tome II, sur la peine de la banqueroute frauduleuse; mais c'est moins une contradiction que la correction d'une idée dont je démontrerai la fausseté dans le cours de ce livre.

ce cas, unir la mort à l'infamie? Cet homicide est toujours inférieur à l'homicide au même degré joint au vol; et ce double délit, joint à la concussion, offre un troisième délit encore plus considérable. Que l'on décerne donc contre le premier une mort non infamante; que, pour le second, l'on joigne à la mort la marque du fer chaud; et, pour le troisième, à la mort et à l'infamie, une peine pécuniaire : voilà comment on peut réunir les peines. Sans cette économie, si je puis me servir ici de cette expression, il faudroit, pour conserver la proportion entre les peines et les délits, imaginer un nouveau genre de supplice épouvantable par sa férocité. Ce que j'ai dit de la peine de mort, on peut le dire encore des autres peines qui peuvent se combiner entre elles. Pourquoi réunir si inutilement la perte de la liberté et l'infamie? pourquoi ne pas distinguer les cas, c'est-à-dire les délits dans lesquels on doit joindre ces deux peines, de ceux qui pourroient être expiés par la première? Ne suffiroit-il pas au législateur de changer les noms des peines et d'en altérer un peu les formes, afin de corriger les préjugés de l'opinion? ne lui suffiroit-il pas de séparer l'infamie de ces peines qui aujourd'hui se trouvent liées à elle, et de les y réunir dans les cas seulement ou cela seroit nécessaire? ne pourroit-il pas combiner la peine pécuniaire avec la perte de la liberté, dans les cas où cette dernière peine, trop foible en elle-même, ne devroit pas cependant être jointe à l'infamie (1)?

____

(1) Qu'on ne m'oppose pas ici le système des législations an-

Ces peines pécuniaires ne pourroient-elles être unies à la perte éternelle ou momentanée des prérogatives de la cité, à l'exclusion des charges et à quelque autre espèce de peine, dans tous les délits produits par l'avidité, et contre lesquels la peine pécuniaire est insuffisante?

Il est aisé de voir que les moyens de punir deviendroient, par cette combinaison, quatre fois plus nombreux. Soit que l'on réfléchisse à l'ordre suivant lequel on doit établir la progression des peines, pour mettre de la proportion entre elles et les délits, soit que l'on observe les moyens de punir et toutes leurs

ciennes, qui ne joignoient pas la peine pécuniaire à la peine afflictive? « Moderata populi judicia, dit Cicéron, sunt à majoribus constituta, primùm ut pœna capitis cum pecuniâ non conjungatur. » Cicer. *pro domo suâ*. Démosthène nous a transmis une ancienne loi des Athéniens, semblable à celle des Romains. « Pœnæ plures ne inrogantor : quamcumque inflixerint judices, luendam sive in corpore, sive in ære, utramque simul ne inroganto. » Les lois des barbares, dont nous avons parlé, renferment toutes les mêmes dispositions. Sans doute, lorsque les peines pécuniaires ne sont que des commutations de peines afflictives, il ne faut pas les réunir à celles-ci ; mais, dans notre système, les peines pécuniaires sont infligées sous ce nom. L'alternative, *luat in corpore, aut in ære*, ne doit pas exister dans le code d'un peuple éclairé. Le motif des lois anciennes sur ce sujet ne subsiste donc plus. A Rome même, lorsque le progrès des lumières eut fait disparoître les dernières traces des commutations pécuniaires, les juges coupables de corruption furent condamnés par les lois à la perte de leurs charges, à l'ignominie, et au quadruple de ce qu'ils avoient reçu. Leg. 1, *cod. ad leg. Jul. repetund.* ; et leg. 3, *cod. eod.* Les empereurs Arcadius et Honorius établirent, contre le crime d'intrigue, de cabale (*ambitus*), la confiscation de tous les biens et la déportation. *Cod. Theod. de ambitu*. On punissoit même de ces deux peines à-la-fois le rapt des filles qui s'étoient consacrées à Dieu. Leg. 2, *cod. Theodos. de rapt. vel matr.*

combinaisons, on verra donc s'évanouir la première difficulté sur le *nombre* des peines. Je passe à la seconde, relative à leur *qualité*, et j'espère la résoudre beaucoup plus aisément.

Comment conserver, me dira-t-on, la progression entre des peines différentes de leur nature? comment soumettre au calcul la valeur relative des peines pécuniaires, des peines afflictives, infamantes, de la peine de mort? Il est facile de fixer cette progression dans une même classe de peines, parceque l'on compare des quantités semblables. La simple privation, par exemple, de la liberté personnelle est certainement inférieure à la condamnation aux travaux publics, et cette condamnation pour un an est inférieure à une condamnation pour deux. Mais comment peut-on conserver cette progression, lorsque l'on passe d'une classe de peine à une autre? Telle est dans toute son étendue la seconde difficulté. Voici ma réponse.

J'ai dit que la peine est la perte d'un droit. Tous les droits ne sont pas également précieux; et le même droit n'a pas le même prix chez tous les peuples. Je crois avoir démontré cette vérité. Il suit de là que le législateur ne doit faire autre chose que calculer le prix relatif que son peuple attache aux différents droits, pour déterminer la valeur relative des peines. Il n'est pas possible, dans un ouvrage de législation générale, de déterminer cette valeur, qui varie, comme on l'a vu, avec les circonstances politiques, physiques, et morales des peuples : on ne peut qu'établir les principes généraux qui doivent guider le législateur dans cette opération. C'est ce que je crois avoir fait dans les chapitres précédents avec assez de clarté pour n'être pas obligé de donner ici plus de développement à mes idées (1).

Je passe à la troisième difficulté, relative à la *quantité* des peines. Il faut chercher ici comment on peut fixer une proportion dans les plus grands crimes, sans sortir des bornes de la modération.

Rappelons-nous d'abord une vérité énoncée ailleurs, et qu'il est important d'établir ici. Dans chaque peine, ai-je dit, il y a une valeur absolue et une valeur d'application : l'une dépend du prix qu'attachent les individus d'une société au droit que l'on perd par cette peine ; l'autre dépend de l'usage qu'on en fait, c'est-à-dire du délit contre lequel elle est établie. De ces deux valeurs combinées résulte la force, la puissance des peines. Pour mettre cette idée dans tout son jour, prenons l'exil pour exemple.

Dans un gouvernement populaire, l'exil de la patrie, comme je l'ai observé, est une peine très forte. Le prix que chaque citoyen attache au droit qu'on perd par cette peine est très grand ; il exprime la valeur de la souveraineté.

La peine de l'exil, dans un état démocratique, pourra donc être en proportion avec des crimes très graves, mais dans le cas seulement où on ne l'appliquera qu'à cette espéce de crimes. Si la loi ve-

---

(1) Voyez dans ce volume le chap. XI du liv. III.

noit à y soumettre de légers délits, elle lui feroit
perdre toute sa force; elle ne pourroit plus s'en servir contre de grands attentats; elle seroit obligée de
chercher une peine nouvelle. La valeur absolue de
l'exil seroit donc affoiblie par la valeur d'application
qu'on lui auroit donnée. Le citoyen, accoutumé à
voir infliger cette peine à des hommes coupables de
délits peu importants, la regarderoit comme une
chose assez indifférente; car telle est la nature de
l'homme, que tantôt il juge de la valeur de la cause
par celle des effets, et tantôt de la valeur des effets
par celle de la cause: l'observation démontre cette
vérité.

Il n'est donc pas étonnant que la plupart des législateurs aient trouvé le cercle des peines modérées trop resserré pour leurs systèmes particuliers,
et qu'ils aient eu recours à la plus horrible férocité
dans la punition des forfaits contre lesquels ils vouloient inspirer de l'effroi. S'ils eussent connu l'art de
combiner dans chaque peine la valeur absolue avec
la valeur d'application, ils auroient protégé l'humanité, au lieu d'en violer les droits. Est-il étonnant,
par exemple, que dans le pays le plus éclairé de
l'Europe, au milieu d'une nation où l'esprit d'humanité a fait les plus grands progrès, où les mots
de délicatesse, de sensibilité, sont dans la bouche de
tout le monde, on ait condamné l'assassin du dernier roi à un supplice atroce, dont les annales des
Tibère, des Néron, et des autres monstres qui épou-
vantèrent l'empire romain, n'offrent aucun exemple? Il suffit de se rappeler que, dans ce pays, un

simple vol de quelques sous, commis sur un grand chemin ou dans une maison avec effraction, est puni de la peine de la roue (1); qu'un vol domestique, sans violence, est puni de mort (2); qu'une jeune fille y est condamnée à expier sur un infame gibet le crime de l'amour et de l'honneur (3); qu'un contrebandier à main armée y doit payer sur l'échafaud les modiques profits qu'il a voulu dérober aux hommes les plus riches de l'état (4): et sans doute, en considérant l'abus qu'on a toujours fait chez cette nation de la peine de mort, il ne paroîtra pas surprenant qu'on y ait épuisé toutes les inventions de la férocité la plus raffinée pour punir le plus horrible des attentats. La première erreur devoit nécessairement amener cet acte nouveau de barbarie.

Si l'on veut, pour ainsi dire, faire couler tout le sang pour de légers délits, il n'en restera plus pour la punition des grands forfaits; si l'on inflige la peine de mort contre des délits que la nature et l'honneur paroissent excuser, quels supplices faudra-t-il établir contre ceux qui les violent l'un et l'autre? comment punira-t-on un assassinat atroce,

---

(1) Ordonnance de François Ier de 1534.

(2) Déclaration de Louis XV de 1724.

(3) Voyez l'édit de Henri II de 1556, qui ordonne que toutes les femmes qui auront celé leur grossesse et leur accouchement, et dont les enfants seront morts sans avoir reçu le baptême, seront présumées coupables de la mort de leurs enfants, et condamnées au dernier supplice. Une déclaration de Louis XIV de 1708 en a renouvelé l'exécution.

(4) Voyez l'ordonnance de 1681 et la déclaration de 1729

un parricide, un régicide, par lequel on viole tous les pactes? Faudra-t-il que la férocité vienne remédier au premier abus qu'on a fait des peines? Que l'on corrige donc ce vice monstrueux de la législation, que l'on diminue les peines des délits légers, et l'on n'aura pas besoin d'appeler la cruauté au secours de la loi dans les délits très graves. Les peines se proportionneront aux crimes de toute espéce; la progression des unes suivra la progression des autres; la perte de tous les droits suffira pour punir la violation de tous les pactes : ce sera la peine du plus grand délit.

Après avoir éclairci tous les doutes qui pouvoient s'élever contre mon système, je vais parler, le plus succinctement possible, de l'exception que j'ai annoncée plus haut.

CHAPITRE XVII.

Exception.

Une règle ne peut jamais être détruite par une exception. Ce principe, reçu dans toutes les sciences, doit être encore plus particulièrement admis dans celle de la législation, de toutes la plus difficile et la plus compliquée.

J'ai dit que la valeur du délit est déterminée par la *qualité* combinée avec la *gravité;* que la qualité du délit dépend de la nature du pacte que l'on viole; que la mesure de la *qualité* est l'influence de ce pacte sur la conservation de l'ordre social; enfin que la peine devant être proportionnée à la valeur du délit, il en résulte qu'entre deux délits d'égale *gravité*, mais de *qualité* inégale, la peine de celui par lequel on viole un pacte qui a une plus grande influence sur l'ordre social doit être plus forte que celle du délit par lequel on viole un pacte d'une moindre influence. Telle est la règle générale : voyons quelle en sera l'exception.

Qu'on jette les yeux sur le nombre immense des crimes, et l'on verra que quelques uns sont très secrets de leur nature, très difficiles à découvrir, et encore plus difficiles à prouver. L'espoir de l'impunité devant donc être beaucoup plus grand dans ces délits, la peine aura relativement beaucoup moins de force. Que doit faire le législateur dans cette circonstance? S'il exige des preuves moins complètes, il pourra corriger le mal, mais par un mal plus terrible encore; il exposera l'innocence à une foule de dangers, il attaquera la liberté civile, il enhardira la calomnie. Le moyen que je propose ne produiroit aucun de ces inconvénients. Il suffiroit d'altérer un peu la proportion entre la peine et le délit, d'interrompre le cours de la progression, de condamner le délit plus secret d'une moindre *qualité* à la peine établie contre le délit moins secret d'une *qualité* plus considérable, d'accroître assez la rigueur de la peine pour qu'elle puisse balancer la plus forte espérance d'impunité qui y est jointe : voilà le moyen très simple dont un sage législateur pourroit se servir pour donner à la sanction pénale de ces délits une force qui, sans augmenter beaucoup la rigueur de la peine, détruiroit la facilité de les commettre. Cette exception, comme l'on voit, ne fait que suspendre la régle générale pour cette espéce de délits. Nous en parlerons dans la suite, mais sans en faire une classe particulière; et c'est là que nous montrerons jusqu'où doit s'étendre l'usage de cette exception. Le lecteur, pour apercevoir les principes sur lesquels elle est fondée, n'a besoin que de se rappeler ce que j'ai dit sur l'objet général des peines. Je vais passer maintenant à la division des crimes; et, afin de mettre plus d'ordre dans ces recherches, je donnerai d'abord une idée générale des délits publics et des délits privés.

CHAPITRE XVIII.

Des délits publics et des délits privés.

Après avoir rétabli l'ancienne liberté d'accuser, il faudroit rétablir aussi l'ancienne distinction entre les délits publics et les délits privés. Nous savons que chez les Grecs et les Romains on distinguoit par ces deux noms les délits dont chaque citoyen avoit le droit d'être accusateur, et ceux qui ne pouvoient être poursuivis que par la partie offensée ou ses plus proches parents (1).

Quoique chaque délit soit public de sa nature, puisqu'il est la violation d'un pacte garanti par la société tout entière, on ne peut nier cependant que la société n'ait plus ou moins d'intérêt à voir remplir les obligations que chaque citoyen contracte avec elle et avec ses membres. Dans les délits qui intéressent peu la société, si la partie offensée veut pardonner au coupable, la société peut en permettre l'impunité; mais une pareille tolérance seroit dangereuse dans les autres délits. Ici la société

______

(1) Voyez, pour les Athéniens, Plutarq. *in Solon.; Isocrates, contra Lochitam*; Pollux, lib. VIII; Sigonius, *de Republ. Atheniens.*, lib. III, cap. 1; Potter, *Archæologia græca*, lib. I, cap. 20 et 24: pour les Romains, Domat, *Droit public*, liv. III, introd.; *Mathæi Prolegomena, ad comment.*, etc., c. 4, §. 8; *Institutionum* lib. IV, tit. 18, §. 1.

doit punir, lors même que l'offensé pardonne : c'est une guerre publique qui prend la place d'un combat particulier. Chaque citoyen, indirectement intéressé à la punition de ce crime, doit avoir le droit d'employer les armes de la loi contre le citoyen qui l'a violée ; et si la partie offensée garde le silence, si aucun citoyen n'ose appeler le coupable en jugement, alors le magistrat accusateur doit se présenter, pour prévenir l'impunité que le silence de l'offensé et de ses concitoyens assureroit au coupable. Tel est le principe qui sert de base à la distinction des délits *publics* et des délits *privés*. Dans les uns, chaque citoyen qui, selon notre plan (1), ne seroit pas privé par la loi de la liberté d'accuser, auroit le droit d'être accusateur ; dans les autres, ce droit n'appartiendroit qu'à la partie offensée ou à ses proches parents. Mais quels délits seroient compris dans ces deux classes ? Nous ne pouvons, sur cet objet, suivre les traces des législations anciennes : la différence de la nature des gouvernements, de la religion, des mœurs, et des circonstances politiques des peuples, ne le permet pas. Plusieurs délits qui alors devoient exciter toute la vigilance des lois n'existent plus parmi nous, et des délits inconnus aux anciens ont pris la place des premiers dans nos codes criminels. Mais sans tracer ici une longue liste des délits qui pourroient être renfermés sous chacun de ces titres, je comprendrai dans la classe des délits publics tous ceux que, suivant l'usage

---

(1) Voyez les chap. II, III et IV du liv. III, tome II

général de l'Europe, la partie publique, ou le magistrat qui représente la société, peut en son nom
poursuivre devant les tribunaux; et je ferai entrer
dans la classe des délits privés ceux que la partie
publique ne peut poursuivre sans la plainte et la
réquisition de la partie offensée, comme les injures
de paroles, les voies de fait légères, et d'autres délits
peu importants que la société n'a qu'un très foible
intérêt de faire punir.

Il est temps de passer à la division des délits, qui
doit déterminer la division des peines.

CHAPITRE XIX.

Division générale des délits.

Je crains d'ennuyer le lecteur par cette division très détaillée des délits ; mais sans cet ordre mon système seroit imparfait, et je ne pourrois espérer aucune utilité de mon travail. Avec cette méthode, je crois pouvoir porter une nouvelle lumière dans cette partie de la législation, je crois pouvoir montrer la possibilité de former un code pénal où chaque délit se lie à une peine qui lui soit proportionnée et fixée par la loi.

Ce chapitre est destiné à réduire à certaines classes les délits, relativement à leurs *objets*.

La Divinité, le souverain, l'ordre public, la confiance publique, le droit des gens, l'ordre des familles, la vie des citoyens, leur dignité, leur honneur, leur propriété particulière, forment les objets de nos devoirs sociaux, et par conséquent de nos délits.

Classes des délits.

I. Chaque individu a des devoirs à remplir envers la Divinité, comme homme ; il en a comme citoyen. Les lois civiles doivent prescrire ceux-ci, et ne pas se mêler des autres. Les devoirs du citoyen consistent dans le respect pour le culte national.

Toutes les actions contraires à ce respect sont comprises dans la première classe des délits. Nous la distinguerons par le nom de *délits contre la Divinité*.

II. Il n'y a point de société sans une constitution, et sans une personne morale qui représente la souveraineté. Chaque citoyen contracte en naissant l'obligation de ne point nuire à cette constitution, à cette personne morale. Tous les attentats *directs* (1), soit contre la constitution, soit contre le représentant de la souveraineté, seront compris dans la seconde classe, que nous appellerons des *délits contre le souverain*.

III. Dans le nombre des obligations que chaque citoyen contracte avec la société, il en est qui n'ont directement pour objet ni le souverain ni la constitution du gouvernement, mais qui intéressent d'une manière indirecte le corps social, considéré collectivement : ce sont celles qui naissent des lois destinées à conserver *l'ordre public*. Nous mettrons dans cette classe tous les délits qui troublent l'ordre général et l'intérêt commun. Tels sont les délits contre la *justice publique*, contre la *sûreté*, la *tranquillité*, la *conservation*, le *commerce*, le *fisc*, les *bonnes mœurs*, la *police*, et l'*ordre politique*.

IV. Chaque individu, comme on l'a vu, con-

***

(1) Je dis les attentats *directs*, parceque autrement tout abus d'autorité de la part d'un magistrat, toute désobéissance aux ordres du souverain de la part d'un citoyen, seroient compris dans cette classe. On pourroit même faire entrer tous les délits dans la classe des crimes de lèse-majesté.

tracte tacitement à sa naissance des obligations envers la société, comme citoyen : il en contracte
d'autres au moment où il reçoit une portion de la
confiance publique. Tous les délits contraires à ces
devoirs, tous les abus dont il peut se rendre coupable, seront compris dans cette quatrième classe
des *délits contre la confiance publique.*

V. Il est évident que les obligations contractées
par une nation envers une autre sont en même
temps contractées par tous ses membres. Que ces
obligations naissent du *droit universel des nations,*
ou des traités particuliers d'une nation avec l'autre,
chaque citoyen est donc obligé de les exécuter,
comme toute la société : il ne peut les violer sans
exposer aux plus grands dangers la tranquillité publique. Toutes les violations de ces obligations na-
tionales seront renfermées dans cette cinquième
classe des *délits contre le droit des gens.*

VI. Il y a entre la cité et le citoyen une société
appelée famille ; le père en est le chef, la femme et
les enfants en sont les membres. La nature a dicté
les premières lois de cette société ; elle a établi les
droits et les obligations réciproques de tous ceux
qui la composent. Les lois civiles ne doivent faire
autre chose que combiner ces droits et ces obligations avec l'ordre de la société générale, et donner
aux lois naturelles le sceau de leur sanction. Dans
cette classe des *délits contre l'ordre de la famille,*
nous comprendrons toutes les violations des devoirs
de famille, qui doivent fixer la vigilance des lois, et
les attentats des personnes étrangères contre ces

droits précieux. Le parricide, l'infanticide, l'adultère, l'inceste, le rapt, et les autres délits de cette nature, seront renfermés dans cette classe.

VII. Nous passerons ensuite aux délits qui intéressent plus directement les individus en particulier, et nous mettrons dans cette septième classe les attentats contre la personne du citoyen.

VIII. Nous placerons dans la huitième toutes les insultes faites à la dignité naturelle et civile de l'homme.

IX. Dans la neuvième, tous les attentats contre son honneur.

X. Dans la dernière, tous les attentats contre sa propriété.

Cette division générale des délits va déterminer leur division particulière.

CHAPITRE XX.

PREMIÈRE CLASSE.

Des délits contre la Divinité.

Platon, analysant les délits contre la Divinité, dit : Celui qui nie l'existence de Dieu est un impie ; celui qui dit qu'il y a un Dieu, mais qu'il ne se mêle pas de ce que les hommes font sur la terre, est un impie ; celui qui croit que la Divinité s'apaise par des offrandes est un impie (1).

Nous ne ferons qu'appliquer cette idée aux principes établis ci-dessus, afin de déterminer quels sont dans cette classe les crimes qui doivent exciter la vigilance des lois.

Nous avons dit que chaque individu a des devoirs à remplir envers la Divinité, comme homme, qu'il en a comme citoyen. Nous avons ajouté que les lois doivent réserver leur sanction pour les seconds, en abandonnant les premiers au jugement de Dieu. Toute transgression des devoirs du citoyen est la violation d'un pacte ; et si la valeur du délit augmente lorsque la violation du pacte a une plus grande influence sur l'ordre social, toutes les fois

____

(1) Voyez le profond *Traité des lois* de ce grand philosophe, dialogue X.

que le devoir envers la Divinité, prescrit au citoyen, a une plus grande influence sur l'ordre social, la transgression devient plus grave, et avec elle doit s'accroître la rigueur de la peine.

Revenons à l'idée de Platon. Celui qui, dans le fond de son cœur, nie l'existence de Dieu ; celui qui la reconnoît, mais qui ne croit pas qu'il se mêle des affaires de ce monde ; celui qui ne voit dans la Divinité qu'un être avide, qui vend ses graces et sa justice, et qu'on n'apaise que par des offrandes ; celui enfin qui, aveuglé par quelqu'une de ces erreurs, ne cherche pas à aveugler les autres, sera impie comme homme, mais il ne le sera pas comme citoyen. Si, malgré ces idées, il respecte la religion de la patrie et le culte national, quel droit l'autorité publique, instruite de ses erreurs, auroit-elle de l'en punir ? quel pacte a-t-il violé ? quel devoir social a-t-il enfreint ? quelle loi a-t-il transgressée ?

Si l'autorité le traîne au pied des autels, si elle élève un bûcher devant la porte du temple, et qu'en présence du peuple elle immole à la Divinité un malheureux qui ne la connoît pas, ou qui en nie l'existence, quel bien naîtra de ce supplice affreux ? La loi dira-t-elle qu'elle venge la Divinité ? Mais la Divinité n'a pas besoin de nous pour venger ses injures. Lui attribuer ce besoin, cette impuissance, ce seroit l'outrager. Si parmi les spectateurs il se trouve un seul homme qui pense comme l'infortuné que l'on tourmente, croit-on qu'il se corrigera de son erreur ? Les cris de cette victime, loin de détruire son illusion, ne le soulèveront-ils pas con-

tre la loi qui confond les opinions avec les actions,
les erreurs avec les délits? L'impie lui-même ne
mêlera-t-il pas aux gémissements de la mort les
plus exécrables blasphèmes? n'annoncera-t-il pas
publiquement ses opinions, dans un instant où il
n'a plus d'intérêt à les cacher? Il étoit coupable
comme homme; il le deviendra comme citoyen.

Tous ces tourments ne feront que multiplier les
ennemis de la Divinité, sans lui donner un seul
adorateur. Atroce inquisition! ton image s'offre en
ce moment à mon esprit. La religion chrétienne,
au sein de laquelle tu as pris naissance, auroit-elle
eu des ennemis si nombreux, si puissants, si tes
bûchers n'eussent dévoré que tes ministres? cette
religion, qui, par sa morale et ses dogmes, perfectionne l'homme, forme le citoyen, effraie la tyrannie, ne verroit-elle pas réunis sous ses lois tous ceux
que tu as armés contre elle? Si tu n'avois donné tant
de martyrs à l'erreur, combien de sectateurs la vérité auroit eus?

Revenons à l'objet de ce chapitre. Les lois, avons-
nous dit, doivent punir l'impiété, non dans l'homme,
mais dans le citoyen. Les délits contre la Divinité ne
doivent être soumis à la sanction des lois que lorsqu'ils deviennent des délits civils. Tant que l'athée
respecte le culte national, et qu'il ne cherche point
à faire des prosélytes, il ne viole aucun pacte; il ne
doit par conséquent perdre aucun droit. Ce n'est que
lorsqu'il s'érige publiquement en apôtre d'athéisme,
en profanateur du culte public, qu'il doit être regardé comme coupable, et soumis à la peine établie

contre ce délit. Cette peine, ai-je dit, sera déterminée par l'influence qu'a sur l'ordre social le pacte que l'on viole. Or, en considérant sous ce point de vue les violations de tous les pactes qui ont pour objet des devoirs civils envers la Divinité, il me paroît que les plus graves de ces violations se réduisent aux trois espéces d'impiétés énoncées par Platon.

La première détruit l'idée de Dieu ; la seconde renverse le principe fondamental sans lequel l'opinion de son existence n'est plus qu'une chimère : l'une et l'autre anéantissent toute religion ; mais la troisième fait du culte religieux un instrument de crimes. La doctrine de l'expiation mal entendue a, dans tous les temps, perverti la morale particulière et publique ; elle a fait plus de mal que l'athéisme. Ceux qui connoissent l'histoire ne contesteront pas ce fait. Dans la classe des délits contre la Divinité, nous placerons donc d'abord, mais dans un ordre inverse, les trois espéces d'impiété dont parle Platon : nous mettrons au premier rang la doctrine de l'expiation mal entendue ; au second, le système d'Épicure ; et au troisième, l'impiété de l'athée qui cherche à répandre ses principes, parceque cette erreur est peu contagieuse. La doctrine de l'expiation au contraire doit, de sa nature, devenir populaire ; elle fera même d'autant plus de progrès, qu'elle offre à l'avidité un aliment habituel que les deux autres ne peuvent ni lui donner ni lui promettre. L'histoire entière atteste cette vérité.

De ces premiers délits contre la Divinité, je passe à ceux qui sont moins importants. L'un est le mépris injurieux du culte public et de la croyance nationale. Il faut distinguer l'incrédule reconnu du blasphémateur : l'un viole des devoirs religieux; l'autre, des devoirs religieux et des devoirs civils. L'un ne doit donc être soumis qu'à la sanction des lois ecclésiastiques seulement; l'autre doit l'être à celle des lois ecclésiastiques et des lois civiles tout à-la-fois (1).

Cicéron, dans son fameux Traité des lois, nous montre que cette vérité ne lui étoit point échappée. Mêlant quelques fragments des lois anciennes de la république romaine à des institutions puisées dans la philosophie grecque, il fait un recueil de lois religieuses conformes à ce principe. Quelques unes de ces lois sont privées de la sanction pénale; d'autres sont accompagnées de peines contre les transgresseurs. La première de ces lois, qui établit le culte, laisse à Dieu le soin d'en punir la violation (2); d'autres, relatives au même objet, ne renferment aucune sanction. Les lois qui défendent d'adorer en particulier des divinités nouvelles ou

____

(1) Une loi des Athéniens condamnoit à une peine capitale celui qui souilloit le temple d'Apollon. « Qui in æde Apollinis ventrem exoneraverit, se impium in judicio deferto, eique capital esto. » Cette peine porte le caractère du tyran (Pisistrate) qui l'établit. Ce délit devoit être puni sans doute ; mais le législateur devoit distinguer, dans ce cas, un acte de mépris d'un acte d'ignorance ou de besoin. Potter, *Archæolog. græc.*, lib. I, cap. 26, tit. 1, leg. 7.

(2) « Ad divos adeunto castè; pietatem adhibento; opes amovento. Qui secus faxit, Deus ipse vindex erit. » C'est sur ce principe qu'étoit fondée, je crois, la maxime que Tibère prononça dans le sénat : *Deorum injuriæ Diis curæ.* Tacit. Annal.

3. 12

étrangères que le public n'auroit point reçues (1),
d'élever des autels au vice (2), d'admettre les femmes aux sacrifices nocturnes, et de les initier aux
mystères (3); les lois qui prescrivent la stabilité du
culte privé dans les familles (4), l'observation religieuse des fêtes et la manière de les célébrer (5), et
qui ordonnent que l'impie ne pourra apaiser la Divinité par des offrandes (6); toutes ces lois sont privées de la sanction pénale. Il en est d'autres où la
peine est indiquée: le voleur sacrilége est condamné
comme parricide (7), le parjure est puni par l'igno-

---

(1) « Separatìm nemo habessit deos, neve novos : sed ne adve-
nas, nisi publicè adscitos, privatìm colunto. »

(2) « Divos, et eos qui cœlestes semper habiti, colunto; et ollos
quos in cœlum merita vocaverunt, Herculem, Liberum, Æscula-
pium, Castorem, Pollucem, Quirinum : ast olla propter quæ da-
tur homini adscensus in cœlum, Mentem, Virtutem, Pietatem,
earumque laudum delubra sunto; nec ulla vitiorum sacra solem-
nia obeunto.

(3) « Nocturna mulierum sacrificia ne sunto, præter olla quæ
pro populo ritè fient. Neve initianto, nisi ut assolet Cereri, græco
sacro. »

(4) « Sacra privata perpetua manento. (*Et alibi*)... Constructa à
patribus delubra habento; lucos in agros habento, et larum sedes;
ritus familiæ, patrumque servanto. »

(5) « Feriis jurgia amovento; easque in famulis, operibus patra-
tis, habento. Itaque, ut ita cadat in annis anfractibus, descriptam
esto; certasque fruges, certasque baccas sacerdotes publicè li-
banto : hoc certis sacrificiis ac diebus. Itemque alios addes, uber-
tatem lactis, fœtusque servanto. Idque ne committi possit, ad eam
rem et rationem, cursus annuos sacerdotes finiunto. »

(6) « Impius ne audeto placare donis iram deorum. » C'est une
conséquence de ce que Platon a écrit sur les trois premières espèces d'impiété.

(7) « Sacrum, sacrove commentatum qui clepserit, rapseritque,
parricida esto. » Cette loi a tous les caractères d'une loi des dé-

minic (1), l'inceste sacrilége par le dernier supplice (2), le mépris des réponses des augures par
une peine capitale (3).

Je ne prétends pas justifier la rigueur excessive
de quelques unes de ces peines ; je me borne à exposer la différence de ces lois. Il n'y avoit point de
peine lorsqu'il n'y avoit point de délit civil ; il y
en avoit une toutes les fois qu'un délit religieux
étoit joint à un délit civil. Si les législateurs eussent
toujours fait cette distinction, nos codes offriroient
moins d'atrocités. On n'eût pas, dans la Saxe, dans
la Flandre, dans la Franche-Comté, condamné à
mort celui qui rompoit le jeûne dans le carême ;
nous ne trouverions pas un des plus horribles monuments de la superstition dans les archives d'un
petit pays de Bourgogne (4), où un malheureux fut
condamné à mort pour avoir mangé le samedi,
dans un besoin pressant, d'une cuisse de cheval ;
les ordonnances de François Ier et d'Henri II n'é-
pouvanteroient pas la France encore aujourd'hui
(1784) ; et quelques lois insérées dans les deux
titres du code, *de summâ Trinitate*, et, *de hœreticis*

---

cemvirs, car la peine est excessive. Ce n'est pas ici le lieu d'en développer l'injustice.

(1) « Perjurii pœna divina, exitium : humana, dedecus.

(2) « Incestum pontifices supremo supplicio sanciunto. »

(3) « Interpretes autem Jovis optimi maximi, publici augures,
signis et auspiciis posteà vidento, disciplinam tenento... Quæque
augur injusta, nefasta, vitiosa, dira defixerit, irrita infectaque
sunto ; quique non paruerit, capital esto. »

(4) On nomme ce pays Saint-Claude, et cette affreuse exécution
est du 28 juillet 1629.

12.

et manichœis, ne nous attesteroient pas les malheu
du siécle qui les vit naître et de l'empire qui les reç

Si le mépris injurieux du culte public et de la
croyance nationale doit être mis dans la quatrième
classe des délits, les actes de fanatisme doivent être
placés dans la cinquième.

Celui qui enflamme l'imagination des personnes
crédules, et leur montre des devoirs et des fautes
là où il n'en existe point; celui qui enseigne des
pratiques contraires à la morale ou pernicieuses à
l'état; celui qui, formant des consciences aveugles,
leur fait confondre les avis avec les préceptes, le
fanatisme avec la piété; celui-là, dis-je, trouble l'é-
tat et outrage la religion : il la rend ridicule au sage,
et funeste au peuple. Les lois ne devroient-elles pas
redoubler de vigilance contre des délits de cette espéce? ne devroient-elles pas distinguer ceux qui
naissent d'un esprit persécuteur, de ceux qui ne
font qu'inspirer de fausses idées sur le système de
la religion? Le degré distinguera la valeur de ces
délits, et la peine se proportionnera à la qualité et
au degré.

Le sacrilége sera mis au cinquième rang de cette
classe de délits.

Le sacrilége est un abus, une profanation des
choses saintes, un délit commis contre les personnes ou les choses consacrées au culte public. Les
lois de la plupart des peuples de l'Europe prononcent des peines horribles contre cette espéce de délits. Le voleur d'un vase sacré est plus sévèrement
puni que l'assassin, que le parricide.

O ignorance ! ô superstition ! jusques à quand souillerez-vous nos codes, et outragerez-vous la Divinité, en la rendant le prétexte de tant de cruautés ? jusques à quand vous efforcerez-vous de nous faire croire que la Divinité est plus offensée par l'enlévement d'un vase sacré que par le meurtre d'un homme ? Si pour empêcher un malheureux de mourir de faim, il falloit dépouiller tous les temples de l'univers, la sainteté de notre morale religieuse ne nous obligeroit-elle pas de le faire ? Au tribunal de la raison, qui est celui de la Divinité, l'homme qui dérobe à un indigent ce qui étoit nécessaire pour la subsistance de sa famille n'est-il pas plus coupable que celui qui enléve des vases sacrés ? Lorsque la Divinité étoit le seul ornement des temples ; lorsqu'on lui offroit des sacrifices sur des autels rustiques de bois ou d'argile ; lorsque les mains des prêtres étoient plus pures et les vases sacrés moins brillants ; lorsque le trône du pontife étoit de pierre, et que ses vêtements étoient formés d'une laine grossière, la Divinité étoit-elle donc moins honorée qu'elle ne l'est par l'or ou l'argent qui décorent nos temples ? Un flambeau de moins sur un autel changera-t-il quelque chose au culte de l'Être suprême ?

On sent, d'après ces réflexions, combien il est important de modérer cette espéce de peines ; mais comme il est différentes espéces de sacriléges, il faut distinguer les degrés de ce délit. Le législateur pourra fixer par ce moyen la progression des peines.

La profanation des choses consacrées au culte public est ou le but ou l'effet de l'action. Dans le premier cas le délit est plus grave que dans le second.

Si un homme entre dans un temple, se précipite sur l'autel, renverse, brise, foule aux pieds les statues et les images qui font l'objet du culte public, cet homme est bien plus coupable sans doute que celui qui dérobe un vase sacré pour le vendre. Dans le premier cas, la profanation est le but de l'action ; dans le second, elle en est l'effet. Le mépris pour le culte public est plus grand dans le premier cas que dans le second.

La peine devra donc être plus forte dans l'un que dans l'autre. Cette conséquence est évidente ; mais quelle différence doit-il y avoir, par exemple, entre la peine du voleur sacrilége et celle du voleur ordinaire ?

La perte de la totalité ou d'une partie des avantages que procure la religion, l'expulsion des temples, la privation du commerce des fidéles pour toujours ou pour un certain temps, *l'exécration* et d'autres peines semblables, forment les objets de la sanction ecclésiastique. Ces peines, jointes à la peine civile du vol, formeront la différence qui doit exister entre la peine du voleur sacrilége, et celle du voleur ordinaire.

Ce que j'ai dit du vol sacrilége doit s'appliquer encore à l'homicide, à l'inceste sacriléges, en un mot à tous les délits que rend plus graves la qualité sacrée ou de l'objet sur lequel ils tombent, ou du lieu où on les commet. Voilà de quelle manière la raison prescrit de déterminer la sanction pénale relativement à cette espéce de délits.

Le parjure tiendra le septième rang dans la classe des délits contre la Divinité.

Les lois actuelles de l'Europe détruisent d'un côté ce qu'elles cherchent à soutenir de l'autre. Elles abusent des serments, et punissent ensuite le parjure avec férocité ; elles font naître elles-mêmes un délit qu'elles cherchent ensuite à réprimer de la manière la plus rigoureuse ; elles sont en même temps injustes, cruelles, et inutiles. Tant que Rome fut libre, l'infamie prononcée par le censeur (1) fut la seule peine du parjure (2). Dans aucun pays, dans aucun temps, chez aucun peuple, le serment n'eut plus d'efficacité, le parjure ne fut plus rare. La modération avec laquelle on en faisoit usage conservoit toute la force de ce ressort, que nous avons tant affoibli par l'abus que nous en avons fait. Que l'on restreigne donc l'usage des serments, et que l'on diminue la peine du parjure. La *simple infamie* fera plus, dans ce cas, que ne peuvent faire toutes les peines qui existent aujourd'hui. Suivons sur cet objet les avis de Platon, et rappelons-nous que toute peine établie contre un délit est injuste, tant

---

(1) Nous avons dit ailleurs ce que signifioit cette expression. Il y avoit une grande différence entre l'infamie prononcée par le censeur, et celle qui étoit prononcée par l'édit du préteur : celle-ci étoit bien moins importante que l'autre.

(2) Voyez Aulu-Gelle, *Noct. attic.*, lib. III, cap. 18 ; Valère-Maxime, lib. II, cap. 9 ; et Cicéron, Offic. III, 31.

qu'on n'a pas épuisé tous les moyens de le prévenir.

« Je loue Rhadamanthe, dit ce sage, qui se reposoit avec tant de confiance sur les serments des plaideurs, et par ce moyen terminoit les procès avec tant de célérité. Tout le monde alors croyoit aux dieux; plusieurs même s'imaginoient en descendre. Mais aujourd'hui qu'un grand nombre de personnes nie leur existence, et que parmi ceux même qui l'admettent, les uns se persuadent que ces dieux ne se mêlent pas des affaires des hommes, et les autres, qu'on peut avec des offrandes apaiser leur colère, n'est-il pas certain que ce changement dans l'opinion doit en produire un dans les lois? Exigeons le serment des juges, des électeurs, des magistrats, des juges de la musique et du chant, des distributeurs des prix dans les jeux gymniques et équestres; soumettons à ce lien sacré ceux qui n'ont ou ne doivent avoir aucun intérêt à mentir; mais gardons-nous de multiplier le nombre des parjures, en déférant le serment à ceux que nous pouvons présumer être intéressés à en abuser (1). »

Je ne m'étendrai pas davantage sur cet objet, afin de ne pas répéter ce que j'ai dit dans la première partie de ce livre (2).

Le blasphème tiendra le dernier rang dans cette classe de délits. Je comprends sous ce nom les imprécations contre la Divinité ou les autres objets du

---

(1) Plat. *De legibus*, dialog. 12.

(2) Voyez dans le tome II, chap. XV, page 379, ce que j'ai dit sur l'usage du serment dans les jugements criminels.

culte public. Le législateur ne pourroit, sans montrer de l'indifférence, laisser impuni ce genre de délit; mais en le punissant avec trop de rigueur, il donneroit des preuves d'ignorance, de férocité, de superstition. Un châtiment modéré, une simple peine de correction infligée sans l'appareil d'un jugement ordinaire, par le magistrat chargé, suivant notre plan (1), de la conservation de la paix et du bon ordre dans son district; une telle peine seroit de toutes la plus juste et la plus utile.

Justinien, qui croyoit expier les crimes du trône par les excès de la superstition; Justinien, qui sacrifioit des trésors à l'infame Théodora, et des victimes humaines à la Divinité; Justinien, dont l'histoire et la philosophie prononceront toujours le nom avec horreur; Justinien, dans son imbécile cruauté, établit la peine de mort contre cette espéce de délit : il menaça de toute son indignation le magistrat qui négligeroit de faire exécuter cette loi de sang (2).

Une loi semblable fut promulguée en France sous le gouvernement de Philippe-Auguste. Ce prince

---

(1) Voyez tome II, chap. XIX, art. xv, page 469.

(2) « Præcipimus... permanentes in prædictis illicitis et impiis actibus (blasphemiarum) post hanc admonitionem nostram comprehendere, et ultimis subdere suppliciis, ut non ex contemptu talium inveniatur, et civitas, et respublica per hos impios actus lædi. Si enim, et post hanc nostram suasionem, quidam, tales invenientes, hos subtercelaverint, similiter à Domino Deo nostro condemnabuntur. Ipse etenim gloriosissimus præfectus, si invenerit quosdam tale aliquid delinquentes, et vindictam in eos non intulerit, secundum nostras leges, primium quidem obligatus erit Dei judicio; post hæc autem et nostram indignationem substinebit. » (Novell. 77.)

qui commença son règne par la proscription des juifs et des comédiens, voulut manifester encore son zéle religieux en condamnant à une amende de quelques sous les nobles qui auroient proféré une des imprécations communes alors dans la bouche des François (1), et à être noyés, les roturiers coupables du même délit. Cette loi, qui atteste tout à-la-fois et l'indépendance des grands, et l'oppression du peuple, et la superstition générale, cette loi demeura heureusement sans exécution. Il n'en fut pas de même de celle de saint Louis, qui ordonnoit de percer la langue ou la lévre supérieure à celui qui étoit convaincu de blasphème. Il fallut toute l'autorité du pape Innocent IV pour engager ce prince à modérer une peine si atroce, et plusieurs siécles de lumière pour expier ces fatales erreurs de l'ignorance.

Je ne parle pas des peines établies contre la magie et le sortilége : le droit commun offre sur cet objet des lois de sang et de feu. Les législateurs de la plus grande partie des nations de l'Europe n'ont rien à envier sur ce point à la férocité des lois de l'empire romain, dans sa décadence. Je ne veux pas épouvanter le lecteur par de pareils détails; je les indiquerai seulement dans le chapitre qui renferme l'analyse des délits que le législateur ne doit point punir. Portons maintenant nos regards sur la

---

(1) *Tétebleu, ventrebleu, corbleu, sangbleu.* Cette loi est de l'an 1181.

seconde classe des délits, c'est-à-dire les délits contre
la souveraineté (1).

---

(1) Dans cette classe des délits contre la Divinité, je n'ai point
parlé de ceux qui consistent particulièrement dans l'abus du ministère ecclésiastique, c'est-à-dire de ceux que commettent les ministres de la religion, sous les auspices de la confiance publique que
leur donnent les fonctions qu'ils exercent; tels, par exemple, que
les délits de *sollicitation* et de *révélation* en matière de *confession*,
et autres de cette nature. Comme je traiterai dans le cinquième
livre de cet ouvrage de tout ce qui a rapport au corps du sacerdoce, je ne crois pas devoir parler ici de ces objets.

CHAPITRE XXI.

SECONDE CLASSE.

Des délits contre le souverain.

Des lois anciennes et modernes sur cet objet.

La corruption du gouvernement de Rome; la combinaison monstrueuse des maximes anciennes de la république avec les principes du despotisme; les soupçons et l'effroi des tyrans; la lutte perpétuelle de l'amour du pouvoir qui dictoit les lois, et de la haine de la dépendance qui animoit toujours quelques dignes concitoyens de Brutus; le passage rapide de l'autorité dans une foule de mains ou féroces, ou foibles, ou vertueuses: toutes ces causes concourent à produire, dans cette partie de la législation romaine relative aux délits de lèse-majesté, les contradictions et les injustices qu'ont malheureusement adoptées la plupart des codes criminels de l'Europe, en y ajoutant même de nouvelles atrocités.

Tant que la liberté politique soutint à Rome la liberté civile, la classe des délits de lèse-majesté y fut restreinte dans ses bornes naturelles. Le véritable traître, l'homme coupable de ce crime, que la loi de Romulus dévouoit aux furies infernales, et que chacun pouvoit tuer impunément, c'étoit celui qui avoit trahi la patrie (1).

____

(1) Cette loi est rapportée par Denys d'Halicarnasse, liv. II.

Quelques fragments des lois des douze tables, les lois *Gabinia*, *Apulea*, *Varia*, montrent quels étoient les délits qui, jusqu'à la dictature de Sylla, furent compris dans cette classe. Susciter des ennemis à la république, ou livrer un citoyen aux ennemis (1); troubler la sûreté publique par des assemblées nocturnes (2), ou par des liaisons clandestines (3); exciter des séditions parmi les citoyens (4), ou engager les alliés à s'armer contre la patrie (5): tels furent les délits de lèse-majesté jusqu'au temps de Sylla.

Ce monstre, qui ne put mettre la couronne sur sa tête, mais qui détruisit la liberté et jeta les fondemens du despotisme, sans avoir la force ou le talent

---

(1) « Legem XII tabularum jussisse, *dit le jurisconsulte Marcien*, eum qui hostem concitasset, quique civem hosti tradidisset, capite puniri. » Leg. 3, ff. *ad leg. Jul. majest.*

(2) Portius Latro, *in declamat. advers. Catilin.*, cap. 19, nous a conservé cette autre disposition des lois des douze tables : « Primum XII tabulis cautum esse cognoscimus, ne quis in urbe cœtus nocturnos agitaret, etc. » Flavius Ursinus, dans les Commentaires sur le livre d'Antoine Augustin, *De legibus et senatusconsultis*, a rapporté le texte de cette loi des douze tables. « Queï calim. endo. urbe. nox. coït. coïverit. Kapital. estod. »

(3) Portius Latro rapporte encore la disposition de la loi *Gabinia*. « Deindè lege Gabiniâ promulgatum, qui coïtiones ullas clandestinas in urbe confluvisset, more majorum capitali supplicio mulctaretur. » Ibidem.

(4) Cette loi porte le nom d'Apuleus, tribun du peuple l'an de Rome 651. Cicéron en parle, *De orat.*, lib. II, cap. 49. Sigonius croit qu'on établit par cette loi la *question perpétuelle* des délits de lèse-majesté. Voy. Sigonius, *De judiciis*, lib. II, cap. 29.

(5) Cette loi porte le nom de Varius, tribun du peuple, parcequ'elle fut établie pendant son tribunat. Voyez Valère-Maxime, lib. III, cap. 7, n. 8; lib. VIII, cap. 6, n. 4; et Asconius, *in orat. pro Scauro*, pag. 172.

d'achever son ouvrage ; qui sema les germes de la tyrannie, sans en recueillir les fruits ; qui combattit deux fois contre ses concitoyens, conquit deux fois sa patrie, et finit par abdiquer la dictature ; Sylla recula le premier les bornes de cette classe de délits. La fameuse loi qui porte son nom (1) fut la première atteinte qu'on eût encore portée à la liberté civile. Dans le nombre des délits qu'il comprit dans cette classe, il en est quelques uns qui seuls indiqueroient l'objet insidieux de la loi, si l'impunité accordée aux calomniateurs ne l'attestoit pas avec évidence. Désobéir aux ordres du magistrat, ou s'opposer à l'exercice de ses fonctions ; conduire une armée hors de la province sans l'ordre du sénat ; entreprendre une guerre de sa propre autorité ; séduire les troupes ; pardonner aux chefs des ennemis pris à la guerre, ou leur rendre leur liberté pour de l'argent ; accorder l'impunité à un chef de voleurs qu'on avoit saisi ; entretenir des liaisons d'amitié avec un roi étranger, lorsqu'on étoit citoyen romain ; ne pas faire respecter l'autorité du peuple dans l'exercice de quelque charge : tels sont les nouveaux délits de lèse-majesté compris dans cette loi (2).

---

(1) *Cornelia.*

(2) « Prætor qui ex hac lege quæret, de eo quærito qui intercessionem sustulerit, aut magistratui, quominus munere suo fungatur, impedimento fuerit ; qui exercitum è provinciâ eduxerit, aut suâ sponte bellum gesserit ; qui exercitum sollicitaverit ; qui ducibus hostium captis ignoverit, aut pecuniâ liberarit ; qui ducibus prædonum ignoverit ; qui potestatem suam in administrando non defenderit ; qui, civis romanus, apud regem externum versatus fuerit. Mulieris testimonium accipiatur. Calumniatoribus nulla pœna

Il suffit de réfléchir à l'étendue arbitraire qu'il étoit possible de donner au premier et au dernier de ces articles, pour voir qu'une grande partie des délits ordinaires, que non seulement les délits les plus légers, mais qu'une simple négligence, un accident même, pouvoient être transformés en délits de lèse-majesté. Que l'on ajoute à cela l'impunité accordée aux calomniateurs et la peine établie contre les coupables (1), et l'on sera convaincu que l'unique objet de cette loi étoit d'assurer, d'une manière immuable, les proscriptions de la tyrannie.

Le despotisme n'arrive pas tout d'un coup à sa perfection, mais ses progrès sont extrêmement rapides. La loi de Sylla fut confirmée par César; Auguste lui donna plus d'étendue, et Tibère la porta jusqu'à l'excès de la barbarie. Le premier des Césars ne fit que supprimer l'appel au peuple des décrets du préteur, chargé de la *question de majesté* (2). Sylla n'avoit pu attaquer ainsi la liberté civile; il

---

sit. His damnatis pœna aquæ et ignis interdictio sit. » Ces articles de la loi Cornelia sont épars dans les ouvrages des auteurs anciens, et entre autres, dans la harangue de Cicéron *in Pisonem*, et *pro Cluentio*, dans la troisième Verrine d'Asconius, dans la Vie de Claude par Suétone, etc. Sigonius a recueilli tous ces articles dans son ouvrage *De judiciis*, lib. II, cap. 29.

(1) On a vu dans la note précédente que cette peine étoit l'interdiction de l'eau et du feu.

(2) Cicéron, parlant de la loi Julia, appelée de ce nom parce-que Jules César l'établit pendant sa dictature, dit qu'il avoit privé de l'appel au peuple les accusés *de vi et majestate damnatis*. Le passage de Cicéron peut même faire croire que cette innovation fut introduite par Antoine, consul après la mort de César. Voyez Cicer., *Philipp*. I, c. 9.

s'étoit contenté d'en préparer les moyens. Auguste fit plus : il renouvela toutes les anciennes lois contre les délits de lèse-majesté ; il augmenta la sévérité des peines, et créa de nouveaux délits. Les jurisconsultes Ulpien, Marcien, Scevola, Venuleus, Modestin, Papinien, Hermogénien (1), nous ont conservé les divers articles de cette loi célèbre, qu'il seroit trop long de rapporter ici. Il suffira de savoir qu'on étoit coupable de lèse-majesté lorsque l'on vendoit ou fondoit des statues de l'empereur consacrées, et que l'on commettoit la moindre insulte contre ses images. Les écrits appelés *libelli famosi* furent encore compris dans cette classe (2), et l'auteur satirique fut puni comme un rebelle et un parricide. Sylla avoit accordé aux calomniateurs l'impunité légale : Auguste, non content de cette exception, y en ajouta une autre, par laquelle il étoit permis à l'esclave d'accuser son patron, et à l'affranchi celui qui lui avoit rendu la liberté (3) ; il voulut de plus que les esclaves de ceux qui étoient accusés de lèse-majesté fussent vendus au public, et qu'on les admît à déposer contre leurs anciens maîtres. Il se servit de ce

---

(1) Leg. 1, 2 et 11, ff. *ad leg. Jul. majest.* ; leg. 3 et 5, leg. 4, leg. 6, leg. 7, leg. 8, leg. 9 et 10, eod.

(2) « Primus Augustus cognitionem de famosis libellis specie legis de majestate tractavit. » Tacit., *Annal.*, lib. I, cap. 14. De ce genre d'écrits, on passa bientôt à ceux où l'écrivain s'étoit quelquefois abandonné à toute la vérité de ses sentiments. Cordus fut accusé comme coupable de lèse-majesté, pour avoir, dans ses Annales, appelé Cassius le dernier des Romains. Idem, *Annal.* lib. IV, cap. 5.

(3) Cit. leg. 7, ff. *ad leg. Jul. majest.*

moyen pour éluder l'ancienne loi, qui défendoit
aux esclaves de rendre témoignage contre leurs maîtres ; loi bien favorable à la paix des familles et à la
liberté civile (1). Le respect d'Auguste pour une
constitution libre qu'il avoit lui-même attaquée étoit
tour-à-tour inspiré et détruit par la crainte. Le funeste souvenir de la mort de César, et la vénération
que l'on conservoit à Rome pour la mémoire de
Brutus, ne lui permettoient ni de violer ouvertement ni de respecter d'une manière absolue les anciennes maximes de la république sur cet objet.
Tibère fut plus hardi, parcequ'il trouva les Romains
façonnés au joug que Sylla, César et Auguste leur
avoient imposé, et qu'une habitude de plusieurs années avoit rendu moins pesant. Il n'eut pas besoin
d'abolir la loi d'Auguste et de faire une nouvelle loi
de majesté pour parvenir aux excès qu'il vouloit se
permettre : il lui suffit de donner aux articles de la
loi Julia l'extension dont ils étoient susceptibles. En
effet, il appliqua par ce moyen le nom de délit de
lèse-majesté aux paroles, aux signes, aux imprécations, aux actions même les plus indifférentes. Plusieurs citoyens se trouvèrent coupables de ce délit
pour avoir battu un esclave devant une statue d'Auguste, pour avoir changé de vêtements devant ce si-
mulacre, pour avoir porté une monnoie, un anneau,
couverts de son effigie, dans des lieux sales ou des

---

(1) L'empereur Tacite abolit cette féroce institution d'Auguste ;
mais on peut présumer que sa loi eut peu de durée, puisque nous
ne la trouvons pas indiquée dans la collection de Justinien. Voyez
Flavius Vopiscus, *in vitâ Taciti*, c. 9.

3.   13

maisons de débauche (1). Le magistrat d'une colonie expia, par toute la rigueur des peines établies contre ce délit, la petite vanité d'avoir permis qu'on lui rendît quelques honneurs le même jour que le sénat en avoit accordé à Auguste (2).

Une réflexion échappée à l'abandon de l'amitié, un soupir, une larme versée sur la patrie, étoient des crimes de lèse-majesté qu'on expioit par l'exil ou la déportation (3). Rien n'est plus affreux que la peinture que Tacite nous a laissée de toutes ces atrocités : on n'a qu'à lire les lignes énergiques qu'il a tracées sur ce sujet, et l'on verra qu'il étoit impossible à l'homme le plus discret et le plus réservé de se garantir de ces sortes d'accusations (4).

Ce tableau rapide des lois de majesté qui furent successivement établies à Rome par Sylla et les premiers Césars suffira, je l'espère, pour montrer combien est impure la source où la plupart des nations

---

(1) « Hoc genus calumniæ eò processit, ut hæc quoque capitalia essent, circà Augusti simulacrum servum cecidisse, vestem mutasse, nummo vel annulo effigiem impressam latrinæ aut lupanari intulisse. » Voyez Suétone, *in Tiber.*, cap. 58.

(2) Sueton., ibid.

(3) Sueton., ibid.; et Tacit., *Annal.*, lib. I, cap. 14.

(4) **Cet** historien, parlant de l'accusation formée par Hispon contre Marellus dans le tribunal de majesté, parceque celui-ci avoit tenu des propos injurieux sur la personne de Tibère, ajoute : « Inevitabile crimen, quum ex moribus principis fœdissima quæque deligeret accusator, objectaretque reo ; nam quia vera erant, etiam dicta credebantur. » Tacit., ibid. Trajan fut bien éloigné de s'abandonner aux transports de cette fureur timide ; il ne permit jamais que l'on fit des recherches contre ses détracteurs, « quasi contentus esset magnitudine suâ, quâ nulli magis caruerunt, quàm qui sibi majestatem vindicarent. » *Vid.* Plin. *in Panegyric. Trajan*

de l'Europe ont puisé leurs lois sur cette espéce de crime.

Mais qui le croiroit? ces principes détestables ont acquis encore un nouveau degré d'atrocité en passant dans nos monarchies modernes. La constitution de l'Europe que l'on croit la plus libre, mais dont nous avons montré ailleurs tous les vices(1), a dans cette partie de la jurisprudence des lois plus injustes, plus barbares que n'en produisit à Rome la tyrannie au moment de sa naissance.

Je ne parlerai pas du statut de Richard II, qui déclaroit coupable de haute trahison celui qui auroit la simple intention de tuer ou de détrôner le roi, quand même ce dessein ne seroit indiqué par aucun acte. Je ne rapporterai pas toutes les autres lois de majesté faites sous le régne malheureux de ce prince, qui éprouva lui-même combien les lois cruelles sont impuissantes pour prévenir les délits(2). Je ne citerai pas les statuts faits sur cet objet dans le funeste période du gouvernement britannique qui commence après le régne de Henri IV et finit à celui de Marie. Je passerai sous silence tout ce qui arriva sous le régne sanguinaire de Henri VIIÌ, qui, digne émule d'Auguste et de Tibère, rendant le parlement complice de ses attentats et ministre de sa férocité, multiplia à un tel point le nombre des crimes de haute trahison, que l'enlévement d'un troupeau dans le pays de Galles, des réflexions se-

____

(1) Tome I, liv. I, chap. XI.
(2) Il fut déposé, et ensuite tué après vingt ans de règne.

13.

crétes sur la légitimité de son mariage avec Anne
de Cléves ou contre sa *suprématie*, une prophétie
sur sa mort, le silence d'une jeune personne qui,
par pudeur et par timidité, avoit accepté la main
du roi sans l'avertir qu'elle avoit eu le malheur de
perdre sa virginité, furent, ainsi que beaucoup d'autres faits de même nature, compris dans cette classe
de délits de lèse-majesté (1). Je ne parlerai pas de
toutes les lois de ces temps de trouble et de tyrannie ; et je me contenterai de fixer l'attention du lecteur sur celles qui existent maintenant en Angleterre, malgré les progrès qu'elle a faits vers la liberté
et les changements utiles qu'a éprouvés sa législation.

Est-il concevable que dans le dix-huitième siécle (2), chez le peuple de l'Europe qui a la plus
grande idée de sa liberté, on voie subsister encore
les lois qui déclarent coupable de *haute trahison*
celui qui soutiendra la juridiction du pape (3), qui
demeurera trois jours en Angleterre sans se conformer au culte de l'église anglicane, s'il est prêtre pa-
piste né sujet de la Grande-Bretagne (4) ; qui cessera
de reconnoître la suprématie du roi, et se réconciliera
avec le siége apostolique, ou engagera quelqu'un à
ce changement (5) ; qui fabriquera ou distribuera de
fausses monnoies ; qui contrefera le sceau ou la si-
gnature du roi (6) ; qui fabriquera, vendra, achétera

---

(1) Blackstone, *Code criminel*, chap. 6.
(2) 1784.
(3) Statut 5 d'Élisabeth, chap. 1.
(4) Statut 27 d'Élisabeth, chap. 2.
(5) Statut 3 de Jacques Ier, chap. 4.
(6) Statut 2 de Marie, chap. 6.

ou gardera des instrumeits propres au monnoyage,
ou les fera venir du lieu où ils sont employés par
l'autorité publique (1) ; qui altérera la valeur des
monnoies, ou en les limant (2), ou en donnant aux
pièces d'argent la couleur de l'or et à celles de cui-
vre la couleur de l'argent (3) ; qui soutiendra dans
quelque écrit public que le roi, même d'accord avec
le parlement, n'a pas le droit de disposer de la succession au trône (4) ; qui rendra quelque service au
prétendant ou à l'un de ses fils, même sans l'intention de faire remonter cette famille sur le trône (5)?
Est-il concevable que dans ce siècle et dans la
Grande-Bretagne de tels délits soient appelés par les
lois du nom de *haute trahison*, et qu'ils soient con-
fondus avec le parricide, avec l'assassinat du roi, avec
la véritable rébellion? Est-il concevable enfin que
l'auguste corps qui, chez cette nation, fait les lois
et représente la souveraineté, laisse subsister l'absurde et abominable loi qui, dans tous les cas si
multipliés dans la législation britannique sous le titre
de *petite trahison*, donne au prince le droit le plus
affreux? Les coupables seront condamnés à la mort,

---

(1) Statuts 8 et 9 de Guillaume III, chap. 26, confirmé par le
statut 7 de la reine Anne, chap. 25.

(2) Statut 5 d'Élisabeth, chap. 11.

(3) Statuts 15 et 16 de George II, chap. 28. Toutes ces lois, qui
déclarent haute trahison les délits relatifs à la fabrication des
monnoies, sont tirées de l'absurde loi de Constantin.

(4) Statut 13 d'Élisabeth, chap. 1. Blackstone dit qu'après la
mort de cette reine, ce délit fut appelé une *haute inconduite*, punissable par la confiscation des biens.

(5) Statuts 13 et 14 de Guillaume III, chap. 3.

et le roi possédera leurs biens pendant un an et un jour : il peut même y commettre tous les désordres qu'il lui plaît ; c'est ce que l'on nomme *l'an, le jour et le dégât du roi.*

Qui croiroit qu'un pays où l'on détrône les rois, où l'on fait si souvent trembler les ministres, offre dans ses lois de tels caractères de despotisme? Quelle sera donc la législation des autres peuples sur cet objet? Ah! qu'il nous soit permis de soulever un moment le voile qui couvre cette partie des codes criminels de l'Europe : nous nous confirmerons dans la funeste opinion que si la tyrannie ne s'assied plus sur nos trônes, elle existe encore, elle respire dans nos lois.

Quelle loi de Sylla, d'Auguste et de Tibère peut-on comparer à celles qui existent chez la plupart des peuples de l'Europe? Lequel de ces tyrans a jamais permis que, dans les délits de majesté, le fils accusât son père et le père son fils? Auguste, il est vrai, accorda ce droit à l'infame, à l'esclave contre son maître, à l'affranchi contre celui qui lui avoit rendu la liberté (1) ; mais il n'osa pas l'accorder aux fils contre leurs pères, aux pères contre leurs fils. Il troubla l'ordre civil et l'ordre domestique ; mais il ne viola pas les lois du sang, les lois de la nature. Trajan laissa tomber en désuétude l'inique disposition d'Auguste (2) : et nous, non seulement nous l'avons

---

(1) Leg. 7, ff. *ad leg. Jul. majest.*

(2) « Reddita est amicis fides, liberis pietas, obsequium servis. Verentur, et parent, et dominos habent. Non enim jam servi principis nostri amici, sed nos sumus ; nec pater patriæ alienis se man-

adoptée, mais nous lui avons donné une plus grande étendue. Quelle loi de Sylla, d'Auguste et de Tibère établit comme une régle générale que dans les délits de lèse-majesté on peut s'écarter de toutes les régles du droit (1)? Sous le régne de Tibère, sous celui du féroce Domitien, qui multiplièrent le plus les jugements de majesté, on n'osa pas établir une régle si absurde, si tyrannique (2). Il est vrai que des juges corrompus et cruels, sous prétexte de venger la majesté du peuple romain violée dans la personne de son premier magistrat, immoloient une quantité prodigieuse de malheureux aux soupçons et aux vengeances du tyran ; il est vrai que, pour favoriser ce projet atroce, on avoit transféré au sénat la connoissance de ces délits, qui, jusqu'au temps de Tibère, avoient été jugés par le peuple dans les grands comices. Mais du moins c'étoit avec le glaive de la loi qu'on égorgeoit les victimes : la forme extérieure des jugements étoit respectée ; l'accusé étoit

---

cipiis cariorem, quam civibus suis credit. Omnes accusatore domestico liberasti, unoque salutis publicæ signo, illud, ut sic dixerim, servile bellum sustulisti; in quo non minus servis, quam dominis præstitisti : hos enim securos, illos bonos fecisti. Non vis cæterea laudari ; nec fortasse laudanda sint : grata sunt tamen recordantibus principem illum, in capita dominorum servos subornantem, monstrantemque crimina, quæ tanquam delata puniret ; magnum et inevitabile, ac toties cuique experiendum malum, quoties quisque similes principi servos haberet. » Plinius, *in Panegyric. Trajan.*

(1) *Constit. ad reprimendum in extravag.*, tit. *Quomod. in læs. maj. crim. proced.* Cette constitution est de l'empereur Henri VII ; et, de l'Allemagne, elle s'est malheureusement répandue dans presque tous les tribunaux de l'Europe.

(2) Tacit., *Ann.*, lib. III ; Sueton., *in Domitian.* ; et Plin., *in Paneg.*

défendu ; la publicité des opérations judiciaires, qui protégeoit l'innocence, étoit encore en vigueur, et lorsque, malgré tous ces secours, l'honnête homme succomboit, c'étoit par la perversité des hommes, non par celle des lois.

Trouve-t-on dans les codes de ces monstres couronnés une loi pareille à celle qui, en France (1), ordonne aux magistrats d'entendre dans les cas de lèse-majesté les témoins même qui sont notoirement ennemis déclarés de l'accusé? Sylla, comme on l'a vu, admit dans ces jugements les témoignages des femmes (2) ; Auguste, ceux des esclaves contre leurs maîtres ; et pour éluder l'ancienne loi, il les faisoit vendre publiquement avant de les faire déposer (3) : mais ni l'un ni l'autre, ni aucun de leurs successeurs n'étendit cette exception jusqu'aux ennemis de l'accusé.

Ni les uns ni les autres n'eurent la féroce impudence d'établir la maxime suivante, qui forme un des principes de la jurisprudence françoise, et qui a été mise en pratique plus d'une fois : « Dans les cas de lèse-majesté, la volonté de commettre le délit, quoiqu'elle ne soit suivie d'aucun acte, et qu'on la manifeste lorsqu'elle n'existe plus, sera punissable comme l'eût été le délit absolument consommé (4). »

____

(1) En 1784.

(2) Voyez la loi Cornelia, dite de majesté, rapportée ci-dessus, note 2, page 190.

(3) Voyez ce que j'ai dit ci-dessus sur ce sujet.

(4) Voyez Doma. *Supplément au droit public*, liv. III, tit. 2, art. 5. Je citerai ici deux circonstances où cette maxime a reçu son

Auguste, comme on l'a dit, avoit mis les écrits dans la classe des délits de majesté; Tibère y ajouta les paroles et les simples signes : mais il étoit réservé à la jurisprudence moderne d'un peuple qui se croit le plus humain, le plus sensible de tous, d'y placer les pensées et les desirs. Le tyran de Syracuse, qui punissoit un songe comme un signe de pensée (1), auroit-il pu prévoir que, dans la postérité la plus reculée, chez un peuple distingué par l'aménité de ses mœurs, on suivroit son exemple? Mais ce ne sont pas là toutes les horreurs de la jurisprudence moderne. Le code Victorin (2), l'ordonnance de Louis XI insérée dans le code de Henri III (3), les nouvelles

application. Un gentilhomme, au lit de la mort, se confessa d'avoir eu, à une certaine époque de sa vie, la pensée de tuer le roi Henri III. Le confesseur en donna avis au procureur-général. Le malheureux, étant réchappé, fut sur sa confession condamné à mort, et exécuté aux halles à Paris. Un vicaire de Saint-Nicolas-des-Champs, dans la même ville, fut pendu, par arrêt du 11 janvier 1595, pour avoir dit qu'il se trouveroit encore quelque homme de bien, comme frère Jacques Clément, pour tuer le roi Henri IV, et qu'au défaut de tout autre il le feroit lui-même. Voyez Bouchel, *Bibliothèque du droit françois*, au mot *lèse-majesté*. Les jurisconsultes françois prétendent justifier cette loi en alléguant celle du droit romain, qui porte : « Eadem severitate voluntatem sceleris, quâ effectum, in reos læsæ majestatis jura puniri voluerunt. Leg. 5, cod. ad leg. Jul. majest. Mais ils sont dans l'erreur; car la loi entend ici par les mots *voluntatem sceleris*, non une simple pensée, mais l'intention suivie de l'acte, quand même il ne seroit pas entièrement exécuté. Une autre loi dit expressément : *Cogitationis pœnam nemo patitur.* Cette contradiction étoit trop sensible pour ne pas frapper Tribonien lui-même.

(1) Plutarque, *Vie de Denys.*
(2) Voyez ce code, liv. IV, chap. 7, art. 5.
(3) Ordonnance du 22 décembre 1477.

constitutions du sénat de Milan (1), en un mot, les lois de la plus grande partie de l'Europe (2), déclarent coupables du même délit l'auteur et le complice d'une conjuration, et celui qui, en étant instruit, n'en donne pas avis au gouvernement. Tous les efforts que ce dernier aura pu faire pour la prévenir ou pour en éloigner les coupables ne suffiront pas pour le mettre à l'abri de la peine : et l'homme qui n'a pas eu le criminel courage de trahir les secrets de la tendresse et de la confiance; qui n'a pas osé immoler à la patrie son ami, son parent; qui a respecté les lois de l'opinion, qui l'eussent condamné à une infamie éternelle; un tel homme, fût-il le plus grand, le plus vertueux de ses concitoyens, sera confondu avec le dernier des scélérats et dévoué au même supplice (3). Cette loi, qui a été modifiée dans

----

(1) *Constitutiones novæ senatûs mediolanensis*, lib. IV, tit. *de crimin. læsæ majest.*

(2) Voyez Farinacius, tom. I, opp. 1, quæst. 1, n. 69 et 72; Julius Clarus, lib. V *sententiarum*, §. *læsæ majestatis crimen*, et les autres jurisconsultes. Godefroi dit que cette opinion est celle de la plus grande partie des docteurs, et cette opinion a tenu lieu de loi chez beaucoup de nations. « Qui nudam factionis notitiam habet citrà participatæ factionis crimen (de quo aliæ sunt leges), certe in proprio perduellionis crimine capitali, et hunc conscium pœna puniri, frequentior schola recte sciscit.» *Vid.* Jacob. Gothofred. *ad leg. quisquis, cod. ad leg. majest.*

(3) L'histoire de France offre un exemple terrible de l'iniquité de cette loi. François-Auguste de Thou, conseiller d'état, fils d'un des meilleurs historiens que l'Europe ait eus, finit ses jours sur un échafaud pour n'avoir pas révélé la conspiration tramée par Monsieur, frère unique de Louis XIII, le duc de Bouillon, et Henri d'Effiat, marquis de Cinq-Mars, grand-écuyer de France. L'objet de la conspiration n'étoit pas de faire monter sur le trône de France

le code d'Angleterre (1), conserve toute sa force dans le reste de l'Europe.

Platon vouloit que le législateur invitât les citoyens à découvrir les conjurations tramées contre la liberté de la patrie ; mais il ne vouloit pas que le silence sur cet objet fût puni (2) : et nous, nous punissons comme coupable de lèse-majesté l'homme

---

un souverain étranger, ou d'ôter la vie à Louis XIII. Monsieur ne voyoit entre le trône et lui qu'un frère mourant et deux enfants au berceau : il étoit l'héritier présomptif du trône, ou du moins d'une longue administration. La conspiration, si l'on peut appeler de ce nom une intrigue de cour, ne tendoit qu'à arrêter le despotisme et l'ambition du cardinal de Richelieu. De Thou avoit cherché par tous les moyens possibles à détourner son ami Cinq-Mars de son projet ; il étoit bien éloigné d'y prendre aucune part. Son innocence fut constatée de la manière la plus évidente ; mais parcequ'il n'avoit pas découvert la conspiration, qu'il n'avoit pas trahi son ami, qu'il n'avoit pas abusé de sa confiance, il fut déclaré coupable de lèse-majesté, et on vit périr sous la main du bourreau un homme que toute la nation regardoit comme innocent. Voyez l'histoire de ce procès à la fin du quinzième volume de la traduction de l'*Histoire générale* du président de Thou.

On avoit vu sous le règne de Henri IV, en 1603, un fait de la même espèce. Un cuisinier de ce prince, auquel un gentilhomme du Dauphiné avoit offert de l'argent pour empoisonner son maître et qui l'avoit refusé, fut pendu, parcequ'il ne l'avoit pas révélé. Voyez Bouchel, *Bibliothèque du droit françois*, v° *lèse-majesté*.

À Florence, Bernard de Néro fut condamné à mort pour n'avoir pas révélé une conjuration contre le gouvernement. Voyez Guichardin, *Histoire des guerres d'Italie*, année 1497.

(1) Les statuts 1 et 2 de Philippe et de Marie, chap. 10, déclarent seulement le délit de *non révélation*, lorsqu'il n'y a aucune preuve d'adhésion et de consentement, *misprision*.

(2) « Quare unusquisque vir, qui modo alicujus pretii civis fore studet, hæc judicibus referat, eumque in judicium trahat, qui, patriæ insidiatus, vi ad iniquam gubernationem vertere illam conatur. » Plato, *De legib.*, *dialog. 9.*

qu'on ne peut accuser que de négligence ou d'une
délicatesse respectable. On ne voit pas dans les lois
de Sylla, d'Auguste et de Tibère, de tels abus du nom
de lèse-majesté.

Quelle foule de lois absurdes on découvrira lorsqu'on voudra ne consulter que les simples lumières
du bon sens ! Soumettons pour un moment à la discussion la loi, établie presque dans toute l'Europe,
qui déclare coupable de haute trahison celui qui,
ayant connoissance d'une conjuration, n'en a pas
averti le gouvernement, quoiqu'il ait tenté tous les
moyens possibles de la prévenir. Le premier principe qu'établit la raison, c'est que la loi ne doit jamais
être directement contraire à l'opinion publique. Si
cette opinion est absurde, le législateur doit la rectifier. Un second principe aussi certain que le premier, c'est que si la loi peut trouver hors d'elle-
même un obstacle au mal, elle ne doit point détruire
cet obstacle. Le troisième principe enfin est qu'il ne
faut pas préférer un reméde qui préviendra le mal
dans un seul cas à celui qui le préviendra dans un
grand nombre de circonstances. Faisons maintenant
l'application de ces principes. Mon ami vient me faire
confidence d'une conjuration qu'il a tramée. Après
avoir refusé constamment de seconder ses desseins,
après avoir cherché par toutes sortes de moyens à le
dissuader de son entreprise, la conjuration vient à
se découvrir ; je suis convaincu d'en avoir été instruit et de ne l'avoir pas révélée : on me condamne
à la mort. L'opinion publique ne verra-t-elle pas en
moi une victime de l'honneur, et les spectateurs,

applaudissant à ma vertu, ne maudiront-ils pas la loi qui la punit? Quel avantage la société retirera-t-elle de cette peine? Elle se privera d'un citoyen qui a préféré l'honneur à la vie, et rendra odieuse la force qui tranche le fil de mes jours.

Il y a plus: si la loi punit le silence, le rebelle, qui connoît l'intérêt qu'a son ami de le trahir, osera-t-il lui découvrir son projet? ne lui dérobera-t-il pas le secret de ses actions, comme à un délateur toujours prêt à l'accuser? et cette défiance, bien légitime sans doute, ne le privera-t-elle pas de tous les sages conseils que celui-ci eût pu lui donner pour le détourner de cet attentat? Un seul exemple du secret trahi par la crainte de la peine, ou de la fidélité punie par la mort, ne suffira-t-il pas pour anéantir tout d'un coup la confiance? Ainsi la loi détruit un obstacle puissant contre le mal, dont elle eût pu se servir dans une foule de circonstances, et elle met à la place un moyen qui ne préviendra le crime qu'une seule fois; elle contrarie l'opinion publique, puisqu'elle punit lorsque celle-ci absout, et qu'elle absout lorsque celle-là condamne.

Telles sont les raisons qui m'autorisent à croire que la loi ne devroit jamais punir le silence sur cette matière.

Si nous considérons maintenant les peines établies contre ces délits, nous trouverons la législation moderne encore plus cruelle que l'ancienne. Je ne prétends pas m'ériger ici en apologiste de l'antiquité, ni en détracteur des temps modernes; mais je ne découvre d'autre peine dans les lois des trois oppresseurs dont j'ai parlé, que l'interdiction de l'eau et du feu (1). Cette modération, il est vrai, étoit l'effet, non de leur humanité, mais de leur despotisme. L'intérêt qu'ils avoient de punir, sous le même nom et de la même peine, des délits très différents en qualité et en gravité, et la crainte de montrer au peuple un mépris trop éclatant pour les anciennes lois, pour celles qui lui étoient les plus chères (2), firent dicter ces lois de majesté. Mais lorsque ce motif n'exista plus, lorsque le despotisme militaire de Sévère eut remplacé le gouvernement civil institué par Auguste, lorsque l'ombre même de l'ancienne république eut disparu, lorsque l'autorité législative et l'autorité exécutive furent réunies sur le même trône, et ouvertement exercées par les mêmes mains, alors nul frein ne put arrêter la volonté du législateur, nul intérêt ne put en modérer les fureurs. Alors parut la loi d'Arcadius et d'Honorius; et cette loi, plus atroce que toutes celles qui

---

(1) Voyez le jurisconsulte Paul, *in sententiis*, lib. V, tit. 29; voyez un passage du premier livre des *Annales* de Tacite, et les art. 5 et 9 de la première *Philippique* de Cicéron. Hottoman est d'un avis opposé, mais il ne l'appuie que sur de très foibles conjectures. Hottoman, *in Comment. de verb. jur. verb. perduellis.* Il ne faut pas être surpris si l'histoire atteste en apparence le contraire. Lorsqu'un tyran faisoit mourir un citoyen, c'étoit, non par le glaive de la loi, mais par le bras d'un assassin. Sylla, Auguste, Tibère, ordonnèrent plusieurs exécutions pareilles; mais la loi subsistoit toujours, et la peine étoit toujours la même.

(2) La loi *Porcia* et la loi *Sempronia*. Voyez tout ce qu'a dit sur ce sujet le savant Crémani dans son célèbre ouvrage *De jure criminali*, lib. I, part. II, cap. 4, §. 106. not. 7.

l'avoient précédée, l'est bien moins cependant que les ordonnances modernes de nos législateurs (1).

Elle condamnoit à être exposé aux bêtes sauvages le criminel de lèse-majesté, d'une basse condition ; elle condamnoit simplement à la mort celui qui appartenoit à un rang distingué : mais Arcadius n'osa pas prescrire les supplices affreux que l'on fait aujourd'hui endurer au coupable avant de lui donner la mort. Le bourreau ne devoit pas, avec une cruauté raffinée, déchirer les membres de la victime, lui arracher la peau avec des tenailles ardentes, y faire couler du plomb fondu, brûler lentement sa main parricide ; il ne devoit pas, en un mot, exercer sur sa personne tous les genres de torture que la nature humaine est capable de souffrir (2). Arcadius n'osa pas prostituer à ce point le langage sacré des lois ; et quoique les Romains fussent accoutumés depuis long-temps au spectacle de la plus féroce tyrannie, leurs lois ne furent pas sanguinaires comme leurs oppresseurs. Notre condition est absolument contraire à la leur ; la tyrannie est dans les lois, l'humanité est sur les trônes. Nos mœurs détruisent ou modèrent le despotisme que les lois favo-

---

(1) Voyez la constit. d'Arcadius et d'Honorius, *in leg. quisquis 5, cod. ad leg. Jul. majest.*

(2) Telle est la peine établie en France contre les crimes de lèse-majesté. Voyez Domat, *Supplément au droit public*, liv. III, tit. 2, art. 6. En Angleterre, on arrache le cœur du coupable, et on lui en bat les joues. Il est important de remarquer que les lois des siècles barbares n'ont jamais porté la cruauté à ce point. Voyez le code des Visigoths, liv. II, chap. » ; l'édit de Théodoric, chap. 107 ; le code des Bavarois, tit. 2, chap. 1, art. 1, et chap. 2, art. unique.

risent et protégent: celles-ci nous conduiroient à la
servitude, si celles-là ne nous repoussoient vers la
liberté. Cette lutte perpétuelle entre les mœurs et
les lois peut cependant devenir dangereuse; l'équilibre qui en résulte n'est que momentané. Il n'y a de
bonheur durable dans la société que celui qui naît
des bonnes lois; c'est par elles, et par elles seules,
qu'on est constamment libre et tranquille.

CHAPITRE XXII.

Suite du chapitre précédent. Réforme que l'on devroit faire sur cet objet.

Après avoir montré l'état de la législation ancienne et de la législation moderne sur les délits de lèse-majesté, après avoir dit tout ce qu'on a fait à cet égard, il faut dire tout ce qu'on devroit faire. En exposant mon plan de classification des délits, j'ai annoncé que je voulois les distribuer suivant leurs différents objets. Je m'occuperai dans cette distribution, non de leur *gravité*, mais de leur *qualité*.

Tout délit, comme je l'ai dit, peut être divisé en six ou en trois degrés : en six, lorsqu'il est l'ouvrage de la faute; en trois, lorsqu'il est l'ouvrage du dol. Cette subdivision particulière a déja été établie avec quelques régles générales.

Comme je n'expose plus ici qu'une distribution générale, je ne dois parler que de la *qualité* des délits. Cette qualité, ai-je dit, est déterminée par les pactes que l'on viole; et la plus grande ou la moindre influence qu'ont ces pactes sur l'ordre social détermine la valeur de ces délits. Après avoir rappelé ces idées générales, je passe à leur développement.

Toutes les fois que je parle du souverain, j'entends cette personne morale qui exerce le pouvoir suprême, c'est-à-dire le pouvoir législatif. Si, par exemple, le roi d'Angleterre n'étoit pas une des parties constituantes du parlement, il n'auroit aucune portion de la souveraineté. Dans les autres monarchies de l'Europe, le roi est souverain, parcequ'il est législateur; et c'est sous ce point de vue seulement que nous pouvons, sans nous avilir, donner à nos rois le nom de maîtres.

L'expression de la volonté publique n'est que dans la puissance législative. L'existence de la personne ou du corps qui l'exerce constitue l'essence de la société. Hors d'elle, il n'existe point de droit de commander; sans elle, il n'y a point de devoir d'obéissance. Lorsque cette puissance législative périt, la société civile s'anéantit; l'anarchie domine; on retourne à l'indépendance naturelle, et avec elle on reconquiert le droit de la défendre.

Il est aisé de sentir, d'après cela, que le premier devoir du citoyen, le pacte le plus précieux, celui de tous qui a la plus grande influence, en un mot le pacte que l'on ne peut violer sans dissoudre la société, est celui qui oblige de ne point porter atteinte à la souveraineté. La violation de ce pacte est donc le plus grand de tous les délits. «Celui qui s'efforce d'anéantir ce pouvoir, dit Platon; celui qui cherche à substituer à la force des lois la volonté arbitraire de l'homme; celui qui tente de subjuguer sa patrie par des factions, et qui, opposant la violence aux lois, remplit la ville de séditieux et de rebelles, celui-là est le plus grand ennemi de la société (1). »

______

(1) Plato, *De legib.*, *dial.* 9.

Voilà le véritable crime de lèse-majesté ; mais il faut en déterminer l'idée d'une manière plus précise.

J'ai dit que le premier devoir du citoyen, le plus précieux de tous les pactes est celui qui l'oblige de ne point porter atteinte à la souveraineté. J'ai dit la *souveraineté*, et non le *souverain*, parceque le citoyen qui ne feroit que se soulever contre l'homme, ou contre les membres du corps qui exerce et représente cette souveraineté, commettroit un moindre crime que celui qui se souléveroit dans le dessein d'usurper le pouvoir suprême.

Dans une monarchie héréditaire, par exemple, où le pouvoir législatif a été confié à la famille régnante, celui qui attente simplement à la vie du roi est moins coupable que celui qui commet cet attentat pour s'emparer de sa couronne. La raison en est très simple ; elle résulte des principes établis ci-dessus. Dans le premier cas, l'autorité législative n'est point anéantie, la société n'est pas dissoute, le lien social n'est pas rompu. Le corps civil a reçu une commotion terrible ; mais il existe toujours, puisque l'ame qui l'anime vit encore. L'héritier légitime du trône a le même pouvoir que son prédécesseur exerçoit ; il a les mêmes droits sur les membres de la société ; et ceux-ci sont liés avec lui par les mêmes devoirs. Mais si le régicide monte sur le trône, et joint l'usurpation au meurtre, alors le lien social est rompu, l'autorité législative est anéantie, parceque celui qui l'exerce n'a pas le droit de l'exercer. Il n'y a plus de souverain, plus de lois, plus de pouvoir,

14.

plus de souveraineté. L'anarchie alors est fondée sur un droit, et l'autorité sur la violence. Le premier des délits contre le souverain est donc l'attentat à la souveraineté; le second est le régicide, c'est-à-dire l'attentat à la vie du roi, ou du chef de la république.

Les titres sacrés qui mettent la couronne sur la tête du roi, le décret muet de l'urne qui établit le dictateur ou le consul, les suffrages libres d'un sénat qui nomme le chef d'une république, sont les actes les plus solennels de la société civile, et ont droit au plus profond respect du peuple. La vie la plus précieuse à un état est celle du représentant de la souveraineté de la nation, et de son premier magistrat. Lorsqu'un individu ose attenter aux jours de ce magistrat suprême, il devient un parricide, la famille civile perd son père. La tranquillité générale troublée, l'ordre public altéré ou détruit, la foi des serments violée, la majesté du trône ou de la république avilie; dans le peuple un exemple effrayant, et dans ceux qui gouvernent une terreur habituelle : telle sont les suites funestes de cet horrible attentat. C'est donc avec raison que nous mettons ce délit au second rang (1) : la trahison sera placée au troisième.

Le traître est celui qui livre ou cherche à livrer aux ennemis la patrie ou l'armée. Dans les gouver-

______

(1) Dans les monarchies héréditaires, il est juste que l'attentat contre la vie de la femme du roi, ou contre la vie de l'héritier du trône, soit puni de la même manière. L'une est associée à la souveraineté, l'autre est destiné à l'exercer : ils doivent donc jouir du même respect que la loi prescrit pour celui qui est sur le trône.

nements les plus libres, ce délit a toujours paru digne de l'extrême rigueur des lois. Il est directement contre le souverain, parcequ'il tend à le priver de la souveraineté, ou à affoiblir la force qui la garantit et la conserve. Le lecteur sentira aisément quels sont les délits que l'on peut comprendre sous ce nom sans tomber dans l'arbitraire.

La résistance violente et à main armée aux ordres du souverain tiendra le quatrième rang dans cette classe. Il doit y avoir dans chaque gouvernement une autorité assez absolue pour empêcher les sujets, non de se plaindre, de réclamer contre l'injustice, d'éclairer le pouvoir, de lui faire des représentations, et d'avertir, pour ainsi dire, le souverain de la réaction qui l'entoure, mais de lutter physiquement contre lui, de lui résister avec violence. Que la souveraineté soit exercée par un seul, ou par tous, ou par un petit nombre, elle est toujours de la même nature; c'est toujours l'autorité absolue, qui peut ordonner l'obéissance, et triompher de tous les obstacles.

Dans la démocratie, lorsque le peuple a parlé, lorsque l'assemblée a délibéré, nul pouvoir étranger ne peut arrêter l'exécution de ses ordres. Il en est de même du sénat dans l'aristocratie, et du prince dans la monarchie. Sans cette autorité, il n'est point de gouvernement; et de même qu'il n'y a point de constitution où l'homme puisse être soumis à des volontés arbitraires, il n'y en a point où l'homme ne doive obéir aux lois sans aucune restriction. Donc, lorsqu'une partie des sujets, au lieu d'éclairer le souverain, en réclamant avec raison et justice devant lui contre des lois nuisibles, pour en obtenir la révocation, recourt à la violence, prend les armes, et déclare la guerre à son autorité, alors la souveraineté est violée, et les réfractaires sont de véritables rebelles.

Le souverain a droit d'exiger de ses sujets, non seulement la conservation, la défense de l'ordre public, l'obéissance aux lois, mais le respect dû à sa personne; c'est un autre pacte, un autre devoir, que le citoyen contracte en naissant avec la société. La violation de ce pacte, c'est-à-dire les insultes faites manifestement au souverain, seront placées au cinquième rang de cette classe. Mais que peut-on entendre par ce mot d'insulte? La loi doit le définir avec précision, si elle ne veut ouvrir la voie à l'arbitraire le plus terrible. J'appelle insulte faite au souverain toute action manifestement injurieuse, toute action dans laquelle le respect dû à la souveraineté est évidemment violé; telle est, par exemple, la publication d'un libelle contre le souverain. Je ne donne pas le nom d'insulte à l'écrit d'un philosophe qui expose avec liberté les maux de sa patrie, pour en accélérer la guérison; je ne donne pas ce nom à une parole inconsidérée échappée dans la colère; je ne donne pas ce nom à des réflexions faites dans le secret de l'amitié ou de la confiance, sur la conduite du chef de l'état. Si nous voulions transformer les paroles en délit, la société se trouveroit bientôt remplie de délateurs et d'accusés; le crime de lèse-majesté deviendroit, comme dit Pline, le crime de ceux qui n'en ont point commis (1) ; la confiance, la bonne foi, l'amitié, disparoîtroient pour faire place à la défiance et à la tristesse ; la nation perdroit son caractère primitif ; l'ignorance éteindroit les lumières, ou y perpétueroit les erreurs et les préjugés ; les mœurs se corromproient ; le trône lui-même y seroit exposé à une foule de dangers. Si je voulois donner un conseil à un despote, je lui dirois qu'il faut laisser au peuple qu'il opprime la liberté de se plaindre ; parceque cette liberté le soulage, parcequ'un mécontentement qui s'évapore n'est jamais à craindre. La douleur qui fermente et se nourrit d'elle-même dans le silence éclate enfin avec une impétuosité terrible, et forme une révolte générale.

Nulle nation en Europe n'a peut-être éprouvé plus de révolutions que la Russie ; et nulle nation ne s'est plus occupée à épier et réprimer les paroles. Un voyageur célèbre assure que le lendemain de la mort de l'impératrice Élisabeth, personne n'osoit parler de cet événement ; tout le monde savoit qu'elle étoit morte, personne n'avoit le courage de le dire (2). C'étoit un crime de demander si le prince Ivan vi-

---

(1) « Majestatis singulare et unicum crimen eorum qui crimine vacant. » Plin. in *Panegyr. Trajan.*

(2) *Voyage en Sibérie* de l'abbé Chappe d'Auteroche, tom. I, page 192, édition d'Amsterdam de 1769. Le manifeste de la czarine fait en 1740 contre la famille Olgorouki confirme tout ce que dit à ce sujet l'abbé Chappe. Un de ces princes fut condamné à mort pour avoir tenu quelques propos indécents sur la personne de l'impératrice ; un autre fut condamné à la même peine pour avoir interprété malignement ses dispositions à l'égard de l'empire, et l'avoir offensée par des paroles indiscrètes.

voit ou étoit mort. Il suffisoit qu'un Russe prononçât à haute voix ces deux mots, *Slowo dielo* (c'est-à-dire, Je vous déclare coupable de lèse-majesté en paroles et en actions), pour que tous les assistants fussent obligés d'arrêter le malheureux qui en étoit l'objet. Le père arrêtoit le fils, le fils arrêtoit le père : l'accusateur et l'accusé étoient à l'instant même conduits en prison ; et si celui-là offroit seulement de se soumettre à la preuve du *knout*, celui-ci étoit censé convaincu, et on le condamnoit à la mort, quoique son crime ne fût pas prouvé. Ces atrocités ne souilleront pas sans doute le code que Catherine doit donner à ses sujets ; elle a annoncé assez clairement ses idées sur cet objet (1) pour qu'il soit permis de croire qu'elle rendra aux paroles cette liberté qu'elle s'est occupée de rendre aux personnes ; et alors son peuple, en rendant hommage à ses lumières et à sa justice, la soutiendra sur un trône où le sang a coulé tant de fois.

Parlons maintenant des délits qui se commettent dans le palais du souverain, c'est-à-dire dans le lieu où le corps représentant de la souveraineté exerce ses fonctions. Dans tous les pays, dans ceux même où la liberté a le plus d'étendue, on a constamment respecté le siége du pouvoir suprême ; mais on n'a pas établi par-tout des peines sévères contre la violation de ce respect. Lorsqu'il y a dans ce délit une insulte directe contre le souverain, alors la loi doit

____

(1) Voyez les instructions de Catherine à la commission établie pour la formation du nouveau code, art. 20, §. 460.

joindre la peine du second délit à celle du premier ;
mais si cette insulte directe n'existe pas, pourquoi
aggraver la peine ? Tout le territoire de la monarchie
ou de la république n'est-il pas le siége de la souveraineté ? son pouvoir ne doit-il pas se faire sentir sur
toutes les parties de ce territoire ? dans quelque lieu
que le délit soit commis, la souveraineté n'est-elle
pas également offensée ?

Celui qui, dans le palais du souverain, vole un
bijou à un riche courtisan est-il plus coupable que
celui qui dérobe à un laboureur, dans sa chaumière,
l'instrument de sa subsistance ? le pacte qu'il viole
est-il plus précieux pour l'état ? l'influence sur l'ordre public en est-elle plus grande ? les bœufs et la
bêche du laboureur ne sont-ils pas plus utiles à l'état
que les bijoux d'un riche oisif ? l'humble maison de
l'homme des champs ne doit-elle pas être protégée
par les lois avec plus de vigilance qu'un palais toujours assez bien gardé par une foule de soldats et de
valets ?

Mais que dirons-nous des peines que l'on devroit
établir contre les diverses espéces de délits compris
dans cette classe ? Si l'on se rappelle mes idées sur
le système pénal, on sentira pourquoi, dans cette
distribution de délits, je ne fixe pas la peine qui
doit étre proportionnée à chacun d'eux. J'écris, non
pour une seule nation, mais pour tous les hommes
en général ; et après avoir développé les principes
généraux qui déterminent la valeur relative des
peines chez les différents peuples, après avoir montré l'altération que les rapports politiques, physiques

et moraux des nations doivent produire dans leur système pénal, je sortirois de la généralité de mon plan et de l'uniformité de mes principes, si je voulois fixer ici pour chaque délit la peine qui lui est relative. On ne peut exécuter une telle opération que pour un peuple particulier.

Mais si je ne puis indiquer ici la peine du crime de lèse-majesté, le lecteur trouvera dans mes principes mêmes le terme où doit s'arrêter la sanction pénale : c'est ce terme que n'ont pas aperçu presque tous les législateurs de l'Europe, lorsqu'ils ont voulu punir les crimes dont il s'agit. Je l'ai dit ailleurs, l'abus de la peine de mort dans les délits peu importants les a entraînés à des actes de barbarie dans les délits très graves. Si on fait expirer sur la roue un faux monnoyeur, quel supplice infligera-t-on au rebelle, au régicide ? Pour corriger cet abus, il faut réformer tout le code pénal ; alors le législateur, sans sortir des bornes de la modération, pourra trouver une peine proportionnée au plus considérable de tous les délits, à celui qui tient le premier rang dans cette classe. Comme par ce délit on viole tous les pactes, on doit perdre tous les droits, c'est-à-dire la vie, l'honneur, la propriété. Le coupable expireroit, non au sein des tourments, mais au milieu de l'appareil le plus terrible, le plus ignominieux : l'exécution ne feroit pas couler les larmes des spectateurs ; elle exciteroit dans leur ame, non la pitié pour le coupable, mais l'horreur pour le crime. Le législateur pourroit punir la première espéce de régicide par la mort, l'infamie, et une confiscation générale; et la seconde, par la mort, l'infamie, et la confiscation de la plus grande partie des biens. Enfin le législateur n'auroit besoin, pour déterminer la peine des autres délits compris dans cette classe, que d'appliquer les principes développés ci-dessus.

Je pourrois terminer ici ce chapitre, si, en proposant la peine de la *confiscation*, je n'étois obligé de développer les principes sur lesquels elle est fondée. Il semble, au premier aspect, que l'usage de cette peine, qui frappe moins le coupable que ses enfants et ses héritiers, ne devroit pas entrer dans le plan d'une législation dictée par la justice et par l'humanité. Si la perte d'un droit n'est véritablement juste que lorsqu'elle est précédée de la violation d'un pacte, quel pacte ont violé les enfants que la loi prive en ce cas de l'hérédité paternelle? La confiscation fut inconnue à Rome jusqu'à la dictature de Sylla (1); et sous le triumvirat même, on laissa le dixième aux fils des proscrits, et le vingtième à leurs filles (2). Platon ne veut pas que la peine pécuniaire oblige jamais le coupable de vendre son fonds (3); il ne veut

----

(1) « Tam moderata judicia populi sunt à majoribus constituta, ut ne pœna capitis cum pecuniâ conjungatur. » Cicero, *pro domo suâ*. La loi Cornelia, *de Proscript.*, déclare les fils des proscrits incapables de posséder les dignités et les biens de leurs pères.

(2) *Matthæi Comment.*, *ad* lib. XLVIII, ff. tit. 21, cap. 5, §. 7. César ajouta le premier la confiscation des biens à l'exil dans tous les délits qui d'abord avoient été punis de cette dernière peine. Voyez Suéton. *in Cæsar.*

(3) « Sed quandò quis ea patravit, quæ pecuniarum mulctâ

pas que le fils soit puni du crime de son père (1). Enfin on peut ajouter que tous les bons princes ont eu horreur de la confiscation. Trajan, Antonin, Marc-Aurèle, Adrien, Valentinien, Théodose-le-Grand, la rejetèrent en entier ou en partie.

Mais toutes ces réflexions, tous ces exemples, ne m'empêchent pas de regarder comme juste et utile, en certains cas, cette espèce de peine. La confiscation fut inconnue à Rome, il est vrai, avant Sylla; mais un peuple libre l'avoit adoptée. L'exil perpétuel étoit suivi à Athènes de la confiscation des biens (2); le traître étoit puni par la mort et la confiscation (3). Si les bons princes l'eurent en horreur et la rejetèrent, ce n'est pas parceque cette peine étoit à leurs yeux trop inhumaine, c'est parcequ'on en avoit abusé. Enfin l'autorité du philosophe que je respecte le plus ne prouve rien contre mon opinion, parcequ'il est évident, d'après tout ce qu'il dit à ce sujet, que son but étoit, non d'épargner les enfants, mais de ne pas altérer la distribution des propriétés: les lois qu'il propose devoient conserver l'égalité des fonds qu'elles avoient établie, et il étoit obligé de

---

luenda sunt, quod supra sortem possidetur, id impendatur; sors integra maneat. » Plat. *dialog.* 9, *De legib.*

(1) « Et ut breviter dicam, peccata patris non luant filii, etc. » Plat., ibid.

(2) On appeloit cet exil φυγή, pour le distinguer de celui qui ne duroit pas plus de dix ans, et qu'on appeloit ὀστρακισμός. Potter., *Archæolog. græc.*, lib. I, cap. 25.

(3) « Si quis in judicio proditionis aut sacrilegii damnatus fuerit, intrà Atticam ne sepelitor: bona ejus publicantor. » Cette loi est rapportée par Xénophon, lib. I.

régler les peines sur le plan d'après lequel il avoit
réglé les successions. Cela résulte évidemment de
la suite du second passage que nous avons rapporté.
Après avoir dit que les enfants ne doivent pas recevoir la peine des délits de leur père, il ajoute : à
moins que le père, l'aïeul et le bisaïeul, n'aient été
condamnés à la mort. Dans ce cas, la république les
fera sortir de son territoire, et les renverra dans
leur ancienne patrie, en leur laissant leurs biens
meubles ; mais leur fonds, la portion de terrain qui
avoit été assignée à leur famille dans la distribution
générale leur sera enlevée, et on la donnera à un citoyen que la loi indique (1).

Platon croyoit donc qu'il y avoit une circonstance
où l'on pouvoit dépouiller les enfants innocents de
l'héritage paternel ; mais quand même cet illustre
philosophe n'auroit pas eu cette opinion, je pourrois
l'établir par les simples lumières de la raison. La
perte d'un droit doit toujours être précédée de la
violation d'un pacte ; c'est un principe constant.
Mais quel est le droit que perdent les enfants par la
confiscation des biens d'un père coupable ? Le droit
de succéder ne dépend-il pas du droit de disposer
de sa propriété ? Si la loi prive le père du droit de

---

(1) « Peccata patris non luant filii, nisi pater, avus ac proavus
deinceps capitis rei sint : hos autem, cum bonis suis, SORTE SEMPER
EXCEPTA, in antiquam civitas patriam mittat. Et de filiis civium,
quibus plures quàm unus sunt, non pauciores quàm decem annos
nati, eos sorte deligant, quos patres, aut avi paterni, maternive
nominaverint, nominaque ipsorum Delphos mittant ; et qui ora-
culo Apollinis approbabitur, huic feliciore fortunâ sors et domus
destituta reddatur. » Plat., *De legib.*, dialog. 9.

disposer, quel droit les enfants ont-ils de succéder ? Si le père avoit dissipé sa fortune, ses enfants, qui n'auroient pas participé à ses désordres, pourroient-ils prétendre à la succession de ses biens aliénés? ne seroient-ils pas dans ce cas privés de l'héritage paternel, sans avoir commis de crime ? Si le droit de succéder n'existe donc pas lorsqu'il n'y a point de droit de disposer, et si la perte de ce droit est une peine justement établie contre le parricide et le rebelle, quelle est alors l'injustice de la confiscation ? Cette injustice ne pourroit exister que dans le cas où la confiscation frapperoit sur les biens dont le père n'a pas droit de disposer. Il est évident qu'alors les enfants ne peuvent perdre le droit de succéder. Il seroit facile de prévenir ce danger, en ordonnant que la confiscation ne portât jamais que sur les biens disponibles du coupable.

Tel est le principe sur lequel est fondée la justice de la confiscation; l'utilité n'en est pas moins constante. Cette peine est un obstacle que la loi offre à l'amour paternel, pour l'éloigner du crime. La crainte de laisser ses enfants dans l'indigence sera, dans certaines occasions, un frein plus puissant que le risque de perdre sa propre vie. L'espérance de l'impunité, qui pourroit enhardir une main criminelle, abandonne le coupable à l'instant même où il jette les yeux sur ses enfants : il sait que si sa fuite le dérobe à la peine, elle ne pourra soustraire sa famille à la misère. Mais pour que cette peine soit toujours juste et utile, il ne faut pas en abuser. L'histoire de Rome offre un grand nombre de preu-

ves de cette vérité. Je crois que pour prévenir les
maux que cette peine produisit dans l'empire, il faudroit en restreindre l'usage aux trois premières
espéces de délits comprises dans cette classe. Mais
les principes mêmes par lesquels nous avons justifié l'usage de la confiscation ne nous démontrent-ils
pas l'injustice des lois qui font supporter aux enfants
les peines des délits de leur père?

Que dirons-nous de la loi, également absurde
et atroce, qui, en Perse (1), dans la Macédoine (2),
à Carthage (3), condamnoit à mort les enfants de
l'homme criminel de lèse-majesté ? Que dirons-nous
de l'article de la loi d'Arcadius qui, parlant des enfants de ces criminels, veut qu'ils soient exclus de l'hérédité paternelle, que l'indigence remplisse leur
ame d'amertume et de douleur, que leur personne
soit couverte d'infamie, que la vie, en un mot, soit
pour eux un supplice, et la mort un soulagement (4)?
Que dirons-nous enfin de la loi qui condamne, en

---

(1) Ammian. Marcell., lib. XXIII, cap. 6; Herodot., lib. III ;
Justinian., lib. X, cap. 2.

(2) Quint. Curt., lib. VI, cap. 2; lib. VIII, cap. 6.

(3) Justin., lib. XXI, cap. 4.

(4) « Filii verò ejus, quibus vitam imperatoriâ specialiter leni-
tate concedimus (paterno enim deberent perire supplicio, in quibus paterni, hoc est, hæreditarii criminis exempla metuuntur), à
maternâ, vel avitâ, omnium etiam proximorum hæreditate, ac suc-
cessione, habeantur alieni ; testamenti extraneorum nihil capiant ;
sint perpetuò egentes et pauperes ; infamia eos paterna semper
comitetur ; ad nullos prorsùs honores, ad nulla sacramenta per-
veniant ; sint postremò tales ut his perpetuâ egestate sordentibus
sit et mors solatium, et vita supplicium. » Leg. 5, §. 1, cod. ad leg.
Jul. majestat.

France, à l'exil perpétuel le père, la mère, et les enfants du régicide (1)?

Je passe à la troisième classe des délits; j'y placerai une grande partie de ceux auxquels on a donné, par abus, le terrible nom de lèse-majesté.

____

(1) Domat, *Supplément au Droit public*, lib. III, tit. 2, §. 6.

CHAPITRE XXIII.

TROISIÈME CLASSE.

Des délits contre l'ordre public.

Tous les pactes sociaux concourent au maintien de l'ordre public, mais tous n'ont pas cet ordre pour but immédiat. Tous les délits troublent l'ordre public, mais tous ne le troublent pas directement. Tous les pactes sociaux qui nous obligent à respecter la vie, l'honneur, la propriété de chaque citoyen, ont une influence sur l'ordre général ; mais cette influence n'est pas aussi immédiate que celle des pactes qui nous obligent de ne pas violer la justice, la tranquillité publique, etc. En violant les premiers pactes, on trouble l'ordre général, parcequ'on porte atteinte à l'ordre particulier ; en violant les seconds, on trouble l'ordre particulier, parcequ'on porte atteinte à l'ordre général. Nous ne mettrons donc dans cette classe que les délits qui violent immédiatement l'ordre public ; nous allons en offrir la subdivision dans les articles suivants.

ARTICLE PREMIER.

Des délits contre la justice publique.

Après le souverain qui promulgue les lois viennent les magistrats qui en sont les dépositaires. Les premiers hommages appartiennent au roi, au sénat, à l'assemblée générale; les seconds, aux administrateurs de la justice. Leurs augustes fonctions exigent le respect public; les abus de leur autorité méritent toute la rigueur des lois. Le citoyen contracte en naissant le devoir de les respecter, d'obéir à leurs ordres, de laisser un libre cours à la justice, protectrice de la liberté civile. Attenter à la vie d'un magistrat, l'insulter, l'outrager dans l'exercice de son ministère (1); résister, à main armée, aux exécuteurs de ses ordres; arracher de leurs mains l'accusé qu'ils conduisent vers la justice; favoriser la fuite du coupable condamné, ou que les juges appellent en jugement pour lui prononcer sa sentence; ouvrir les prisons pour faire rentrer dans la société les hommes qui l'ont offensée; offrir un asile aux coupables et aux exilés que les lois ont proscrits (2); favoriser les larcins, en gardant ou achetant des choses

---

(1) Voyez sur cet objet le titre du digeste, *si quis jus dicenti non obtemperaverit*.

(2) A Athènes, ce délit étoit puni par l'exil. « Exulem nullum recipito, qui secus faxit in exilium mittitor. » Demosth. *in Polyclem*. Voyez Plato, *de legib.*, *dialog.* 9. « Qui exulem, seu quemvis hujuscemodi fugientem susceperit, moriatur. Quippe quem civitas amicum sibi vel hostem decreverit, eumdem sibi quisque similiter existimare debet. » Plato, *de legib.*, *dialog.* 12. Voyez encore la loi 1, *cod. de his qui Latron. vel aliis crimin. reos.*, etc.; et leg. 1, ff. *de receptator.* Les parents n'étoient pas soumis à cette peine. Les lois romaines, malgré leur rigueur excessive contre ce délit, vouloient qu'on punît moins sévèrement les parents et les alliés du coupable. Leg. 2, ff. *de receptator.* La femme, le père, la mère, le fils, les frères, étoient entièrement à l'abri de cette peine

volées (1) ; mépriser les ordres du magistrat qui nous
appelle devant son tribunal, ou empêcher, par force
ou par mauvaise foi, un autre de se présenter lorsqu'il est assigné (2) ; dérober, supprimer, mutiler,
altérer, fabriquer un registre, un acte public, pour
l'intérêt de sa propre cause ou de celle d'autrui (3) ;
arrêter le cours d'un procès criminel, empêcher un
témoin de déposer ; l'engager, par des menaces
ou par de l'argent, à trahir la vérité ; corrompre ou
tenter de corrompre un juge, et priver la justice des
moyens qu'elle doit employer pour défendre l'innocence (4) ; se servir de la liberté des accusations pour

---

(1) « Si quis rem furto sublatam sciens receperit, in eâdem culpâ
sit quâ ille qui furatus est. » Plato, *ibid.*

(2) Si l'on veut voir les dispositions du droit romain relativement à cet objet, on n'a qu'à lire Noodt, *Comm. ad Pand.*, lib. II,
tit. 5 et 7 ; et les deux titres du digeste : *Ne quis eum qui in jus vo-
cabitur, vi eximat.—De eo, per quem factum erit, quominùs quis in
judicio sistat.* Quant à ce qui regarde la contumace dans les affaires
criminelles, j'ai suffisamment développé mes idées à cet égard,
chap. VIII, liv. III.

(3) Voyez les dispositions des lois romaines sur ces délits, ff. *leg.
Cornel. de falso*, et *de s. c. Liboniano.* La loi Cornelia concernoit
proprement ce que les lois romaines appeloient *falsum testamen-
tarium et nummarium ;* mais les sénatus-consultes et les constitutions des princes l'étendirent aux fabrications et altérations de
pièces, lettres, témoignages, accusations, obligations, mesures et
poids. De là vint la distinction entre l'espèce de délit appelée
falsum et l'espèce appelée *quasi falsum.* La première étoit celle
dont parloit la loi Cornelia ; la seconde étoit celle dont parloient
les sénatus-consultes et les constitutions des princes. Voyez *leg.* 1,
§. *ultim.;* et *leg.* 16, ff. *huj. tit.*

(4) Voici la loi d'Athènes sur cette sorte de délits: « Si quis
Atheniensium ab alio munera accipiat, aut ipse det alteri, aut pol-
licitationibus corrumpat alios in perniciem populi, aut alicujus

calomnier un innocent(1), pour vendre son silence à un coupable(2), pour se rendre criminel de prévarication, de collusion, de tergiversation (3); trahir la vérité par un parjure dans les jugements, lorsqu'on est accusateur ou témoin(4); recevoir de l'argent ou quelque récompense pour ne pas déposer(5); lorsqu'on défend une partie, favoriser les intérêts de l'autre (6): tels sont les délits des particuliers contre la justice publique. Passons maintenant à ceux des magistrats et des autres ministres de la justice.

Se servir du dépôt des lois pour les violer; atta-

---

civis, aut quocumque alio modo et arte, ignominiosus esto cum liberis et bonis suis. » Demosth. *in Midiana.*

(1) Voyez les chap. II et III de la première partie de ce troisième livre, où j'ai dit comment on a puni ce délit, et comment on devoit le punir.

(2) Convertir un droit précieux qu'a donné la loi en un moyen infame d'extorsion. Le jugement public de la loi Cornelia *de falsis* étoit établi contre ce délit. Voyez leg. 2, ff. *de concuss.*; leg. 8, ff. *de calumniat.*; leg. ult., ff. *de L. Cornel. de falsis*, etc.

(3) Je me sers ici des expressions ordinaires. Si le lecteur veut voir la définition de ces délits, il n'a qu'à lire la loi 212, *de verbor. significat.*; le titre du digeste, *ad senaltusconsultum Turpillianum,* et le même titre dans le code.

(4) Voyez, dans la première partie de ce livre, le chapitre où j'ai parlé de l'usage des serments dans les affaires criminelles.

(5) Je rapporterai ici un fragment des lois des douze tables relatif à ce délit. *Qui. se. sirit. testarier. libripens. ve. fuerit. ni. testimonium. fariatur. improbus. intestabilis. que. estod.* Aulu-Gelle, liv. XV. ch. 13. Cette expression *libripens. ve. fuerit.* indique que le témoin, malgré sa qualité de personne publique, n'étoit pas exempt du devoir commun, et par conséquent à l'abri de la peine, lorsqu'il refusoit de le remplir.

(6) C'est une autre espèce de prévarication. Les lois romaines lui donnent le même nom. Leg. 3, §. *quod si advocatus,* ff. *de prævaricat.*; leg. 7, cod. *de advocat.* Cujac., *Observ.,* lib. IX, cap. 40.

quer par elles l'innocence que l'on doit défendre ; arrêter le cours des jugements, ou refuser à l'accusé les moyens que la loi lui offre pour assurer sa liberté civile ; employer contre l'ordre public l'autorité même qui le maintient ; négliger les devoirs de son ministère, opprimer les citoyens, en leur infligeant des peines plus fortes que la loi ne le prescrit, ou différentes de celles qu'elle ordonne ; recevoir de l'argent pour absoudre ou condamner, pour précipiter ou retarder le jugement, pour favoriser l'une des parties, ou pour nuire à ses intérêts ; permettre aux ministres subalternes de la justice de piller, de tourmenter, d'abuser de leurs fonctions (1) ; se rendre, en un mot, coupable de négligence, de partialité, de vénalité, d'extorsion, de concussion : tels sont les délits des magistrats et des juges contre la justice publique.

A mesure que la liberté civile a été plus respectée par les législateurs, la vénalité des magistrats et des juges a été plus sévèrement punie. Platon veut que le magistrat qui accepte un présent, même pour faire une chose légitime et honnête, soit condamné à la mort (2). Une loi d'Athènes, quoique moins sévère,

---

(1) Voyez les dispositions de la loi *Calpurnia*, appelée aussi *Cecilia*, peut-être du nom de l'autre tribun du peuple qui fut collègue de Lucius Calpurnius Pison, auteur de cette loi ; des lois *Junia*, *Servilia*, *Acilia*, *Cornelia*, et *Julia de pecuniis repetundis*. Sigonius a recueilli tous les monuments des auteurs anciens relatifs à ces lois, dans le chap. 27, liv. II, *de judiciis*. On trouve encore dans le digeste et le code, au titre *ad legem Juliam repetundarum*, les délits dont j'ai parlé ci-dessus.

(2) « Qui patriæ in aliquá re ministrant, nullo modo munera

punissoit cette action, lors même qu'il ne s'y mêloit aucun trait d'injustice (1). A Rome, la peine de ce délit varioit avec les circonstances; quelquefois cette peine étoit la mort (2). Mais pour punir ce délit de la manière la plus juste, la plus utile, la plus conforme à tous les gouvernements, aux différents rapports des peuples, il faudroit, ce semble, distinguer trois cas particuliers : lorsque le magistrat ou le juge accepte un présent après avoir rempli ses fonctions, c'est-à-dire après le jugement; lorsqu'il le reçoit auparavant, mais sans que cela lui fasse violer la justice ; lorsqu'il le reçoit ou promet de le recevoir dans le dessein de commettre une injustice. Une peine pécuniaire suffira dans le premier cas; dans le second, il faudra joindre à cette peine la perte de la charge et l'infamie; et dans le troisième, à la perte

---

recipiant ; nec ullá occasione aut ratione nobis persuadeamus, in rebus quidem bonis suscipienda esse munera, in aliis minimè. Nam nec cognoscere facile est, neque, quàm cognoveris, continere. Idcircò tutiùs est legibus obtemperare, dicentibus, nulla pro patrie ministerio munera esse suscipienda. Si quis verò minùs obtemperasse damnatus fuerit, moriatur. » Plat. *de legib.*, *dialog.* 12.

(1) « Si quis eorum qui rempublicam gerunt, dona acceperit, capite luito, aut ejus, quod accepit, muneris decuplum pendito. » Dinarch. *in Demosth.*

(2) Leg. 7, §. *hodiè*, ff. *ad leg. Jul. repetundarum.* C'étoit un reste de la disposition des lois des douze tables relative à cet objet. Voici le fragment indiqué par Cécilius dans Aulu-Gelle, liv. **XX**, ch. 1 : *Sei. judex. arbiter. ve. jure. datus. ob. rem. dicendam. pecuniam. accepsit. capital. estod.* Suivant l'esprit de ces anciennes lois, les magistrats et tous ceux qui exerçoient quelque office public devoient prêter serment de ne point recevoir de présents ni pendant l'exercice de leurs charges ni après, pour tous les objets relatifs à leurs fonctions. *Leg. pen. cod. ad leg. Jul. repetund.*

de la charge et à l'infamie la peine du talion. Dans les matières civiles, le talion frappera sur les biens du magistrat; et dans les matières criminelles, sur sa personne. Voilà comment l'on pourroit punir la vénalité des magistrats et des juges, suivant les trois degrés de dol dont elle est susceptible.

Enfin la justice publique a besoin de quelques ministres subalternes pour faire exécuter les ordres des magistrats et des juges; pour faire comparoître, arrêter et garder les personnes qu'ils appellent en jugement; pour exécuter les jugements qu'ils ont prononcés. La négligence, la corruption, la dureté de ces mandataires doivent fixer d'autant plus l'attention des lois, que l'état peu honorable de cette classe d'hommes les dispose assez facilement à abuser de leurs fonctions.

Favoriser la fuite d'un accusé qu'ils doivent conduire devant le tribunal, ou qui est confié à leur garde; le traiter avec dureté pour l'obliger à acheter leurs complaisances; faire un lieu de supplices de ces retraites où la justice est obligée de garder un citoyen qui lui est devenu suspect, mais qui n'est pas encore déclaré coupable; augmenter ou diminuer la peine prononcée par les juges: tels sont les délits que peuvent commettre les ministres subalternes de la justice, d'après le plan que nous avons tracé pour les matières criminelles, et d'après celui que nous tracerons pour les affaires civiles, dans lesquelles ils ne peuvent avoir, selon nous, aucune influence sur la découverte de la vérité.

ARTICLE II.

Des délits contre la tranquillité publique.

La tranquillité civile est le prix du sacrifice de l'indépendance naturelle. Celui qui l'attaque prive les hommes du bienfait le plus précieux de la société. C'est un grand mal de troubler la tranquillité particulière; mais c'est un bien plus grand mal de porter atteinte à la tranquillité publique. Je comprendrai sous ce titre toutes les actions qui concourent directement à cet effet.

Un attroupement tumultueux, dont le but est d'obtenir quelque objet contraire aux lois, ou de faire réussir, par la force et le désordre, une prétention légitime, est un délit contre la tranquillité publique. La loi, qui doit s'occuper à prévenir les délits plutôt qu'à les punir, doit accorder toute son indulgence à ceux qui, d'après un ordre du magistrat ou de quelque ministre subalterne de la justice, se sont retirés paisiblement chez eux; elle doit encore fixer le nombre de personnes qu'on peut appeler un attroupement; elle doit mettre de la différence entre les chefs et ceux qui ne font que composer l'assemblée; elle doit enfin distinguer, relativement à la détermination de la peine, un attroupement destiné à obtenir un objet illégal de celui dont l'objet est légitime, mais soutenu par des moyens injustes et violents.

Les autres délits contre la tranquillité publique sont les voies de fait sur les chemins et dans les rues,

soit pour dérober, soit pour tuer, soit pour insulter
les femmes et les hommes qui les traversent. Il est absurde et dangereux de confondre sous la même peine
des délits si différents. Nous avons ailleurs combattu
cette injustice, qui existe encore chez plusieurs peuples de l'Europe ; nous avons montré qu'il ne faut pas
ôter au voleur l'intérêt qu'il a de ne pas devenir assassin ; que punir du même supplice le vol et l'assassinat, c'est inviter un scélérat à commettre deux crimes à-la-fois ; qu'une telle disposition est contraire
à la justice et à la tranquillité publique. Les lois romaines mirent de la différence entre les peines de
ces trois espèces de délits(1).

La guerre civile est un autre délit contre la tranquillité publique. Lorsqu'une partie des citoyens
s'arme contre l'autre, lorsque deux ennemis puissants
viennent, à la tête de leurs satellites, faire couler
des flots de sang au milieu de la cité, l'ordre public
est bouleversé, le corps social est prêt à se dissoudre.
Toutes les factions sont foibles à leur origine, mais
elles s'accroissent et se fortifient en peu de temps.
Nées du choc des intérêts particuliers, elles finissent
par diviser la nation entière. Elles sont funestes sous
quelque point de vue qu'on les considère, puisqu'elles
sont directement contraires à l'objet de la société,
c'est-à-dire à la paisible communication des hommes.
Lorsque le temps leur a donné une fois de la force,
une partie de la société perd l'appui qu'elle devoit

____

(1) Leg. 1, ff. *de effractor.* ; leg. 28, §. 10, ff. *de pœn.* ; leg. 15,
ff. *eod.*

trouver dans l'autre, le lien social se rompt, la discorde et le trouble désolent l'état. Les factions verte et bleue sous l'empire de Justinien, les guelphes et les gibelins en Italie, les wighs et les torys en Angleterre, les factions des Guise et des Montmorency en France, vivront éternellement dans l'histoire des malheurs des peuples, et seront, pour les chefs des empires, des exemples terribles de tous les genres de maux qui menacent un état où on a laissé une faction se fortifier et s'étendre.

Dans les monarchies, ce désordre est plus rare que dans les républiques; au moins est-il plus facile de le prévenir. L'autorité du monarque suffit pour étouffer ces premiers mouvements. Une faction, dans la monarchie, est le signe de la négligence du gouvernement. Pour peu que l'administration soit attentive, elle peut prévenir cet événement par une foule de moyens; elle peut l'arrêter à sa naissance. Il n'en est pas de même des républiques; le pouvoir y réside tout entier dans les mains des factieux; les premiers magistrats, les dépositaires des lois, peuvent être les chefs du parti.

Le souverain lui-même, sénat ou peuple, est exposé aux mêmes divisions. La loi, bien différente de l'administration, n'a pas la force de les prévenir; elle ne réconcilie pas deux ennemis puissants. Elle peut bien prononcer des peines contre ceux qui s'attaquent, mais non contre ceux qui se haïssent; elle peut punir des factieux qui en viennent aux mains, elle ne peut punir une faction qui se forme. Le pouvoir de la loi ne commence que lorsque le mal est parvenu à son dernier période; et alors le remède est souvent inutile. C'est donc là un inconvénient nécessaire des constitutions républicaines, et le moyen imaginé par Solon en est une preuve convaincante. Il condamna à l'infamie le citoyen qui, dans des temps de trouble, n'entroit pas dans l'un des deux partis(1): la neutralité étoit un crime. Ce législateur sentit qu'il falloit rendre le mal universel, pour en diminuer les effets; qu'il falloit mêler les citoyens les plus vertueux dans les factions, afin qu'elles fussent moins funestes; qu'il étoit nécessaire de créer hors du gouvernement, et au milieu du trouble même, une force qui rétablît l'ordre et la tranquillité. Cette loi est admirable; c'est la meilleure qu'on pût imaginer : mais la violence de ce remède ne nous atteste-t-elle pas le vice du gouvernement?

Les assemblées illicites et les associations clandestines sont un autre délit contre la tranquillité générale. L'ordre public exige que l'on prévienne les causes des désordres. La loi qui excite le citoyen à être utile à sa patrie doit lui ôter, autant qu'elle le peut, les moyens de lui nuire. Les associations de plusieurs hommes relativement à un objet commun sont toujours suspectes à l'état, lorsqu'elles ne sont pas dirigées ou approuvées par la loi. Dans les pays les plus libres, les lois ont cru devoir déployer à ce sujet toute leur vigilance et toute leur rigueur. A Rome, une assemblée ne pouvoit se for-

____

(1) « Si quis in factione non alterius utrius partis fuerit, ignominius esto. » Plutar. *in Solon.*

mer que d'après la convocation du magistrat chargé
de la présider(1); et dès les premiers temps de la
république, les assemblées nocturnes et les associations clandestines furent sévèrement prohibées(2).
Dans des temps postérieurs, les mystères de Bacchus
justifièrent bien la sévérité de ces anciennes lois. Le
voile impénétrable qui les enveloppoit étoit destiné
à cacher tout ce que la perversité humaine peut offrir de plus obscène et de plus horrible(3). Mais la
loi, qui doit punir les associations clandestines et
dangereuses, doit-elle défendre toute espèce d'association? L'excès de la négligence et l'excès de la défiance ne sont-ils pas également funestes? Si l'un
expose l'état aux dangers de l'anarchie, l'autre ne le
soumet-il pas au joug du despotisme? Lorsque le
gouvernement peut s'assurer de l'honnêteté d'une
association, quand même les membres qui la composent se seroient imposé la loi du secret, n'y a-t-il pas

---

(1) « Majores vestri, dit Tite-Live, lib. XXXIX, cap. 15, ne vos
quidem, nisi cùm, aut vexillo in arce posito comitiorum gratià,
exercitus edictus esset, aut plebi concilium tribuni edixissent, aut
aliquis ex magistratibus ad concionem vocasset, fortè temerè coïre
voluerunt ; et ubicumque multitudo esset, ibi et legitimum multi-
tudinis rectorem censebant debere esse.

(2) Nous avons rapporté plus haut, chap. XXI, le passage de
Porcius-Latro, qui nous a conservé les dispositions des lois des
douze tables et de la loi Gabinia sur ces objets.

(3) La peinture qu'en fait Tite-Live est affreuse. « Primo, sacra-
rium id feminarum fuisse.... et interdiù Bacchis initiatas.... post
permistos feminis viros et licentiam noctis accepisse ; nihil ibi fa-
cinoris, nihil flagitii prætermissum ; plura virorum inter sese, quàm
feminarum esse stupra. Si qui minùs patientes dedecoris, et pi-
griores ad facinus, pro victimis immolari. » Lib. XXXIX, cap. 13.

de la tyrannie à la prohiber? Les plaisirs innocents qu'un homme trouve dans une réunion avec d'autres hommes doivent-ils donc inspirer de l'effroi au gouvernement, et exciter la vigilance des lois? L'Égypte, la Perse et la Gréce ne respectèrent-elles pas le secret de leurs initiés? Le voile qui couvroit les mystères d'Isis, de Mithra, de Cérès, les rendit-il suspects aux législateurs de ces peuples? La loi d'Athènes, loin de les proscrire, ne punissoit-elle pas avec la plus grande sévérité celui qui osoit les révéler(1)? Le caractère des personnes qui forment une société suffit au gouvernement pour en connoître l'esprit et l'objet. Vouloir tout permettre, vouloir tout défendre; ignorer tout, chercher à tout savoir, sont, dans le gouvernement, des signes de foiblesse et d'imperfection: on ne peut faire un pas hors du chemin de la liberté, sans entrer dans celui de la tyrannie.

Voici les autres délits qui doivent être compris sous ce titre. Chercher à obtenir de l'argent par des lettres, ou par d'autres moyens, avec menace de tuer ou de mettre le feu à la maison en cas de refus; répandre des prédictions ou des présages funestes pour épouvanter et séduire le vulgaire crédule; se battre ou mettre l'épée à la main dans un lieu ou dans un temps destiné aux affaires publiques, aux plaisirs publics(2); préférer aux moyens paisibles et ordi-

____

(1) *Qui mysteria vulgarit, ei capital esto.* Sam. Petit, *Traité des lois d'Athènes*, tit. 1, liv. XV.

(2) A Athènes celui qui troubloit l'ordre du théâtre en étoit chassé par les ministres de l'archonte qui y présidoit: et s'il refu-

naires de la justice et des lois ceux de la violence pour s'emparer d'un bien, le recouvrer, ou le retenir(1); répandre la crainte et l'épouvante, en portant des armes prohibées par les lois(2): tels sont les autres délits contre la tranquillité publique.

ARTICLE III.

Des délits contre la sûreté publique.

Le plus funeste de ces délits est la communication de la peste. Toutes les nations de l'Europe ont des

soit d'obéir, on le punissoit d'une peine pécuniaire. Une simple querelle de paroles, une dispute de préférence pour la place, suffisoit pour être exposé à toute la rigueur de la loi. Voyez dans la *Collection des lois d'Athènes,* par Petit, tit. 1, les lois 35, 36, 38.

(1) Les dispositions du droit romain sur cet objet sont dans les lois suivantes: *Leg. qui cœtu 5,* ff. *ad leg. Jul. de vi publicâ; leg. si quis 5,* ff. *ad leg. Jul. de vi privatâ; leg. si creditor ult.* ff. *cod.; leg. jubemus 1, cod. de privatis carceribus inhiben.*

(2) Quoi qu'en dise l'auteur du *Traité des délits et des peines,* je vois que le port des armes au milieu des villes a été défendu dans les pays où la liberté civile et la sûreté ont été le plus respectées. Voici la disposition de la loi d'Athènes à cet égard: « Si quis intrà urbem, nullà necessitate cogente, ferro accinctus, armisque instructus, prodierit, mulctator. » Cette loi de Solon se trouve dans *l'Anacharsis* de Lucien. La même défense existoit à Rome pendant la liberté de la république; elle fut encore portée plus loin sous les empereurs. Voyez Sigonius, *de judiciis,* lib. II, cap. 33; Mathæus, *Comment. ad* lib. XLVIII, ff. tit. 4, cap. 1, n. 4; et l'excellent ouvrage de M. Crémani, *de jure criminali,* lib. I, p. 3, cap. 4, *de vi publicâ et privatâ.* On doit permettre le port d'armes à ceux qui voyagent; il ne faut pas ôter au voyageur un moyen de défense, et au voleur un motif de crainte. Dans les villes, le citoyen est assez bien défendu par le gouvernement pour n'avoir pas besoin de s'armer. La loi de Solon ne défendoit les armes que dans la ville.

lois pour prévenir ce mal, et ces lois sont relatives à leur situation locale, et aux autres circonstances particulières de leur industrie et de leur commerce. Les violations de ces lois sont des délits contre la sûreté publique : le plus considérable de tous est celui par lequel on viole la loi qui a une relation plus immédiate avec le mal que l'on veut empêcher. Je ne puis m'exprimer ici qu'en termes généraux, parceque, comme je l'ai dit, les dispositions des lois relatives à cet objet dépendent presque entièrement de la situation locale du pays, et de ses autres rapports politiques et économiques. Ce que j'en ai dit suffira pour indiquer la différence de la sanction pénale de ces lois ; et il seroit inutile de parler de la différence de ces peines suivant les divers degrés de faute et de dol.

La distribution des poisons est un autre délit contre la sûreté publique. Celui qui se sert du poison pour tuer un autre homme est un homicide; et son délit ne doit pas être compris dans cette classe : il attente à la vie d'un particulier; mais celui qui fait des poisons un objet de commerce attente, pour ainsi dire, à la vie publique (1).

On peut mettre dans la même classe de délits

____

(1) Les lois des douze tables donnoient le nom de parricide, et à celui qui composoit le poison et à celui qui le donnoit. *Qui. malum. venenum. faxit. duit. cui parricida. estod.* Voyez le passage de Festus, à la fin de la lettre P, dont Scaliger a rempli les lacunes. Les règles que nous avons établies ci-dessus pour déterminer les différents degrés de chaque délit nous dispensent d'entrer dans tous les détails que l'on retrouve dans la loi Cornelia, *de veneficiis.* et dans les sénatus-consultes qui l'interprètent.

la préparation ou la vente de ces boissons propres à
faire avorter, dont les désordres des femmes rendent
aujourd'hui l'usage si commun. Ce délit est atroce,
puisqu'il doit produire un parricide, et que l'auteur de pareilles préparations ne peut l'ignorer (1).

L'incendie produit par des moyens directs ou
indirects est un autre délit contre la sûreté publique. Il a pour objet les personnes et les choses, la
vie et la propriété. L'incendie d'un lieu public est
un délit plus grave que l'incendie d'une simple
maison; l'incendie d'une maison de ville est un
délit plus grave que l'incendie d'une maison de
campagne; l'incendie d'un vignoble, d'un bois isolé,
est un délit moins grave que l'incendie d'un lieu où
le feu peut s'étendre et produire un embrasement
général. La loi doit donc soigneusement distinguer
l'incendie qui ne peut faire de mal qu'à celui contre qui il est uniquement dirigé, et l'incendie qui
peut ruiner un canton tout entier, ou une grande
partie du territoire. Le délit est moindre dans le
premier cas, parceque le pacte que l'on viole a
moins d'influence que le second sur l'ordre public.

Enfin le dernier délit de cette classe est la vente
des denrées malsaines et gâtées : souvent des mala-
dies épidémiques n'ont pas eu d'autre cause. La
sanction des lois doit s'unir ici à la vigilance de
l'administration pour prévenir les effets de l'ava-

____

(1) Je ne parle dans ce titre que des distributeurs de poisons ou
des boissons destinées à faire avorter. Le délit de ceux qui s'en
servent doit être mis dans une autre classe.

rice et de la cupidité des vendeurs. Les lois d'Angleterre n'ont pas négligé cet objet intéressant (1).

ARTICLE IV.

Des délits contre le commerce public.

La plupart des délits relatifs à cet objet ne doivent leur existence qu'aux vices des lois. Si l'administration intérieure des états étoit fondée sur les
principes que nous avons exposés et développés
dans le second livre de cet ouvrage, on verroit disparoître une grande partie de cette espéce de délits,
punis aujourd'hui par les lois mêmes qui les font
naître. Qu'on détruise tous les obstacles qui arrêtent
le commerce intérieur et extérieur d'une nation,
aura-t-on besoin de punir le *monopole* pour l'empêcher? Qu'on laisse subsister au contraire tous ces
obstacles, arrêtera-t-on le monopole en le punissant?
Rétablissez la liberté naturelle de l'importation et de
l'exportation de toutes les denrées, et il ne vous faudra pas imaginer des lois absurdes pour punir ceux
qui cachent ou laissent s'anéantir une partie de
leurs denrées, afin de vendre l'autre plus cher (2).
L'intérêt sera bien plus puissant que vos lois, et il
ne produira pas, comme elles, des vexations de
toute espéce. En réformant le système des impóts,
en rendant la liberté générale, en établissant le

______

(1) Voyez le statut 51 de Henri III, chap. 6; et le statut 12 de
Charles II, chap. 25.

(2) Cette loi existe dans le droit commun. Voyez le Digeste, au
titre *leg. Jul de annonâ.*

3.   16

grand, le salutaire système de l'impôt direct, vous
n'aurez plus de contrebandes à punir, ni de fraudes
à réprimer (1); vous empêcherez la loi de devenir
une source d'abus. La main protectrice du gouvernement n'épouvantera plus, par la mort ou par l'esclavage, le citoyen industrieux et le spéculateur
hardi; elle ne créera plus, elle ne soutiendra plus
cette affreuse jurisprudence des douanes, autorisée
à prononcer les peines les plus terribles contre l'avidité, qui les brave avec dédain, au même moment
qu'elles soumettent à une détention rigoureuse et
aux plus viles humiliations l'honnête homme qui
ne peut acheter l'impunité de son prétendu délit.
Sans remplir l'état de coupables, de victimes, de
violations, d'attentats et de supplices, elle saura
pourvoir à la subsistance du peuple par la liberté
du commerce, et à la perception des impôts par la
simplicité et l'exactitude de la contribution.

Si la propriété étoit respectée par les lois, con-
damneroit-on comme coupable le propriétaire qui
ne veut pas vendre à un prix modéré les produits de
son sol ou de son industrie? Une disposition des lois
romaines sur cet objet (2) ne paroîtroit-elle pas aux
yeux du législateur philosophe une absurdité révoltante?

---

(1) Si toutes les impositions étoient réduites à un impôt unique
sur les fonds, il suffiroit, pour punir ce délit, de condamner le frau
deur au double de sa quotité. En parlant de l'impôt direct, j'ai
assez montré la simplicité de la perception et les moyens d'éviter
les fraudes. Voyez le liv. II, chap. XXX.

(2) Leg. 2, ff. *ad leg. Jul. de annonâ*; et *leg. annonam* 6, *de ext.
crim.*

Si les droits de la propriété personnelle étoient respectés par nos lois; si on abandonnoit la perfection des arts à la liberté de l'industrie, à l'émulation de la concurrence; si les corporations des arts et des métiers étoient entièrement supprimées, comme on l'a proposé, combien de délits disparoîtroient du code criminel (1)! Je ne parlerai donc dans ce titre d'aucun de ces délits, parcequ'il ne doit pas en exister un seul de ce genre dans un plan de législation formé d'après les principes établis ci-dessus. Je ne parlerai pas non plus des banqueroutes frauduleuses, qui doivent être placées dans la classe des délits contre la foi publique. Je ne parlerai que de la dégradation des chemins, de l'altération des monnoies, de la falsification des lettres-de-change, de l'usage des poids et mesures frauduleux : ce sont là de véritables délits contre le commerce public. Le premier de ces délits trouble le commerce, soit en l'interceptant, soit en rendant extrêmement difficile la communication que les routes publiques sont destinées à maintenir et à accélérer; le second produit les mêmes effets, en altérant les signes représentatifs des valeurs, sans lesquels, le commerce étant restreint dans les bornes des échanges, les hommes retourneroient à l'état de leurs barbares aïeux. Personne n'ignore les maux que peut causer au commerce intérieur et extérieur la falsification et l'altération des monnoies; mais personne n'ignore aussi

---

(1) La novelle 122 de Justinien renferme les lésions les plus énormes de la propriété personnelle.

combien les lois se sont peu occupées de distinguer les délits relatifs à cet objet, et avec quelle sévérité elles les ont punis. Celui qui diminue le poids des monnoies frappées par l'autorité publique, celui qui les falsifie ou les rogne, celui qui en diminue la valeur en les fabriquant, ou celui qui les fabrique sans en altérer la valeur, pourvu qu'elles soient d'or et d'argent, tous sont regardés comme coupables du même délit. La loi Cornelia, que Cicéron appelle (1) *testamentaria* et *numeraria*, confondit, la première, des délits si différents (2).

Mais Sylla se contenta de prononcer l'interdiction de l'eau et du feu contre ceux qui étoient coupables de ces délits (3). Ce ne fut que dans les temps postérieurs que l'on ordonna la condamnation aux bêtes féroces, au gibet et au feu (4).

La législation de la plus grande partie de l'Europe relativement à ces délits a été formée sur cette loi de Sylla, et sur les lois postérieures de Rome. Les législateurs modernes ont prononcé indistinctement

---

(1) Cic. *in Verem.*, orat. 3.

(2) Cette loi de Sylla concerne les différents crimes de faux. Voici l'article relatif à la fabrication des monnoies. « Prætor qui ex hâc lege (id est de falso) quæret, de ejus capite quærito, qui nummos aureos partim raserit, partim tinxerit, vel finxerit; qui in aurum vitii quid indiderit; qui argenteos nummos adulterinos flaverit; qui cùm prohibere tale quid posset, non prohibuit; qui nummos stanneos, plumbeos emerit, vendiderit dolo malo, eique damnato aquâ et igni interdicito. » Sigonius, *de judiciis*, lib. II, cap. 32.

(3) Sigonius, *ibidem.*

(4) Leg. *quicumque*, 8, ff. *ad leg. Cornel. de falsis*, leg. 9, ff. *eod.*; leg. *si quis*, 2, *cod. de falsâ monetâ.*

la peine de mort contre tous les délits dont nous venons de parler (1). Ils n'ont pas senti que celui qui frappe une fausse monnoie, en lui donnant la valeur de la bonne monnoie, ne viole qu'un seul pacte; mais que celui qui lui donne une valeur moindre viole deux pactes à-la-fois. Ils n'ont pas vu que dans le premier cas on ne porte qu'un léger préjudice aux intérêts du fisc, en le privant des profits du monnoyage; et que dans le second, on joint à ce mal un mal encore plus grand, qui est la fraude publique et le désordre dans le commerce. Ils n'ont pas vu que celui qui altère la valeur des monnoies frappées par l'autorité publique est moins coupable que celui qui les frappe sans leur donner leur vraie valeur. La justice, l'intérêt public, exigent également une différence dans la sanction pénale. Voici quelle est la juste progression qu'on pourroit établir d'après les principes précédents. Frapper une fausse monnoie, et lui donner une valeur au-dessous de la vraie, est le plus grand, le premier de cette espèce de délits; altérer la valeur des bonnes monnoies, soit en les rognant, soit par tout autre moyen, est le second délit; les frapper sans diminuer leur valeur intrinsèque est le troisième délit. Enfin, distribuer dans

---

(1) On trouve dans les constitutions de Naples des peines différentes contre ces délits. La loi de Roger condamne celui qui fabrique de la fausse monnoie à être puni de mort, et à la confiscation des biens; celui qui rogne les bonnes monnoies, à être vendu publiquement avec toute sa fortune. Voyez, dans la collection des lois barbares de Lindembrock, les *Constitutions de Sicile*, liv. III, tit. 40, §. 2, chap. 3.

le public, de concert avec le fabricateur, des monnoies qu'il a frappées ou altérées, c'est commettre un délit qui doit être puni de la même peine que le délit de fabrication, c'est-à-dire de la peine du premier, ou du second, ou du troisième cas, relativement à la valeur du délit dont on se rend complice. Quant aux monnoies d'une espèce inférieure, la peine devroit être plus légère, soit parceque, le gain qu'on peut espérer en les falsifiant ou en les altérant étant moins considérable, il ne faudroit pas opposer à ce délit le même obstacle, soit parceque le préjudice qu'en reçoit la société est beaucoup moindre.

La falsification des lettres-de-change porte atteinte à la sûreté du commerce ; elle doit donc exciter toute la vigilance des lois. En Angleterre, ce délit est puni de mort ; et il est sans exemple que le coupable ait échappé à la peine en obtenant sa grace du roi. L'intérêt du commerce exige sans doute que le gouvernement soit inflexible à cet égard ; mais il ne peut justifier l'excessive rigueur de la loi. Une peine plus modérée produira le même effet. Il n'est pas nécessaire, pour réprimer les délits, de franchir les bornes de la modération et de violer toute proportion entre la peine et le crime.

Le dernier délit contre le commerce public est l'usage des mesures et poids frauduleux : l'exil joint au paiement du double, telle est la peine que le droit commun prononce contre ce délit (1). Il semble qu'une peine absolument pécuniaire seroit plus

____

(1) Leg. hodie 32, ff. ad leg. Corneliam de falsis.

analogue à la nature de ce délit; elle résulteroit des principes que nous avons établis ci-dessus en parlant de l'emploi de cette espéce de peines. L'uniformité des poids et des mesures dans un état pourroit contribuer plus que la peine même à prévenir ce délit.

ARTICLE V.

Des délits contre le fisc.

En adoptant le système d'économie politique que j'ai exposé dans cet ouvrage, les délits contre le commerce public se réduiroient à quatre; les délits relatifs au revenu public se réduiroient à deux, au *péculat* et à la *fraude*. Le péculat est un vol public positif; la fraude est un vol public négatif. Si le péculat est commis par les administrateurs ou les dépositaires du revenu public, c'est un délit dont la qualité est différente de celui dont il s'agit ici. Le dépositaire, l'administrateur joint au vol l'abus de la confiance publique. Voilà pourquoi je placerai ce délit dans la classe de ceux qui violent la confiance publique. Le péculat dont je parle ici est celui que commet un homme qui n'est ni dépositaire, ni administrateur, ni receveur des deniers publics. Les lois romaines distinguent ces deux espéces de délits; elles donnent à l'un le nom général *peculatum*, à l'autre le nom *de residuis* (1). Passons à la *fraude*.

____

(1) Leg. 9, 2 et 3 et leg. 1, 2, 3, 4, 5, ff. *ad leg. Jul. peculat.* Voyez Cujas, *ad cod.* lib. IX, tit. 8 ; Duaren. *in Comment. ad Pandect.*, tit. *ad leg. Jul. peculat.* cap. 1 et cap. 4 Tout ce qu'il y avoit de commun entre ces deux délits, c'est que la question du pé-

Si l'on adoptoit le système de l'impôt direct, la fraude se réduiroit à dissimuler la valeur ou l'étendue des fonds pour priver le trésor public d'une partie de la contribution qui lui appartient. On pourroit trouver, dans une disposition particulière des lois d'Athènes, le moyen de prévenir et de punir tout à-la-fois ce délit : ce moyen consistoit dans l'*échange des fortunes*. Les contributions publiques étoient réparties dans chaque tribu, et les riches supportoient la charge la plus forte. Si, dans cette répartition, on blessoit les lois de la justice en épargnant le plus riche et surchargeant le plus pauvre, celui-ci avoit le droit de réclamer, et de prouver que la fortune de l'autre étoit plus considérable que la sienne. Si celui qu'on avoit ménagé dans la répartition convenoit de la supériorité de sa fortune, la charge du plus pauvre retomboit sur lui, et tout étoit fini : mais, s'il vouloit cacher l'état de sa fortune, l'accusateur l'échangeoit avec la sienne, et l'accusé ne pouvoit s'y refuser (1). Pour adapter cette institution à notre plan, il suffiroit de la modifier. Comme la taxe sur

----

culat et celle *de residuis* étoient confiées au même préteur. Voyez le passage d'Asconius, *in Cornelian.*, dans Sigonius, *de judiciis*, lib. II, cap. 29.

(1) « Quot annis ad facultatum permutationes provocanto. Sepositus ad obeunda munera classe suâ excedito, si quem se locupletiorem vocantem ostenderit. Si is qui designatus est, locupletiorem se esse fassus sit, in trecentos alterius loco refertor; si neget, facultates inter se permutanto. » Demosth. *in Leptin. et Phænipp.* L'accusateur mettoit le scellé sur la maison de l'accusé, afin qu'on n'en enlevât pas les richesses qui y étoient renfermées. *Ejus qui ad facultatum permutationem provocatus est, ædes obsignator.*

les fonds doit être fixe et permanente, le législateur laissera à chaque citoyen pendant une année entière, à compter du jour où la répartition aura été fixée, la liberté d'accuser le propriétaire qui a caché dans sa déclaration une partie de la valeur ou de l'étendue de son fonds ; et si l'accusation se trouve vraie, celui-ci doit être obligé de le céder à l'accusateur sur le pied de la valeur et de l'étendue qu'il a déclarées. Ainsi, le propriétaire, ayant la certitude de perdre une partie de sa fortune s'il commettoit quelque fraude, deviendroit lui-même le plus sévère estimateur de ses biens.

ARTICLE VI.

Des délits contre la continence publique.

Si les lois criminelles ne peuvent former les mœurs d'un peuple, elles peuvent au moins contribuer à en maintenir la pureté. La corruption ne devient générale qu'au moment où la perversité particulière élude la rigueur des lois, obligées de la tolérer. Ce n'est pas la censure qui créa dans Rome les gens vertueux, mais sans elle la vertu y auroit brillé moins de temps. L'objet de cette magistrature étoit, non de faire naître des hommes vertueux, mais d'empêcher qu'ils ne se corrompissent. Telle est l'espèce d'influence que les lois pénales ont sur les mœurs publiques. Elles doivent donc, pour conserver les mœurs, punir les délits contre la continence publique ou particulière, c'est-à-dire contre la police établie dans l'état sur les moyens de jouir des plaisirs des sens.

Les mariages clandestins, incestueux, contractés avec mauvaise foi, la polygamie, la polyandrie, dans les lieux où elles sont prohibées; le concubinage, la prostitution, et tous les délits que l'on appelle du nom général de crimes contre nature, sont compris sous ce titre. Je ne parle pas ici de l'adultère, du rapt, du viol, de l'inceste, et de la corruption entre parents, parceque ces délits seront placés dans une autre classe.

Les lois qui prescrivent la solennité des mariages, afin d'assurer l'état des époux et celui des enfants, et prévenir les suites funestes de la séduction et de la mauvaise foi; les lois qui, pour maintenir l'ordre intérieur des familles, pour multiplier les liens qui naissent des mariages, et pour d'autres raisons, déterminent les degrés de parenté où le mariage n'est plus permis; les lois qui, d'après les principes de la religion, et pour l'intérêt public, établissent l'union de deux individus; les lois qui considèrent les ministres de la volupté comme les principaux auteurs de l'incontinence publique, et regardent le concubinage comme la source de la corruption des mœurs et de la dépopulation; les lois qui voient dans la prostitution un mal qu'on ne peut détruire, mais dont il est possible d'affoiblir l'impétuosité, en condamnant à l'infamie, et à la perte d'une partie considérable des droits de la cité, les femmes qui s'y livrent par métier; enfin les lois qui s'efforcent d'arrêter les progrès d'un vice qui dégrade l'humanité, trouble la marche de la nature, et menace la population ; toutes ces lois, établies pour conserver les mœurs publiques, sont violées par les délits renfermés sous ce titre (1). A Rome, à Sparte, à Athènes, dans tous les pays où les législateurs ont senti l'influence des bonnes mœurs sur la liberté civile, ces délits ont fixé l'attention et la vigilance des lois. C'est une très grande erreur de croire que les lois de la Créte permissent le crime contre nature, et que ce crime se commît impunément dans les autres républiques de la Gréce. Un auteur célébre (2) a montré en quoi consistoit chez ces peuples l'affection pour les enfants, et il a justifié avec force l'antiquité sur ce point. Ce n'étoit pas la beauté du corps, dit Strabon (3), qui excitoit en Créte ce sentiment ; les qualités de l'ame, l'ingénuité, l'innocence, l'énergie de l'esprit, la force du corps, inspiroient seules cette passion vertueuse. Il étoit honteux pour un enfant de ne point avoir d'ami ; c'étoit une preuve de son mauvais caractère et de la corruption de ses mœurs (4).

A Sparte, où la loi ordonnoit même l'affection

---

(1) On ne doit pas certainement punir ces délits par la peine de mort ; l'infamie, la perte ou la suspension des prérogatives de la cité, la privation de la liberté personnelle, etc., sont les peines les plus propres à ce genre de délits. Nos codes sont bien loin d'offrir de telles dispositions ; leur rigueur atroce, en forçant le magistrat à l'impunité, étend et multiplie des vices que des lois modérées réprimeroient aisément.

(2) Maxime de Tyr, dissert. 10.

(3) Strabon, liv. X.

(4) Potter, *Archæolog. græc.*, lib. IV, cap. 9

pour les enfants, le moindre attentat contre la plus austère pudeur étoit puni par l'infamie et par la perte des prérogatives de la cité (1).

Un enfant, dit Plutarque (2), peut avoir plusieurs amis, sans que ceux-ci soient jaloux les uns des autres. Leur objet étoit d'élever cet enfant, de familiariser son esprit et son cœur avec l'amour et la pratique de la vertu. Tous ses délits, toutes ses fautes retomboient sur l'ami, et tournoient à sa honte; il en supportoit même la punition. C'est ce qu'atteste un fait qui nous a été transmis par Élien (3). Cette affection ne s'éteignoit pas avec l'âge; l'enfant, parvenu à l'état d'homme, demeuroit toujours soumis aux conseils et aux instructions de son ami (4). Enfin il suffit de jeter un coup d'œil sur la législation d'Athènes, pour sentir combien ce sentiment étoit différent du crime dont je parle ici. Eschine et Démosthène nous ont conservé les différentes dispositions de ces lois sur cet objet.

Une loi de Solon défendoit aux esclaves l'affection pour les enfants libres (5) : l'esclave ne peut former un homme à la liberté. La loi, qui ne voyoit dans l'ami qu'un instituteur, ne vouloit pas que le citoyen reçût, dans son enfance, des sentiments de servitude.

---

(1) Xénophon, *de Republ. Lacedæm.*; et Plutarch., *Instit. Lacon.*
(2) Plutar. *in Licurgo.*
(3) Ælian., *Var. hist.*, lib. XIII, cap. 5.
(4) Plutar. *in vitâ Cleomenis.*
(5) « Servus ingenuum puerum ne amato, neve assectator : qui secùs faxit, publicè quinquaginta plagarum ictus illi inflinguntor.- Æschin. *in Timarch.*

Ce sentiment étoit donc permis à Athènes (1); mais l'abus en étoit sévèrement puni. Le rapt d'un enfant, fait avec violence, étoit puni de mort (2); on formoit une accusation d'impudicité contre le père, le frère, ou le tuteur qui prostituoit l'enfant qu'il avoit sous sa puissance, ou contre celui qui l'avoit porté à cet acte infame (3). Il n'étoit pas nécessaire que l'enfant fût citoyen ou libre pour que le corrupteur éprouvât toute la rigueur de la peine (4). La loi ne voyoit dans ce délit qu'un outrage fait à la nature. Enfin, celui qui étoit déclaré coupable d'impudicité étoit exclus de toutes les charges, dignités, honneurs et prérogatives de la cité; il ne pouvoit plus entrer dans les temples publics; il ne pouvoit être ni prêtre ni juge; et s'il osoit violer la loi, il étoit puni de mort (5).

----

(1) Solon lui-même connut cet amour vertueux, comme l'atteste Plutarque dans la Vie de ce législateur.

(2) « Si quis ingenuum puerum aut fœminam produxerit, dicat ei scribitor; convictus, morte mulctator. » Æschin. *in Timarch.*

(3) « Si quis alium prostituerit, sive pater is sit, sive frater, sive patruus, sive tutor, sive quis alius, in cujus potestate sit; adversus puerum impudicitiæ actio ne esto, sed adversùs illum qui prostituerit et qui conduxerit. Et uterque eamdem pœnam incurrunto. » *Idem, ibidem.*

(4) « Si quis puerum, aut fœminam, aut hominem, sive ingenuum, sive servum, corruperit, aut opprobrium contrà leges fecerit, dicam ei Atheniensium quivis, cui fas est, scribito, etc. » *Idem, ibidem.* Demosth. *Midiana.*

(5) « Si quis Atheniensium corpus prostituerit, inter novem archontas ne sorte capitor; sacerdotium ne gerito; syndicum creari fas non esto; magistratum nullum, sive intrà, sive extrà fines Atticæ gerito, vel sorte captus, vel suffragiis creatus; præco nullum in locum mittitor; sententiam ne dicito; in templa publica ne in-

Tous ces faits, toutes ces lois, tous ces témoignages, suffiront, j'espère, pour détruire un préjugé qui a eu et qui a encore tant de partisans. J'ajouterai à ces autorités une conjecture qui leur donne une nouvelle force. Si l'affection pour les enfants eût été dans les républiques de la Grèce ce vice honteux contre lequel les lois déployèrent tant de sévérité, Socrate, le sage Socrate eût-il nourri dans son cœur une telle passion, sans la couvrir des voiles du mystère? eût-il ainsi bravé ouvertement les lois, pour lesquelles il avoit un respect si profond? Son ami,

---

trato; neque cum ceteris in pompis coronator; neque intrà fori cancellos ingreditor. Si quis autem impudicitià damnatus legem hanc præter habuerit, capite luito. » Æschines, *in Timarchum*.

Je crois que l'affection pour les enfants chez les Grecs ressembloit à notre *compérage*. Les devoirs du parrain approchent de ceux de l'ami chez ces peuples; il devoit élever l'enfant comme le parrain est obligé par les lois ecclésiastiques d'élever son filleul et de lui tenir lieu de père.

Que l'on compare un moment les lois d'Athènes sur cet objet, avec la peine atroce du feu prononcée contre les hommes coupables de ce crime contre nature, par les empereurs Constance, Constant et Valentinien. Jacob Gothofred. *ad leg. Jul. de adult.* 6, *cod. Theod. tit. ad leg. Jul. de adult.* Je frémis en voyant une loi si féroce adoptée presque généralement; je frémis en voyant que la commutation de la peine du feu en celle de la corde est l'unique modification qu'ait éprouvée l'ancienne loi d'Angleterre. Voyez le statut 25 de Henri VIII, chap. 6. Lorsque Justinien publia une loi contre ce délit, il se contenta de la déposition d'un seul témoin, quelquefois de celle d'un enfant, quelquefois de celle d'un esclave, pour condamner l'accusé à toute la rigueur de la peine. Voyez Procope, *Histoire secrète.* On diroit que la plupart des législateurs ont fait des lois, non pour prévenir les délits, mais pour trouver des coupables. En effet, le même Procope dit que les riches et ceux de la faction verte étoient les victimes les plus ordinaires de cette loi.

son disciple, son panégyriste, Platon, auroit-il condamné ce vice avec horreur? auroit-il appelé homicides du genre humain ceux qui s'y abandonnent, si son maître s'en fût souillé(1)? Callias, Trasymaque, Aristophane, Anitus, Mélitus, et tous les autres ennemis du plus sage des Grecs, auroient-ils, en l'accusant d'une foule de délits imaginaires, négligé de lui reprocher un crime si punissable et si déshonorant? Leur silence n'est-il pas une preuve de la pureté de ses affections(2)?

Je demande pardon au lecteur d'une digression où m'a entraîné l'amour de la vérité.

ARTICLE VII.

Des délits contre la police publique.

Chaque nation a des lois de police qui ont une influence immédiate et directe sur l'ordre public, et dont la violation forme les délits compris sous ce titre. Telles sont les lois qui défendent quelques espèces d'actions qui d'elles-mêmes ne sont pas nuisibles à la société, mais qui par leurs effets peuvent le devenir : par exemple, les lois qui prohibent certains objets de faste ou de luxe, qui entretiennent la commodité, la décence dans les rues, dans les

______

(1) Voici un passage de Platon qui concourt à justifier son maître de cette atroce imputation. « Abstinendum igitur à maribus jubeo. Nam qui istis utuntur, genus hominum dedita operâ interficiunt, in lapidem seminantes, ubi radices agere quod scritur nunquam poterit. Plato, *De legib.*, *dialog.* 8.

(2) Maxime de Tyr, dissert. 8, 9, 10, 11.

places, dans les édifices publics; qui proscrivent les lieux de débauche; qui veillent sur cette classe d'individus oisifs, dépourvus de toute subsistance, et sans cesse occupés des moyens de nuire à la société. L'aréopage d'Athènes avoit le droit d'interroger chaque citoyen sur sa manière de subsister (1) : le magistrat de paix, dont nous avons parlé dans la première partie de ce livre (2), devroit être chargé d'une telle fonction. Tout mendiant, tout oisif, dans cette classe d'hommes qui n'a d'autre patrimoine que ses bras, devroit être puni par la loi. Il faudroit empêcher une jeunesse vigoureuse de se consumer dans l'inaction, et de tendre avec bassesse à l'opulence une main qui seroit utile à l'état : mais avant de punir l'oisiveté et la mendicité, il faudroit s'occuper à en diminuer les causes.

Il faudroit délivrer l'agriculture, les arts, le commerce des obstacles qui en arrêtent les progrès; laisser à chaque citoyen les moyens d'exister par un travail raisonnable; faire écouler dans les campagnes une partie des richesses et des hommes qui s'engouffrent dans les villes; garantir le foible et le pauvre des oppressions du riche et du puissant; multiplier les propriétaires; réformer enfin un système d'imposition qui, remplissant l'état d'oisifs et de mendiants, fait de leur punition un acte d'injustice.

---

(1) Diodore, liv. I, et Hérodote, liv. II, parlent des lois établies en Égypte contre les oisifs, et qui de là passèrent dans la Grèce. Une grande partie des peuples de l'antiquité les a adoptées. Voyez Perizonius *ad Ælian. Var. hist.*, lib. IV, cap. 1, p. 328.

(2) Chap. XIX.

L'oisiveté, la mendicité, ne sont pas des vices naturels à l'homme ; il est obligé en s'y livrant de surmonter un grand obstacle, la honte de l'humiliation. Si, après avoir détruit les causes de ces vices,
quelque individu, par haine pour le travail ou par la
perversité du caractère, se livre à l'infamie de la mendicité, il doit être puni par les lois.

ARTICLE VIII.

Des délits contre l'ordre politique.

L'ordre politique d'un état est déterminé par les
lois fondamentales qui règlent la distribution des
différentes parties du pouvoir, les bornes de chaque
autorité, les prérogatives des diverses classes qui
composent le corps social, les droits et les devoirs
qui naissent de cet ordre. L'étranger qui, dans une
république, s'introduit dans l'assemblée du peuple,
ou se fait par fraude inscrire dans le cens civil (1) ;

---

(1) On voit par les lois d'Athènes combien ces délits excitent la
vigilance du législateur dans les républiques. L'accusation établie
contre un étranger qui usurpoit les droits de citoyen étoit terrible
à Athènes. Démosthène, *Orat. in Neœram*, nous a conservé la loi
qui permettoit à chaque citoyen d'accuser l'étranger qui avoit obtenu illégalement ou s'étoit arrogé le droit de cité. Il rapporte ailleurs la loi qui privoit l'accusé du droit de n'être pas conduit en
prison avant le jugement (prérogative des Athéniens dans toutes
les accusations), et punissoit son infraction. « Peregrinitatis accu-
sati in vincula, antequam judicium reddatur, conjiciuntor. Fide-
jussores dare iis jus non esto. Convicti apud judices venduntor. »
Demosth. *in Timocratem*. Hippéride rapporte une autre loi qui établissoit une exception pour les jugements de ce délit. Si l'accusé
étoit absous, il pouvoit de nouveau être accusé d'avoir corrompu

l'esclave, l'affranchi, l'infame, ou celui qui, n'ayant pas droit de suffrage, se mêle dans les comices, lève la main ou jette dans l'urne un vœu qui peut décider du sort de la nation; le candidat qui, dépourvu des qualités personnelles prescrites par la loi, brigue une magistrature, et cherche à surprendre le peuple, à le corrompre par des présents, par des promesses, par quelque espèce de séduction que ce soit; l'orateur ou le magistrat qui viole les lois de l'assemblée générale; le citoyen qui s'en absente sans des motifs légitimes; le magistrat qui franchit les bornes de son pouvoir; celui qui méprise ou s'arroge (1) des priviléges accordés par la loi à quelques individus ou à différents ordres de l'état (2); le citoyen qui

les juges par des présents. « Absolutum judicio peregrinitatis jus esto cuicumque libuerit accusare corrupti muneribus judicii. » Hyperides *in Aristagoram.*

(1) Un des plus grands crimes que Cicéron reproche à Verrès est d'avoir fait périr sur la croix Gavius, qui, comme citoyen romain, ne pouvoit être soumis à cette espèce de peine. « Tu as violé, lui dit-il, les droits de la patrie en attentant aux droits de ses citoyens. » Voyez, dans la sixième Verrine, ce morceau sublime d'éloquence.

(2) Les lois d'Athènes offrent sur cet objet un grand nombre de dispositions admirables. Voyez le recueil de Petit, lib. I, tit. 1, *de legibus;* tit. 2, *de senatus-consultis et plebiscitis;* tit. 3, *de civibus aboriginibus, et adscititiis;* tit. 4, *de liberis legitimis, nothis,* etc.: lib. III, tit. 1, *de senatu quingentorum et concione;* tit. 2, *de magistratibus;* tit. 3, *de oratorib.* Voyez encore toutes les lois faites à Rome en différents temps contre les brigues et cabales (*ambitus*). La première fut celle qui défendoit aux candidats de porter des robes très blanches pour fixer les regards du peuple: *Ne cui album in vestimentum addere petitionis causâ liceret.* Cette loi, publiée l'an de Rome 322, a été rapportée par Tite-Live, liv. IV, chap. 25. La nature même de la prohibition atteste la vertu de ces temps. **La**

refuse de servir sa patrie ou de la défendre ; le guerrier qui prend la fuite à l'aspect de l'ennemi, ou va chercher auprès de lui un asile déshonorant ; celui qui, sans le consentement de l'autorité publique, combat sous un prince étranger, ou va s'enrôler dans une troupe ennemie pour attaquer une patrie qu'il devoit défendre : tous ceux-là violent l'ordre politique.

Quelques uns de ces délits n'existent que dans une espèce de gouvernement ; d'autres peuvent exister dans tous. Il en est qui sont très funestes dans les républiques, et qui le sont peu dans les monarchies : les uns sont dangereux dans tous les temps et dans tous les lieux ; les autres ne le sont que dans certaines circonstances et dans certains pays. C'est au législateur à observer ces différences, à les combiner avec l'état de sa nation. D'après cette mesure, il

---

loi *Petelia*, dont Tite-Live parle, liv. VII, chap. 15, et qu'il regarde comme la première loi établie contre la brigue, montre que le mal avoit déjà fait des progrès. Les lois *Bebia Emilia* et *Cornelia Fulvia* ; celles que rapporte Cicéron, lib. III, *de legibus*, et dont le nom s'est perdu ; les lois *Maria*, *Fabia*, *Acilia Calpurnia*, *Tullia* ; la loi *Aufidia*, publiée deux ans après celle-ci ; les lois *Licinia*, *Pompeia* ; la loi *Julia* de César, et la loi *Julia* d'Auguste qui parut peu de temps après : toutes ces lois sont des preuves évidentes de la corruption de l'état et de la perte de la liberté. Malheureuse la république qui est obligée de multiplier et de renouveler sans cesse les lois contre ce délit ! C'est à elle qu'on peut appliquer cette triste prédiction de Jugurtha : *O urbem venalem, et citò perituram, si emptorem invenerit!* Voyez Tite-Live, lib. XL, c. 19 ; *id.*, epit. 47 ; Dion-Cassius, lib. XXXV, pag. 21 ; Asconius, *in Cornel. et in Milon.* ; Cicéron, *pro Sexto*, cap. 36, *in Vatin.*, c. 15 ; Dion-Cassius, lib. XXXIX, pag. 119 ; *ibid.*, pag. 162, et lib. L, pag. 600 ; Suétone, *in August.* ; Sigonius, *de judiciis*, lib. II, cap. 30.

17.

déterminera la rigueur de son code pénal. Je ne puis offrir ici un plus grand développement; mais je ne garderai pas le silence sur une des plus grandes cruautés de la législation moderne, sur le supplice dont on punit la simple désertion.

Qu'une république appelle à son secours les enfants de la patrie; qu'elle arme tous leurs bras lorsque sa liberté est en danger, lorsqu'on menace sa souveraineté, lorsqu'on veut renverser ses droits; qu'elle déclare comme à Athènes vil et infame celui qui refuse de la défendre, qui fuit ou abandonne son poste (1); qu'elle punisse comme traître, comme parricide, celui qui, abdiquant son droit de souveraineté, prostituant sa gloire, sa dignité de citoyen, vend ses services aux ennemis de la patrie : dans tous ces cas, la république ne fera que défendre les principes de la justice et de l'intérêt général (2). Le Spartiate, l'Athénien qui fuyoit loin de la cité en avoit recueilli les avantages ; il avoit concouru à la formation de la loi qui prononçoit la peine de mort contre le crime de désertion.

Que le chef d'une monarchie impose la même loi à ses sujets; qu'il punisse par l'infamie le lâche

---

(1) « Qui militiam detrectat, aut ignavus est, aut ordinem deserit, à foro arcetor, neque coronator, neque in publica intrato templa. » Æschines, *in Ctesiphontem.*; Demosth. *loco citato.* » Qui arma abjecerit, ignominiosus esto. » Lysias, *in Theomnestum orat.*

(2) « Transfugæ capite puniuntor...» Ulpian. *ad Timocrat.* « Ignominiosus esto, hostisque esto populi atheniensis et sociorum, quum is, tum ejus liberi... » Demosth., *Philipp.* 3. Il s'agit ici de celui qui, se réfugiant près des ennemis, a tourné ses armes contre la patrie.

qui refuse de prendre les armes, qui s'enfuit ou abandonne son poste; qu'il punisse même de mort celui qui va s'enrôler dans des troupes ennemies et tourner ses armes contre l'état : l'intérêt public justifie peut-être dans ce cas l'extrême rigueur de la loi. Mais que dans une monarchie, au milieu de la paix et de la tranquillité générale, des soldats avilis, mercenaires et mal payés; des hommes que la fraude, la séduction, la violence ont souvent transformés en guerriers, et qui ne connoissent d'autres sentiments que ceux de l'indigence et de la servitude, que ces spectres, que ces fantômes armés soient punis de mort lorsqu'ils désertent; que l'on traîne sur un échafaud le malheureux qui, ne pouvant supporter toutes les angoisses de la faim, de la nudité, de l'oppression, a cherché à recouvrer sa liberté perdue et sa vigueur première presque éteinte dans l'oisiveté et la misère des garnisons; que la main du père de la patrie souscrive l'arrêt de mort d'un infortuné qui, sous certains rapports, n'est véritablement coupable d'aucun crime; la nature frémit à cette seule idée. Mais, qui le croiroit? pendant qu'un ministre sage et éclairé (1) faisoit abolir dans une monarchie militaire la peine de mort contre les déserteurs, le congrès des États-Unis d'Amérique établissoit cette peine au milieu de ses braves et libres citoyens. Un jeune homme de vingt-deux ans fut la première victime de cette loi détestable. Les vices de nos institutions, l'esprit de notre antique barbarie devoient

---

(1) Le comte de Saint-Germain, ministre de la guerre en France

ils pénétrer dans une cité de frères et d'amis, dans un champ orné des drapeaux de la liberté, parmi de généreux citoyens qui élèvent l'édifice de leur indépendance? L'empire de l'erreur passera donc toujours d'un hémisphère à l'autre! il arrêtera donc toujours les progrès des lumières et des vertus! Non, l'assemblée respectable qui a prononcé cette peine ne souillera pas de cet horrible décret le code qu'elle prépare; elle trouvera dans le patriotisme, dans l'honneur, le véritable, l'unique appui du courage et de la constance; elle sentira que l'infamie est la peine la plus efficace contre la lâcheté et la désertion.

« N'arrachons pas la vie, dit Platon, à l'homme qui prend lâchement la fuite devant l'ennemi; mais que l'infamie rende ses jours tristes et insupportables; qu'il soit à jamais privé de l'honneur de défendre la patrie et de mourir pour elle(1). »

Sages et généreux citoyens de l'Amérique, pourquoi, au lieu d'adopter les principes de cet illustre républicain, avez-vous reçu les lois que le despo-

---

(1) « Sed quænam abjectionis armorum damnato et à virili fortitudine degenerati pœna congrua erit? præsertim quum impossibile sit hujusmodi in contrarium commutari, ut Cenerum Thessalum ferunt divinâ quâdam vi in naturam viri ex feminâ commutatum. Abjectiori enim armorum, contrarium maximè conveniret, ut in mulierem ex viro translatus, sic puniatur. Nunc verò quoniam id fieri non potest, proximum aliquid excogitemus, ut postquam ille usque adeò vivendi cupidus est, deinceps nullum periculum subeat, sed reliquam vitam, et quidem quàm longissimam, improbus et cum dedecore vivat. Hæc igitur lex sit. Eo, qui arma turpiter projecisse damnatus est, nec imperator, neque præfectus aliquis pro milite unquam utatur, nec in aciem recipiat. » Plat., *De legib.*, *dialog.* 12.

risme a imposées à la servitude? Pourquoi, au milieu des camps comme au sein de vos foyers, ne
vous rappelleriez-vous pas toujours que vous êtes
libres; que vous avez acheté votre liberté au prix de
votre sang; que vous avez secoué le joug d'une mère
injuste, et que vous avez proscrit d'anciennes lois
qui vous opprimoient, parceque vous n'avez pas eu
le malheur, comme beaucoup d'autres nations, de
perdre le souvenir de vos droits?

Pourquoi, en formant votre code, ne vous sou-
viendriez-vous pas que vous êtes placés dans un
grand continent, que vous habitez le seul asile peut-
être que la liberté ait aujourd'hui sur la terre? Igno-
rez-vous qu'une loi injuste d'un gouvernement républicain donne aux vils suppôts du despotisme le
droit de calomnier la liberté? que toutes les erreurs
des hommes libres sont comptées et exagérées par
ceux qui ne veulent pas que les hommes soient
libres? que toute violation de l'égalité dans un pays
sert de prétexte pour la détruire dans un autre? que
les plus grands maux de la servitude sont entrete-
nus et enracinés en quelque sorte par les plus légers inconvénients de la liberté? Croyez-vous que,
dans l'instant où vous traîniez à l'échafaud l'infortuné qui avoit déserté votre camp, le défenseur de
votre ancienne dépendance restoit muet à ce spectacle? Croyez-vous qu'il ne profitoit pas de cette erreur
pour réveiller les germes de la servitude dans l'ame
de vos concitoyens? Croyez-vous qu'à mille lieues de
vos demeures, lorsque la nouvelle de cette atroce
condamnation fut parvenue dans quelques monar-

chies de l'Europe, l'infame courtisan, le vil esclave n'aient pas dit : « Voilà ce qui arrive dans l'Amérique indépendante, dans ce gouvernement libre, objet de l'admiration des enthousiastes et des fanatiques ! Heureux esclaves de l'Europe, osez donc vous plaindre encore qu'on méprise ici les lois et la liberté des hommes ! En vivant sous le despotisme vous pouvez espérer d'attendrir le cœur de votre maître, d'apaiser sa colère ; mais dans les républiques qui pourra désarmer la loi, si toute la vertu du magistrat est de la rendre inflexible ? »

Citoyens de l'Amérique, vous avez trop de vertus, trop de lumières, pour ignorer qu'en conquérant le droit de vous gouverner vous-mêmes, vous avez contracté à la face de l'univers le devoir sacré d'être plus sages, plus justes, plus heureux que tous les autres peuples. Vous rendrez compte au tribunal du genre humain de tous les sophismes que vos erreurs feroient naître contre la liberté. Prenez garde de faire rougir ses défenseurs et d'enhardir ses ennemis.

CHAPITRE XXIV.

QUATRIÈME CLASSE.

Des délits contre la confiance publique.

Cette espéce de délits est une suite des délits contre l'ordre public. On s'en rend coupable toutes les fois qu'on se sert du dépôt de la confiance publique pour violer les devoirs qui en résultent. Les délits des magistrats et des juges contre la justice publique peuvent encore être compris dans cette classe. J'ai cru cependant devoir faire de ces délits une classe particulière. Le lecteur attentif à l'ordre de mes idées apercevra le fil qui me conduit dans cet immense labyrinthe.

Le péculat commis par les administrateurs ou les dépositaires du revenu national (1); le crime de faux commis par les notaires et les hommes chargés de rédiger et transcrire les actes publics (2); la falsification ou l'altération des monnoies par les personnes chargées du coin public(3); la violation des secrets

(1) Voyez l'art. v du chapitre précédent.

(2) Ce délit est puni par la perte de la main dans la plupart des codes de l'Europe; mais la mutilation des membres ne peut faire partie d'un système de législation où l'humanité détermine les peines. Cette mutilation fut imaginée par les Égyptiens. Voyez Diodore, liv. I, page 89.

(3) Ces personnes doivent être punies plus sévèrement que celles

de l'état par ceux qui en sont dépositaires (1); l'abus du sceau du souverain; les fraudes des tuteurs; les banqueroutes frauduleuses des négociants : tels sont les délits compris dans cette classe.

L'immensité de la matière ne me permet pas d'indiquer ici toutes mes idées; mais je suis obligé de parler de la banqueroute frauduleuse, parceque je dois corriger une erreur qui m'est échappée à ce sujet.

En parlant, dans le second livre de cet ouvrage, de la multiplicité des banqueroutes et des moyens qu'on devroit employer pour les prévenir, j'ai dit qu'après avoir marqué le front du coupable d'un fer chaud qui indiquât, par les lettres initiales du nom de son délit, sa mauvaise foi et son infamie, on lui laisseroit sa liberté, on le feroit rentrer dans la société (2). Des réflexions plus profondes sur le système pénal m'ont fait apercevoir mon erreur. La loi, comme je l'ai observé (3), ne doit se servir de la marque du fer chaud que pour les délits où cette peine peut se combiner avec la mort, ou avec la perte perpétuelle de la liberté. Un homme qui porte sur son front la marque de son ignominie doit devenir un monstre

---

qui commettent chez elles les mêmes falsifications ou les mêmes altérations. Cette distinction existe dans le droit romain. Voyez la loi *Sacrilegii*, 6, §. 1, ff. *ad leg. Jul. peculat.*; et *leg.* 2, *cod. de fals. monet.*

(1) Le même législateur qui ordonna en Égypte qu'on couperoit la main au faussaire public, ordonna qu'on couperoit la langue à celui qui violeroit les secrets de l'état. Diodore. *ibid.*

(2) Tome II. page 125.

(3) Tome III. page 155.

dès qu'il est mis en liberté. Sûr de ne pouvoir jamais obtenir la confiance de ses semblables en quelque lieu de la terre qu'il aille se réfugier, il est forcé ou de s'enfermer volontairement dans une prison pour tout le reste de sa vie, ou de se livrer aux plus exécrables forfaits. Dans le premier cas, la loi lui rend inutilement sa liberté; dans le second, elle le prépare elle-même à de nouveaux crimes, à de nouveaux supplices: elle jette dans la société un homme qui ne peut plus avoir d'autre objet, d'autre intérêt que de lui nuire. Il faudroit donc joindre à la peine que nous avons proposée la perte perpétuelle de la liberté.

Ce crime étant comme tous les autres susceptible de différents degrés, le législateur ne devroit infliger une telle peine que dans le cas du plus grand degré de dol. La banqueroute non frauduleuse, mais occasionée par la violation des lois somptuaires dont nous avons parlé, seroit punie d'une peine très inférieure; car on ne doit la placer qu'au dernier degré de dol ou au plus grand degré de faute. Le législateur devroit donc pour ce délit, comme pour tous les autres, proportionner les peines aux trois degrés de faute et aux trois degrés de dol. Il établiroit la marque du fer chaud avec la perte perpétuelle de la liberté, pour le plus grand degré de dol; la perte perpétuelle de la liberté et la simple infamie, pour le second degré; la simple infamie et la perte de la liberté pendant un certain temps, pour le troisième degré; l'exclusion de toutes les charges et dignités civiles avec la perte momentanée de la liberté, pour le plus grand degré de faute ; la simple exclusion des charges et dignités, pour le second degré ; enfin, la perte seule de la liberté pendant un intervalle très court, pour le dernier degré. Les juges examineroient ensuite, selon les régles proposées, auquel de ces six degrés doit être rapportée la banqueroute sur laquelle ils doivent prononcer. La hardiesse des spéculations ne devroit jamais entrer dans l'un de ces degrés. Il ne faut pas arrêter l'activité du négociant par la crainte de la peine : le législateur ne doit punir que la négligence ou la fraude.

CHAPITRE XXV.

CINQUIÈME CLASSE.

Des délits contre le droit des gens.

L'usage et le consentement tacite des nations ont introduit certaines régles, tirées des principes généraux de la raison, et destinées à diriger leur conduite réciproque. Ces régles fixent les devoirs et les droits d'un peuple envers un autre peuple; elles imposent à des nations indépendantes des liens moraux, qu'aucune ne peut rompre sans donner à l'autre le droit de s'armer contre elle, et de lui faire respecter, par la force, la sanction tacite de cette loi universelle. L'assemblage de toutes ces régles forme ce que l'on appelle *le droit des gens*. La protection de ce droit entre les peuples est confiée aux armées de terre et de mer; mais la protection de ce droit entre les individus de chaque nation appartient au gouvernement et aux lois.

Si un citoyen viole quelqu'un des devoirs qui naissent de cette loi universelle, le gouvernement est obligé de le punir, parcequ'il doit conserver la paix entre les hommes. Uné nation chercheroit vainement à observer les lois de la tranquillité générale, si ses membres pouvoient les violer à leur gré. L'impunité d'un coupable qui a enfreint le droit des gens peut faire d'un délit particulier un délit national, rendre le souverain complice de son crime, exciter une guerre contre l'état, et faire tomber sur la tête de tous les citoyens la peine qu'un seul a méritée par son crime. Il n'y a dans l'Europe qu'un code criminel, celui de la nation angloise, où l'on trouve des peines établies contre cette espéce de délits. Tous les autres gouvernements les punissent d'une manière arbitraire, parcequ'il n'y a point, sur cet objet, de sanction légale. Une pareille méthode ne peut exister dans un code où l'on veut élever l'édifice de la liberté civile sur la base inébranlable des lois. Voilà pourquoi j'ai cru devoir faire ici une classe particulière de ces délits. Je les réduis à cinq objets principaux : 1° l'abus du pouvoir contre les nations étrangères de la part de ceux qui commandent une armée; 2° la violation des droits des ambassadeurs ou représentants des puissances; 3° la violation des sauf-conduits; 4° l'infraction de quelque traité particulier de sa nation avec une autre; 5° la piraterie.

1° Sans sortir de ce sujet, sans examiner les motifs qui peuvent déterminer un peuple à faire la guerre à un autre peuple, nous pouvons assurer que le souverain seul a droit de la déclarer. Il suit de là que si un général, abusant de son pouvoir, attaque, de sa propre autorité, un peuple que le souverain n'a pas déclaré son ennemi, il devient coupable du plus grand des crimes compris dans cette classe. Platon veut que la personne accusée

de ce délit soit condamnée à mort(1); et cette disposition devroit être adoptée même dans le code le
plus modéré.

Les sévices contre les prisonniers, proscrits par
toutes les lois de la guerre, sont un autre délit du
droit des gens, dont la première loi est, comme dit
Montesquieu, de faire, pendant la paix, le plus de
bien, et pendant la guerre, le moins de mal qu'il
est possible. L'humanité que l'esprit du christia-
nisme et les progrès de la raison en Europe ont
introduite dans cette partie du droit des gens doit
être entretenue et protégée avec force par les lois
particulières de chaque état. Le général qui les viole
doit être regardé comme un monstre par la nation
même qu'il défend. Il expose ses concitoyens à tous
les mauvais traitements qu'il a fait éprouver aux
malheureux prisonniers. Les horreurs de la dernière
guerre sont une triste preuve de cette vérité.

Il y a enfin plusieurs autres usages reconnus et
adoptés par toutes les nations, relativement au
système de conduite que doivent suivre, envers les
ennemis ou les étrangers, les commandants des armées navales et des troupes de terre. Les transgressions de ces usages généraux forment autant de
délits contre le droit des gens, auxquels le législateur

----

(1) « Si quis consilio suo, absque autoritate communi, pacem
inivit, aut bellum movit, ultimo supplicio condemnetur; quod si
pars aliqua civitatis id tentavit, hujus rei auctores à militiæ impe-
ratoribus tracti in judicium, et damnati morte plectantur. » Plato,
De legib., *dialog.* 12.

doit infliger des peines proportionnées à la nature
et à l'importance de la transgression.

2° Les représentants des nations étrangères ont
joui, dans tous les temps et dans tous les lieux, des
priviléges, du respect, et de la considération dus au
souverain qui les a députés.

Violer les droits des ambassadeurs, dit Tacite,
c'est violer les régles qui sont observées et respectées
même entre des ennemis (1). Cicéron assure que
c'est outrager les lois divines et humaines, que de
porter atteinte aux droits des ambassadeurs (2).
Ammien-Marcellin nous a conservé l'opinion religieuse des anciens sur cet objet. Ils croyoient que
la divinité étoit inexorable pour ce délit, et que les
furies, ministres de sa vengeance, ne cessoient de
tourmenter le monstre qui s'en étoit rendu coupable (3). Il suffit de lire le passage de Tite-Live sur
l'attentat des Fidénates, pour voir de quelle horreur
les anciens étoient pénétrés contre ce délit (4).

L'usage introduit de nos jours chez toutes les
nations de l'Europe, de s'espionner réciproquement
par le moyen des ambassadeurs, établit dans chaque état un nombre plus ou moins considérable de

___

(1) « Hostium quique jus, et sacra legationis, et fas gentium
rupistis. » *Annal.*, lib. I, cap. 42, n. 3. « Legatorum privilegia vio-
lare, rarum est inter hostes. » *Histor.*, lib. V.

(2) « Sic enim sentio jus legatorum, quum hominum præsidio
munitum sit, etiam divino jure esse vallatum. » *Cicero, orat. de
Aruspic.*, c. 16.

(3) « Ultrices legatorum diræ, violationem juris gentium prose-
quantur. »

(4) Tite-Live, I *Decad.*, lib. IV.

représentants, dont les lois sont obligées de faire respecter les priviléges avec d'autant plus de vigilance, que les circonstances où on pourroit les violer sont plus multipliées. Celui qui attente à la vie d'un ambassadeur; celui qui insulte et outrage sa personne par des faits ou par des paroles; le magistrat ou le ministre de la justice publique qui ne respecte pas les priviléges personnels ou réels, soit de l'ambassadeur, soit de ceux qui composent sa suite, se rendent coupables de délits contre le droit des gens. La valeur de ces délits étant différente, les peines ne peuvent pas être les mêmes.

Les lois doivent donc bien distinguer ces délits, afin de bien distinguer les peines; et comme, à l'exception du roi dans une monarchie, et du premier magistrat du peuple dans une république, il n'y a personne qu'il soit plus dangereux pour un état d'insulter que le représentant d'une puissance étrangère, il est juste que les peines de ces délits soient plus sévères, parceque la mesure des peines est déterminée par l'influence qu'a sur l'ordre social le pacte que l'on viole(1).

____

(1) En Angleterre, par le statut 7, chap. 12, de la reine Anne, si un ambassadeur ou quelqu'un de sa maison est arrété, et que ses meubles soient saisis, le jugement en vertu duquel on a procédé est déclaré nul par la loi; et tous ceux qui l'ont sollicité sont déclarés violateurs du droit des nations, perturbateurs du repos public, et punis comme tels. La loi n'a point établi de peine particulière dans le cas d'une insulte considérable; mais elle a laissé à trois principaux juges du royaume le pouvoir illimité de proportionner la peine à l'outrage. Blackstone, liv. IV, chap. 5. Cette indétermination de peine n'est pas digne de la constitution angloise. Dans quelque

3.   18

3° La violation du sauf-conduit est un autre délit contre le droit des gens. La paix est la première loi des nations; la guerre est un des maux les plus considérables qu'elles puissent souffrir. Tout ce qui contribue à conserver ou à rétablir la paix dans l'état doit donc être maintenu avec un respect religieux. Le sauf-conduit que l'on accorde à ceux que les puissances étrangères envoient pour conclure la paix rend en quelque sorte leurs personnes sacrées. La violation du sauf-conduit a donc toujours été regardée, avec raison, comme un des délits les plus graves et les plus funestes.

4° Deux nations peuvent contracter par des traités particuliers des obligations qui ne dépendent pas du droit général des gens; et ces obligations sont quelquefois de telle nature qu'un individu a les moyens de les enfreindre. Tels seroient, par exemple, le traité par lequel une nation s'obligeroit envers une autre à ne pas faire une espéce de commerce dans un lieu déterminé, à ne pas élever des digues dans le fleuve qui les sépare, si ces travaux pouvoient nuire à la sûreté de l'une d'elles; à ne pas pêcher dans un certain lieu, et beaucoup d'autres traités semblables qu'un seul individu a la force de violer. Toutes ces transgressions entrent dans la classe des délits contre le droit des gens, parceque

---

délit que ce soit, il faut que le citoyen sache à quels risques il s'expose en devenant coupable. La fixation de la peine doit toujours être l'ouvrage, non du magistrat, mais de la loi. Tel est l'objet de la classification des délits que je trace ici.

le droit des gens prescrit l'observation religieuse des
traités.

5° Enfin, la piraterie est un des délits les plus
graves de cette classe. Funeste dans tous les temps,
il est devenu d'autant plus terrible aujourd'hui, que
l'influence du commerce sur la prospérité des peuples est plus grande. Heureusement aussi il est devenu beaucoup plus rare en Europe, parceque toutes
les puissances ont senti combien elles étoient intéressées à éloigner leurs sujets de cet infame brigan-
dage. Mais, qui le croiroit? tandis que les lois punissent ce délit en temps de paix avec la plus grande
sévérité, les gouvernements l'excitent et l'encoura-
gent en temps de guerre : ils accoutument les hommes à des attentats que les lois cherchent à prévenir,
et les exercent à un métier que des peuples civilisés
devroient regarder avec exécration.

Les maux affreux qu'ont faits les armateurs dans
cette dernière guerre aux peuples de l'un et de
l'autre hémisphère ; les modiques profits qu'en ont
retirés les nations mêmes qui les ont vomis sur l'é-
tendue immense des mers ; les progrès du système
de la neutralité armée : tout nous fait espérer que
bientôt une loi universelle forcera les nations belli-
gérantes de renoncer, pour l'avenir, à cet infame
moyen de nuire à leurs ennemis aux dépens de la
tranquillité de tous les peuples.

CHAPITRE XXVI.

SIXIÈME CLASSE.

Des délits contre l'ordre des familles.

Nous venons d'examiner les délits relatifs au corps social ; jetons maintenant les yeux sur ceux qui sont plus directement relatifs à ses membres. Entre le citoyen et la cité est une société particulière qu'on appelle famille. Le premier des délits qui troublent ou détruisent l'ordre de cette famille est le parricide.

Les lois anciennes offrent sur cet objet, ou l'indifférence la plus absolue, ou la sévérité la plus outrée. En Perse, la loi supposoit bâtard le fils qui avoit tué son père, et elle le punissoit en cette qualité comme simplement homicide (1). A Athènes, Solon ne fit aucune loi contre le parricide (2) ; et plusieurs siécles s'écoulèrent à Rome avant que ce délit y fût soumis à une sanction particulière. La loi de Numa, rapportée par Festus, nous prouve qu'on donnoit ce nom à l'homicide d'un homme libre (3).

---

(1) Voyez Hérodote. Peut-être est-ce par la même subtilité qu'en Angleterre la peine du parricide est différente de celle de l'homicide prémédité. Voyez Blackstone, *Code crim. d'Angleterre*, ch. 14.

(2) Cicero, *pro Sexto-Roscio-Amerino*, dit que l'atrocité de ce crime empêcha le législateur d'en croire l'existence possible.

(3) « Si quis liberum hominem sciens dolo malo morti duit, parricida esto », v. *parricidium*. Le fragment de la loi royale, conservé

Cela confirme l'idée développée plus haut(1), que dans ce temps-là les seuls hommes libres étoient les patriciens (*patres*). Celui qui tuoit un homme libre étoit parricide, parcequ'il tuoit un père, un patricien. C'est dans les lois des décemvirs que l'on trouve la première peine contre le vrai parricide; elle fut ensuite augmentée: on lui donna plus d'étendue, et personne n'en ignore la nature et l'intensité (2).

Les lois romaines, qui avoient d'abord gardé le silence sur ce délit, passèrent bientôt à une sévérité

---

par Festus, montre que la loi n'avoit pas prévu le cas du vrai parricide; elle ne parloit que de l'outrage fait au père. « Seï. parentem. puer. verberit. ast. oloe. plorasit. diveis. parentum. sacer. estod. seï. nurus. sacra. diveis. parentum. estod. » Voyez Festus, v. *plorare*.

(1) Voyez le chap. XII de cette seconde partie, où je parle du rapport du système pénal avec l'état de la société. Je ne connois personne qui ait expliqué de la même manière cette ancienne loi ; mais cela même me feroit douter de la vérité de mon opinion, si un nouvel ordre d'idées ne m'y avoit conduit.

(2) « Qui malum carmen incantassit, malum venenum faxit duitve, parricida esto. Qui parentem necassit, caput obnubito, culeoque insutus in profluentem mergitor. » V. Valer. Maxim., lib. I, cap. 1, §. 13 ; Festus, v. *nuptias*, et Nonius, cap. 2, v. *perbitere* et v. *perire*. Cette peine des lois des douze tables fut ensuite modifiée de la manière suivante. Après avoir fouetté le parricide, on l'enfermoit dans un sac de cuir avec un singe, un chien, une vipère et un coq, et on le jetoit dans l'eau. Voyez Modest. in leg. 9, ff. *de parricidiis*. La loi Pompéa en confirmant cette peine l'étendit aux meurtriers de leur aïeul, de leur aïeule, de leur frère, de leur sœur, de leur patron ou de sa femme. Voyez Paul., V, *sentent.* 24. Je ne parle pas des dispositions postérieures de la législation romaine concernant ce délit, parceque je serois obligé d'excéder les bornes d'une note. Le lecteur peut consulter l'ouvrage de Mathæus, *Comment. ad lib.* ff. 48, tit. 6.

extrême ; et ces deux excès furent produits par la même cause. Quelque atroce que soit un crime, un sage législateur ne le supposera jamais impossible, et il aura soin d'en déterminer la peine d'après les principes de la justice. Platon, que je cite souvent, parceque son esprit philosophique m'éclaire et me guide ; Platon, malgré l'horreur avec laquelle il parle de ce crime, et malgré sa prévention en faveur des lois d'Égypte, n'a pas voulu adopter la peine que ce peuple avoit établie contre le parricide (1). Dans la loi qu'il propose, il combine d'une manière admirable la modération de la peine avec l'effroi qu'elle doit produire.

Que l'on fasse mourir, dit-il, le parricide ; que son cadavre nu soit porté hors de la ville, dans le lieu où les trois grandes routes viennent se réunir ; que là, devant le peuple et en son nom, chaque magistrat lui jette une pierre sur la tête ; qu'on le transporte ensuite hors des limites de la république, et qu'il soit privé, suivant les lois, des honneurs de la sépulture (2).

---

(1) Diodore, liv. I, p. 88, parle de la peine du parricide en Égypte. On enfonçoit dans le corps du meurtrier une multitude de petites cannes de la longueur d'un doigt, et on l'enveloppoit ensuite d'un faisceau d'épines auquel on mettoit le feu. Le père qui tuoit son fils étoit puni d'une autre manière. Il étoit obligé de tenir entre ses bras, pendant trois jours et trois nuits sans interruption, le cadavre de son fils au milieu de la garde publique de la ville. Si la douleur du repentir ne lui arrachoit pas la vie, on l'abandonnoit au supplice des remords. Cette peine me paroit plus digne d'imitation que la première.

(2) Plat., *De legib.*, *dialog* 9

Telle est la loi que propose Platon. Les législateurs qui ont cherché dans les tourments une proportion entre le délit et la peine ont méconnu l'objet de la punition ; ils ont excité la pitié pour le criminel, au lieu d'inspirer l'horreur pour le crime. La peine la plus utile, comme nous l'avons démontré, est celle qui fait la plus forte impression sur l'esprit du spectateur, et tourmente le moins le coupable. Tel est précisément l'effet de la loi de Platon. Il conviendroit donc de l'adopter pour le crime de parricide. On peut comprendre sous ce nom l'homicide de tous ceux dont on a reçu ou à qui on a donné immédiatement ou médiatement la vie ; tels que le père, la mère, l'aïeul, l'aïeule, le fils, le petit-fils, etc. (1). On peut y ajouter le meurtre du frère, du mari, de la femme,

---

(1) Je prie le lecteur d'observer ici combien cette classification de délits, combinée avec les principes généraux qui déterminent les différents degrés de dol ou de faute, facilite au législateur le moyen de fixer à côté de chaque délit la peine qui lui est relative sans que le juge puisse en altérer la valeur. Supposons, par exemple, que la peine du parricide commis avec le plus grand degré de dol soit celle que propose Platon ; supposons encore que le législateur ait ensuite établi des peines correspondantes aux autres degrés de dol ou de faute. Dans cette hypothèse qu'une femme ait exposé son fils un moment après sa naissance, afin de cacher son accouchement, ou s'exempter des soins et des dépenses de l'éducation ; si cet enfant est trouvé mort, et que la mère soit connue, alors le juge ne doit faire autre chose que déterminer, par les règles établies, auquel de ces degrés de faute on doit rapporter ce parricide, et la condamner à la peine fixée par la loi pour ce degré. Il suffit de lire le chapitre XV de ce livre, pour sentir combien cette opération est facile, et quel obstacle elle opposeroit à la volonté arbitraire du juge. Une telle méthode rendroit inutile une foule de lois sur l'exposition des enfants.

Je vais parler maintenant d'un autre délit qui échappe souvent à la punition des lois, et que la corruption des mœurs a rendu très fréquent : c'est l'avortement forcé.

Une idée des stoïciens, dont la plupart des principes sont entrés dans la jurisprudence romaine, a fait naître l'opinion, généralement reçue par tous les anciens jurisconsultes, que l'avortement forcé ne doit pas être mis dans la classe des délits ordinaires; que ce n'est ni un délit civil, ni un homicide, ni un parricide; mais simplement un délit extraordinaire que les juges peuvent punir d'après leur volonté. Les stoïciens croyoient que l'ame entroit dans le corps avec la respiration de l'air extérieur; et par conséquent que le fœtus étoit inanimé tant qu'il restoit dans le sein de sa mère (1). Les jurisconsultes stoïciens, appliquant ce principe absurde à la législation criminelle, ne trouvèrent dans l'avortement forcé, ni homicide, ni parricide, parcequ'un être privé de l'existence n'est ni homme ni fils (2).

-----

(1) Plutarch. *de Placit. philosoph.*, lib. **V**, cap. 15; Just.-Lips. *Physiolog. stoïcor.*, lib. III, dissert. 10.

(2) Nous voyons souvent en effet dans les livres des jurisconsultes romains que le fœtus y est appelé *pars ventris*, ou *portia viscerum*; on ne lui donne pas le nom d'homme tant qu'il reste dans le sein de sa mère. Voyez sur-tout la loi 1, §. 1, ff. *de inspiciend. ventr.*; et la loi 9, ff. *ad leg. falcid.* Le célèbre Gérard Noodt croit que jusqu'au rescrit des empereurs Sévère et Antonin (qu'on trouve dans la loi 4, ff. *de extraord. crimin.*), l'avortement forcé resta impuni, même pour les femmes mariées. Bynckersoek croit au contraire que l'impunité n'exista jusqu'à cette époque que pour les

C'est ainsi que les erreurs et les préjugés ont constamment perverti la morale et corrompu les lois. Mais le système de la législation postérieure est devenu bien plus funeste encore que ne l'avoit été l'erreur des anciens jurisconsultes. Celle-ci produisoit l'impunité des crimes ; celui-là a fait immoler une multitude d'innocents. La loi qui arrache la vie à la fille dont l'enfant est mort, si elle n'a pas révélé sa grossesse au magistrat ; cette loi qui suppose le parricide, même lorsque la mort de l'enfant est entièrement indépendante de la volonté de la mère ; cette loi qui, dans plusieurs circonstances, fait périr une jeune personne dont tout le crime est d'avoir obéi aux lois de la pudeur, en cachant le fruit d'un amour qu'elle ne peut avouer ; cette loi si manifestement contraire aux principes les plus sacrés de la raison et de la nature ; cette loi existe encore aujourd'hui, dans toute sa force, chez la plupart des peuples de l'Europe. Je me suis élevé plus d'une fois contre elle ; je vais examiner maintenant de quelle manière on peut la réformer.

L'avortement forcé est un de ces délits dont la peine peut excéder la proportion régulière, comme je l'ai démontré ailleurs, à cause de la facilité de les cacher. Je n'indique pas ici la peine que l'on pourroit prononcer contre ce délit, parceque j'ai

femmes non mariées. Noodt, *in singulari libro qui inscribitur ;* Julius-Paulus, *cap. ult. ;* et Bynckersoek, *de jure occid. liber.*, cap. 7. Voyez encore la loi 39, ff. *de pœn.*, et la loi 4, ff. *de extraord. crim.*, où sont rapportés les deux cas particuliers dans lesquels ce délit étoit puni.

pour objet, non de déterminer les peines, mais de distinguer les délits. Je dis seulement que cette peine devroit être de telle nature, qu'elle pût compenser la facilité qu'on a de s'y soustraire (1). J'ai développé cette vérité dans la première partie de ce livre. Il faudroit donc d'abord compléter la preuve du délit.

Que l'on punisse avec sévérité l'avortement forcé, mais qu'on le punisse après avoir bien constaté le délit, et après avoir employé tous les moyens propres à le prévenir ; que l'on offre des asiles aux jeunes personnes qui ont eu le malheur de succomber aux séductions de l'amour et du plaisir ; que l'on établisse dans toutes les parties de l'état des retraites pour leurs enfants ; que la loi protége les unes, et fasse élever les autres ; qu'elle cache la foiblesse, au lieu de la rendre infame ; qu'au lieu d'étouffer la pudeur, elle en fortifie le ressort, et les avortements secrets deviendront plus rares, et ils seront punis avec plus de justice (2).

Les principes de la législation relatifs à l'inceste devroient être les mêmes.

---

(1) Dans le code des Visigoths, la femme *ingénue* qui se faisoit avorter perdoit la liberté de sa condition et devenoit esclave. Si le mari la forçoit de boire la potion qui devoit procurer l'avortement, ou s'il permettoit qu'on la lui donnât, il étoit condamné, ainsi que celui qui avoit préparé la potion, à perdre la vie ou les yeux. Voyez les lois des Visigoths, liv. VI, tit. 3, cap. 1, 7.

(2) A Londres, il y a une maison destinée à recevoir les femmes qui veulent accoucher en secret ; la confiance y est inviolable, et l'honneur de la femme y est à couvert des regards publics. Les enfants sont portés aussitôt après leur naissance dans une autre maison publique destinée à leur éducation.

L'inceste est un délit dont la peine peut excéder la proportion ordinaire, à cause de la facilité de le cacher. L'ordre des familles exige que les bonnes mœurs soient particulièrement conservées dans les foyers domestiques : il faut que le vice n'y pénètre jamais, et qu'une familiarité nécessaire entre les individus de la même famille ne passe pas les bornes prescrites par la nature, la religion, et les lois. Tous ces motifs, joints à la facilité de cacher le délit, peuvent excuser la sévérité de la peine, pourvu qu'elle n'aille jamais, ni jusqu'à la perte de la vie, ni jusqu'à la perte perpétuelle de la liberté. Je ne parle pas ici des mariages incestueux, contractés de mauvaise foi, parcequ'ils entrent dans la classe des délits contre l'ordre public.

Le trafic infame du plaisir entre parents est encore un délit contre l'ordre des familles, que nos lois excitent d'un côté, et punissent sévèrement de l'autre. La misère de certaines classes, le célibat forcé de quelques autres; ces maux, que l'imperfection de nos lois et l'indifférence de nos gouvernements produisent et entretiennent, sont les sources d'un abus que, dans un autre ordre de choses, l'opinion publique suffiroit pour réprimer. Des peines déshonorantes pour certaines classes, et la condamnation aux travaux publics pour celles qui connoissent peu l'honneur ou qui y attachent peu de prix, séroient les seules peines de ce délit, dans un nouveau système de lois (1).

____

(1) On trouve dans nos constitutions de Sicile une loi de Roger

Le rapt devroit être puni aussi avec la même modération; mais il faudroit en distinguer les différentes espéces. Constantin, qui, au lieu d'avoir aujourd'hui le nom de grand, seroit regardé comme un monstre, s'il n'avoit substitué à l'aigle superbe des Césars l'humble bannière de la croix; Constantin, qui seroit placé parmi les tyrans, s'il n'avoit protégé une religion qui, en condamnant ses délits, ne pouvoit montrer de l'ingratitude pour ses bienfaits; Constantin, qui, avec des mains dégouttantes de sang, écrivit des lois sanglantes; Constantin fut l'auteur de la fameuse loi contre le rapt, qui outrage l'humanité, la raison, la justice. Qu'un homme violent et hardi arrache une jeune enfant de la maison paternelle; que, foulant aux pieds les devoirs de la nature, les lois de la société, il enléve une femme des bras de son mari; qu'il souille les murs domestiques, qu'il y porte la désolation et l'opprobre, sans doute un tel homme doit expier par la mort de tels attentats. La raison ne condamnera pas ce sacrifice fait au respect pour les mœurs, à la sûreté générale, à la tranquillité domestique. Mais si un législateur imbécile ou féroce confond avec le rapt

---

et une autre de Frédéric, qui condamnent à la mutilation du nez les mères qui prostituent leurs filles. Voyez ces constitutions dans la collection des lois barbares de Lindenbrock, liv. III, tit. 48 et 53. La peine infamante que je propose ne devroit imprimer sur le corps du criminel aucune trace ineffaçable d'infamie : cette peine seroit commuée en une condamnation aux travaux publics pour un certain temps, si le coupable étoit de la dernière classe de la société. Le lecteur, qui se rappelle les principes développés ci-dessus, sentira le motif de cette détermination.

de violence une évasion volontaire; s'il punit de la même peine le ravisseur armé, dont l'unique objet est de satisfaire par la force sa brutale passion, et deux amants ivres d'amour, qui ne cherchent dans la fuite qu'un moyen de légitimer leurs jouissances par un lien sacré; si une action que la société condamne, mais que la nature permet, est punie comme celle que l'une et l'autre proscrivent; si, en un mot, de tant de délits différents, on en fait un seul que doit punir une seule loi; dans ce cas toutes les régles qui dirigent le pouvoir législatif et en fixent les bornes ne seront-elles pas violées par une loi si cruelle et si absurde? Telle est celle de Constantin, renouvelée par Justinien, et insérée dans cette monstrueuse collection des monuments de la sagesse, de l'atrocité, de la folie des différents législateurs de Rome. L'homme coupable du rapt de séduction est condamné par cette loi aux flammes ou aux bêtes féroces. Si la fille déclare avoir donné son consentement au rapt, loin de sauver son amant, elle s'expose à partager son sort. Les parents de cette infortunée sont obligés d'accuser en justice le ravisseur; et si, obéissant aux mouvements de la nature, ils cherchent à voiler cet outrage, et à l'effacer par une union légitime, eux-mêmes sont condamnés à l'exil, et leurs biens sont confisqués. Les esclaves de l'un et de l'autre sexe, convaincus d'avoir favorisé le rapt ou la séduction, sont condamnés à être brûlés vifs, ou à expirer dans les tourments horribles du plomb fondu. La prescription de ce délit n'est pas fixée à un certain nombre d'années; les effets du jugement s'étendent jusqu'aux fruits innocents de cette union illégitime (1). Voilà la loi de Constantin

Nous allons tracer ici la progression des délits relatifs au rapt; nous laisserons au législateur le soin d'en fixer la sanction, suivant les principes généraux que nous avons établis.

1° Le rapt de violence d'une femme mariée.

2° Le rapt de violence d'une fille ou d'une veuve.

3° Le rapt sans violence ou l'enlévement volontaire d'une femme mariée.

4° Le rapt de violence d'une femme publique.

5° Le rapt sans violence ou l'enlévement volontaire d'une fille ou d'une veuve, sans objet de mariage.

6° Le rapt sans violence d'une fille ou d'une veuve, avec objet de mariage.

La généralité de mon plan ne me permet pas d'indiquer ici les peines qui doivent être prononcées contre ces différents délits, parceque, comme je l'ai démontré, ces peines doivent varier avec les rapports physiques, moraux, et politiques des peuples. Je ne puis fixer, dans un ouvrage de cette nature, la proportion des peines avec les délits que lorsque ces délits sont susceptibles d'une sanction universelle.

Engager un jeune homme qui est encore sous la puissance de son père ou de son tuteur à abandon-

---

(1) Godefroy, *ad cod. Theodos. leg.* 2, *tit. de rapt. virgin.; et leg. unic. tit. ad leg. fab.* Voyez encore la loi de Justinien insérée dans le code, au titre *de raptu virginum, seu viduarum*, etc.

ner la maison paternelle ou les personnes auxquelles la nature ou les lois l'ont confié, c'est commettre une espéce de rapt de séduction; et ce délit ne doit pas être oublié dans le code pénal.

La supposition de part est un autre délit contre l'ordre de la famille. On devroit mettre dans la même classe l'action de celui qui entre par force dans une maison étrangère. Cette sorte d'attentat a été punie chez quelques peuples avec la plus grande sévérité. Le respect pour les dieux pénates, qui veilloient sur les murs domestiques, faisoit regarder ce délit comme un sacrilége. Sans lui donner ce nom effrayant, sans imiter la sévérité de ces anciennes institutions, le législateur pourroit le punir, en proportion de l'influence qu'a sur l'intérêt public et la tranquillité particulière le respect pour les foyers domestiques, que nos pères appeloient avec raison le sanctuaire de la sûreté du citoyen.

L'adultère est un autre délit de la même classe. Dans l'enfance des peuples, lorsque la femme faisoit partie des biens que l'on achetoit, et dont on disposoit à son gré; lorsque la puissance paternelle, combinée avec la puissance maritale, donnoit à l'homme sur sa femme des droits de maître plutôt que de mari; lorsque la moitié de l'espéce étoit dégradée et opprimée par l'autre; l'homme, despote dans sa famille, punissoit l'adultère. Les lois lui en avoient laissé le droit et les moyens; et si quelquefois elles fixèrent la peine, ce fut toujours en passant les bornes d'une juste proportion. La loi de Romulus abandonnoit entièrement au tribunal domestique le jugement de la femme et le choix de la peine, à laquelle le mari pouvoit donner toute l'étendue que sa vengeance lui inspiroit (1). A Locres, la peine étoit fixée par les lois; mais elle étoit atroce. On arrachoit les yeux à la femme adultère, et on ne lui laissoit la vie que pour la lui rendre plus affreuse que la mort même. La loi des Visigoths livroit au mari la femme coupable et le corrupteur, et elle lui donnoit le droit de faire éprouver à l'un et à l'autre tous les effets de son ressentiment (2). Nous trouvons dans nos constitutions de Sicile une loi de Frédéric, où l'excès du mal est attesté par le reméde même. Afin de modérer l'ancienne cruauté des lois, il ordonne que la femme sera remise au mari, lequel aura le pouvoir, non de la faire mourir, mais de lui couper le nez (3). Je ne finirois pas si je voulois rapporter toutes les étranges dispositions des lois barbares sur cet objet. Détournons nos regards de ces tristes monuments de l'ignorance et de la férocité de nos pères, et voyons ce que la raison et nos mœurs prescrivent aujourd'hui à cet égard.

Chez tous les peuples de l'Europe, l'adultère déshonore également la femme et le mari. L'opi-

----

(1) « Seï. stuprum. comisit. aliud ve. peccassit. maritus. judex. et vindex. estod. de. que. eo. cum. cogratis. cognoscito. Voyez Denys d'Halicarnasse, liv. II, page 95; Aulu-Gelle, X, chap. 23.

(2) *Legis Wisigothorum, liber tertius*, tit. 4, *lex* 1 et 3.

(3) *Constitutionum Sicularum*, lib. III, tit. 43. Cette mutilation du nez pour crime d'adultère a existé chez d'autres peuples. La loi attribuée à Élius, fils de Vulcain, avoit prescrit cette peine en Égypte. Diodor., lib. I, pag. 89 et 90. Les anciennes lois d'Angleterre ordonnoient en outre la mutilation des oreilles.

nion publique, contre laquelle les lois sont impuissantes, et qu'elles ne doivent jamais choquer, cou-
vriroit de honte le mari dont la femme seroit déclarée
coupable d'adultère; ce jugement imprimeroit sur
sa famille une tache ineffaçable, qui priveroit d'une
foule d'avantages son innocente postérité. Un délit
que la corruption des mœurs a rendu si fréquent;
un délit que l'on commet avec tant de facilité, et
dont le soupçon fait une impression si légère; un
tel délit a cependant des suites funestes, lorsqu'il
est livré à la poursuite de la justice. De toutes les
bizarreries de l'opinion, celle-ci est peut-être la
plus étrange, et elle a une grande influence sur les
mœurs. L'opinion, qui déshonore le mari, favorise
l'impunité du délit; elle l'oblige de cacher les désordres de sa femme, et rend inutile par conséquent
la rigueur de la loi. Quelque sévère que soit une
peine, elle sera toujours impuissante tant que l'of-
fenseur et l'offensé auront le même intérêt à cacher
le crime. Que doivent donc faire les lois pour prévenir cet abus?

Il suffit, pour résoudre ce problème, de distinguer les pays où la répudiation, pour cause d'adultère, est établie, de ceux où le mariage est indisso-
luble. Dans les premiers, la honte du mari est
effacée à l'instant même qu'il a répudié sa femme.
L'opinion ne produit donc point le même effet dans
ces pays que dans les autres, où la répudiation est
interdite en quelque cas que ce soit. Dans ceux-là,
le législateur pourroit adopter tout à-la-fois, sans
aucun inconvénient, la loi d'Auguste sur l'accusa-

tion d'adultère (1), la loi d'Athènes qui obligeoit le mari de la femme de la répudier (2), la peine que les lois de Crète prononçoient contre le corrupteur (3), et celle que les lois de Solon prononçoient contre la femme adultère (4).

Mais dans les pays où la répudiation est absolument interdite, ce n'est point par les peines que les lois doivent prévenir l'adultère. Un moyen inutile nuit à la loi qui l'ordonne, et rend méprisable et ridicule l'objet le plus digne du respect des hommes. C'est en favorisant les mariages; c'est en protégeant l'autorité des pères, l'autorité des maris; c'est en

---

(1) L'étranger ne pouvoit accuser une femme d'adultère qu'après avoir convaincu le mari de favoriser ses débauches. *Leg. constant.*, 26, ff. *ad leg. Jul. de adult.* Ce cas excepté, l'accusation n'appartenoit qu'au mari. Cette modification de la liberté d'accuser est nécessaire dans cette espèce de délits pour conserver la tranquillité domestique.

(2) « Postquam adulterum maritus adulterii damnaverit, ab uxore adultera divertito; nisi diverterit, ignominiosus esto. » Demost., *in Neæram*.

(3) On mettoit une couronne de laine sur la tête du séducteur; on le condamnoit à une peine pécuniaire, et il étoit ensuite exclu de toutes les charges et dignités de la république. Cette loi est rapportée par Élien, *Var. hist.*, lib. XII, cap. 12. D'après mon plan, il suffiroit de commuer la peine infamante en une condamnation aux travaux publics pour les hommes de la dernière classe de la société que l'infamie ne punit jamais.

(4) « Adultera in publicum ornata ne prodito; si secùs faxit, quivis ejus vestes discindito, ejusque mundum auferto, atque eam pulsato, si libuerit, dummodò ne occidat, aut membro aliquo captam reddat. » Æschin. *in Timarch.* Cette peine paroit bien plus raisonnable que toutes celles qu'a imaginées la férocité de quelques législateurs. J'observerai ici que je prends le mot *adultère* dans l'acception des jurisconsultes, et non dans celle des moralistes.

leur rendant des droits presque éteints , dans ce
siècle, chez tous les peuples de l'Europe; c'est, en
un mot, en réformant les mœurs publiques, qu'un
sage législateur saura prévenir l'adultère, sans prononcer contre ce délit des peines inutiles.

Je m'occuperai de cet objet dans le dernier livre
de cet ouvrage, où je dois considérer les lois dans
leurs rapports avec la puissance paternelle et l'ordre
des familles. Ce que je viens de dire suffit pour indiquer mes idées à cet égard.

Le législateur préviendra par le même moyen le
rapt de séduction; il réservera la sévérité des peines
pour le rapt fait avec fraude ou violence. Une longue expérience a appris que la loi qui obligeoit un
homme d'épouser la femme qu'il avoit séduite, ou
de la doter, ne faisoit que multiplier les désordres,
favoriser cette espéce de délit, et mettre l'innocence
en danger. Une jeune personne qui sentoit l'avantage qu'elle pouvoit tirer de ses faveurs ne s'occu-
poit qu'à faire naître l'occasion de les accorder,
quelquefois même de les offrir. Les parents concou-
roient, par leur silence, à un délit d'où devoit dépendre le sort de leur fille; et leur vigilance savoit
s'endormir à propos.

Enfin les femmes mêmes qui avoient le plus abusé de leurs charmes ne cessoient, par tous les arti-
fices et toute la coquetterie d'une innocence étudiée,
de troubler le repos d'une foule de citoyens hon-
nétes, en les accusant devant les tribunaux d'une
séduction dont ils n'étoient pas coupables : elles
s'étoient si bien exercées à cette décence de l'ingé-

nuité, qu'elles auroient trouvé le moyen de faire payer à Socrate lui-même tous les enfants d'Alcibiade.

Ces abus ont déterminé quelques gouvernements à abolir cette loi, utile peut-être dans d'autres siècles, mais infiniment pernicieuse dans le nôtre (1). Ma patrie a déja éprouvé les heureux effets de ce changement ; et les clameurs insensées de cette classe de citoyens qui vit des désordres de la société en sont une preuve évidente.

Que la violence soit punie lorsqu'elle s'exerce, non seulement sur une jeune fille honnête ou sur une veuve, mais même sur une femme publique ; que la peine de ce dernier délit soit cependant inférieure à celle du premier. En effet, dans l'un et dans l'autre on viole les droits de la propriété personnelle ; mais dans le premier on trouble l'ordre de la famille ; on enléve à une femme les droits que son honneur lui donne dans la société, on outrage sa pudeur, on lui prépare des humiliations et des maux de toute espéce. Il ne faut donc pas adopter l'uniformité de peine prescrite dans le code d'Angleterre pour ces deux délits si différents par leur

---

(1) Cette loi existoit chez la plupart des anciens peuples. Voyez, quant aux Hébreux, le Deutéronome 22, 25. Les Athéniens obligèrent le séducteur à épouser la fille séduite. *Qui virginem vitiarit, ducito. V. Hermogenis Schol.* Elle a été adoptée par le plus grand nombre des peuples modernes. Si on consulte la raison, elle dira qu'un délit commis par deux personnes ne doit pas être puni dans l'une et récompensé dans l'autre. Si on consulte l'expérience, elle montrera tous les désordres qui sont nés d'une telle disposition. La raison et l'expérience doivent faire taire les autorités.

qualité (1). Mais que l'on n'imite pas non plus l'indulgence des lois romaines relativement à la violence commise contre les femmes publiques (2). Que l'on ne rappelle pas l'observation des anciennes lois contre le rapt de séduction ou volontaire ; que l'on s'éloigne également et de l'indifférence absolue et de la sévérité outrée ; que l'on punisse le rapt fait avec fraude (3), mais que la peine en soit inférieure au rapt de violence ; que l'on punisse comme tel la séduction d'une fille qui n'est pas sortie de l'enfance ; que l'on punisse comme un rapt de mauvaise foi la séduction d'une jeune fille qui n'a pas passé sa douzième année ; qu'après cet âge, lorsqu'il n'y aura ni violence ni fraude prouvée, la séduction soit toujours supposée volontaire pour l'homme et pour la femme, et que par conséquent elle ne soit pas punie par la loi (4). Telles doivent être les dispositions du code pénal sur cet objet. Les autres parties de la législation préviendront des actions qu'on ne pourroit punir sans multiplier les désordres et porter atteinte à la liberté civile.

----

(1) Blackstone, *Code criminel d'Angleterre*, chap. 15.

(2) *Leg.* 22, *cod. ad leg. Jul. de adult.; leg. ancillarum*, 27, ff. *de hæredit. petit.; leg. verum est* 39, ff. *de furt.*

(3) Un homme, par exemple, qui obtiendroit les faveurs d'une femme par un mariage imaginaire, ou en égarant sa raison par une boisson enivrante, seroit coupable de cette espèce de rapt.

(4) A Athènes, le rapt de séduction étoit puni beaucoup plus sévèrement que le rapt de violence. Le motif de cette disposition étoit que le ravisseur ne fait que souiller le corps, au lieu que le séducteur ajoute à ce délit la corruption de l'ame. Voyez Lysias, *Orat. pro cæde Eratosth.* Je doute qu'on puisse trouver aujourd'hui un seul homme de cette opinion.

CHAPITRE XXVII.

SEPTIÈME CLASSE.

Des délits contre la vie et la personne des individus.

L'existence est le premier bien de l'homme; la protection de ce droit est le premier devoir que la société contracte envers le citoyen. Celui qui tue son semblable se rend coupable du plus grand de tous les crimes. L'homicide est donc le premier délit compris dans cette classe. Si nous n'adoptons pas la différence établie ci-dessus entre la *qualité* d'un délit et sa *gravité*, ainsi que les principes généraux, et les régles d'après lesquelles on doit distinguer dans chaque délit sa *gravité* particulière, c'est-à-dire le degré de perversité avec lequel on peut violer un pacte, nous allons dans ce cas, comme dans tous les autres, nous trouver environnés de cette foule de questions, de divisions, d'hypothèses qui remplissent les livres des interprétes du droit, et qui, égarant les législateurs, ont fait naître le désordre et la confusion que l'on remarque dans les codes de tous les peuples connus(1).

____

(1) Le titre du digeste et du code *ad legem Corneliam de sicariis* suffit pour montrer la nécessité de changer de système dans la composition d'un code pénal. La loi de Sylla, augmentée et modifiée par un si grand nombre de sénatus-consultes, par tant de lois des

Le plan que j'ai proposé fait disparoître tous ces obstacles. Un homme qui en tue un autre commet un crime dont la *qualité* ou la *gravité* n'est pas la même dans tous les cas. Le meurtre d'un père par son fils est un crime d'une autre *qualité* que le meurtre d'un citoyen par un autre citoyen qui n'a avec lui aucuns rapports de famille. Celui qui tue un particulier pour une somme déterminée, et celui qui le tue dans l'impétuosité de la colère, et pour une insulte très offensante, commettent deux crimes d'égale *qualité*, mais d'une *gravité* différente. Celui qui assassine le chef de la nation, et celui qui, par imprudence, ou dans le transport de la passion, ôte la vie à un simple citoyen, sont coupables de deux crimes différents tout à-la-fois en *qualité* et en *gravité*.

D'après mon système, la nature du pacte que l'on viole détermine la *qualité* du délit; et le degré de perversité que l'on montre en le violant en détermine la *gravité*. J'ai placé les différentes *qualités* d'homicides dans les classes précédentes, auxquelles elles se rapportent, selon la nature des pactes que l'on viole. Comme je ne renferme dans celle-ci que les délits contre la vie et la personne des citoyens, je ne parlerai que des meurtres entre particuliers.

Par les six espèces de peines relatives aux trois degrés de dol et aux trois degrés de faute, le législa-

---

empereurs, par tant de décisions des jurisconsultes, est cependant toute pleine de défauts; elle confond sous la même peine des délits très différents; elle est à-la-fois trop indulgente et trop rigoureuse·

teur pourroit proportionner le châtiment avec la gravité de cette espèce de délits. Les règles générales que j'ai exposées indiqueroient au juge la *gravité*, et la sanction de la loi indiqueroit la peine. Les unes annonceroient à quel degré de dol on doit rapporter, par exemple, le meurtre commis par un assassin payé; l'autre montreroit la peine qui s'y rapporte. Les unes fixeroient la différence qui existe entre le meurtre commis de sang froid et le meurtre commis dans l'aveuglement de la passion; le meurtre sans motif raisonnable et le meurtre légitime; le meurtre commis par trahison ou avec une cruauté réfléchie, et le meurtre commis par imprudence : la sanction de la loi, en enchaînant la volonté du juge, fixeroit les peines qui sont relatives à ces différents cas (1).

---

(1) Une des espèces d'homicide les plus funestes à la société, c'est le poison. La difficulté de prouver ce crime peut encourager le méchant par l'espoir de l'impunité. C'est un de ces délits secrets qui, par l'espérance qu'on a de les commettre impunément, peuvent ne pas être dans une proportion absolument exacte avec les peines, ainsi que nous l'avons dit dans le chap. XVII de cette seconde partie. Pour se conformer au principe établi ci-dessus, le législateur pourroit établir une modification constante de peine pour l'homicide commis par le poison, dans chacun de ses degrés de dol et de faute. Cette modification ne devroit jamais sortir des bornes de la modération. Il ne faudroit, ni faire périr le coupable dans l'eau bouillante, comme l'ordonna Henri VIII en Angleterre, ni le faire expirer dans les flammes, comme cela se pratique chez quelques peuples. Il n'y a point de crime qui puisse obliger la loi de devenir atroce. En Angleterre, on a modéré l'ancienne peine; mais dans un des pays de l'Italie où l'on a le plus écrit sur la législation criminelle, la peine du feu subsiste encore. Voyez le statut 22 de Henri VIII, chap. 9; et le statut 1 d'Édouard VI, chap. 12, qui l'a corrigé. Voyez encore *Constit. Domin. Mediolan.*, lib. IV, *tit. de pœnis in princip.*

Je prie le lecteur de jeter les yeux sur le chapitre 15 de cette seconde partie; il y verra avec quelle facilité on peut déterminer le jugement de ce délit et de tous les autres.

La mutilation est le second délit compris dans cette classe. Il faut ici faire une distinction : ou l'on a pour objet de mutiler quelqu'un, ou l'on a dessein de le tuer (1). Dans le premier cas, on se rendra coupable de mutilation, et dans le second cas, de meurtre. La qualité de ces deux délits est différente, quoique l'effet en soit le même. Le pacte qui nous oblige à ne pas enlever à un homme une partie de son existence est moins précieux que celui qui nous oblige à ne pas le tuer. D'après les principes développés ci-dessus (2), la tentative est punissable comme le crime, toutes les fois que la volonté de le commettre se manifeste par l'action que la loi a défendue.

C'est pour avoir méconnu ces principes que la législation angloise a commis sur ce sujet une absurdité révoltante. Elle prononce la peine de mort contre le crime de mutilation, lorsque l'objet du coupable est de mutiler. Mais comme elle ne punit le crime que lorsqu'il est consommé, toutes les fois

---

(1) On peut distinguer aisément l'objet de l'action par les circonstances qui accompagnent le fait. Si, par exemple, j'attache un homme à un arbre et que je lui coupe le nez, l'objet de mon action ne pourra être évidemment que la mutilation ; mais si je tire un coup de fusil à un homme qui fuit, et qu'au lieu de le tuer je lui casse un membre, il est certain que mon objet alors est, non de le mutiler, mais de le tuer.

(2) Voyez le chap. XIII de cette seconde partie.

que l'homme assassiné ne meurt pas de ses blessures, la peine de mort est commuée en une autre peine, quelle que soit la mutilation qu'a produite cet attentat. Ainsi la volonté de tuer un homme garantit un scélérat de la peine qu'il auroit subie s'il n'eût eu d'autre dessein que de le priver de quelqu'un de ses membres. La fameuse affaire du jurisnelle Coke auroit dû faire sentir au corps législatif de la nation la nécessité de réformer cette étrange disposition de ses lois (1). Elle auroit dû lui rappeler qu'il n'y a pas de proportion entre la mutilation et la peine de mort; que celui qui a mutilé, avec le dessein de tuer, doit être puni comme homicide; que celui qui n'a eu d'autre objet que de mutiler doit subir la peine destinée à l'espéce de crime qu'il a commis, parce-

---

(1) Il avoit chargé quelques assassins de tuer son ennemi; ceux-ci, après l'avoir accablé de coups sur le visage et sur la nuque du cou, le laissèrent par terre croyant l'avoir tué. Il ne mourut pas; mais son visage resta couvert de blessures, et il perdit l'usage de quelques uns de ses membres. Coke, traduit devant le tribunal comme coupable de mutilation, afin de se soustraire à la peine de mort, chercha à prouver que son projet, ainsi que celui des assassins, étoit, non de mutiler cet homme, mais de le tuer. Il prétendit qu'étant coupable d'un meurtre projeté et non consommé, il ne pouvoit être soumis à la peine de mort. Cette défense embarrassa extrémement les juges; ils furent obligés pour le condamner à la mort de déclarer que l'instrument dont s'étoient servis les assassins indiquoit que le projet de Coke étoit ou de mutiler ou de tuer son ennemi; mais que la mutilation qui en étoit résultée faisoit présumer qu'il avoit eu pour objet de le mutiler. Il fallut donc prouver qu'il étoit coupable d'un moindre crime pour le condamner à une peine plus forte.

Ce fait est rapporté par Blackstone dans une note du chap. 15 du code criminel d'Angleterre. Je ne sais pourquoi cet illustre jurisconsulte n'a pas à ce sujet démontré le vice d'une pareille loi.

que la justice et l'intérêt public exigent également, comme nous l'avons démontré (1), que la tentative du crime soit punie comme le crime lui-même, toutes les fois que la volonté se manifeste par une action que la loi a défendue. Ce principe, adopté par les législateurs de Rome (2), fut celui de Platon, quoique son respect pour la superstition populaire l'ait obligé de le sacrifier en apparence aux opinions reçues sur les démons tutélaires (3).

La simple mutilation (4) est un délit beaucoup plus grave que la privation de la liberté personnelle.

Arracher un homme à sa patrie et à la protection

____

(1) Chap. XIII.

(2) Leg. 1, §. 3, ff. *ad leg. Cornel. de sicariis.*

(3) « De vulneribus igitur ità sanciamus. Si quis voluerit cogitaveritque, amicum hominem ex iis, quos prohibet lex, interficere ; vulneraverit autem, nec interficere potuerit, hunc, omni remotâ misericordiâ, non aliter quam si vitâ privasset, dare cædis supplicium cogeremus, nisi fortunam ejus, non omninò protervam, dæmonemque coleremus, qui tam vulneratum, quàm vulnerantem misericordiâ prosecutus, infelicitati utriusque obstitit, fecitque, ne vulnus huic lethiferum, illi fortuna calamitasque execranda infligeretur. » Plat., *De legibus, dialog.* 9.

(4) Il n'est pas nécessaire d'établir une peine pour chaque mutilation de membre. Les six espèces de peines fixées pour les six degrés de délits suffiront pour avoir une proportion entre la nature de la mutilation et la peine. La législation des siècles barbares pouvoit offrir une plus grande précision, puisque, comme nous l'avons observé ailleurs, le code pénal n'étoit alors que le tarif des compositions des différents délits. L'*additio sapientium* au code des Frisons, tit. 2 et 3, contient une énumération de peines pour la mutilation de chaque doigt de la main, de chaque doigt du pied, de chaque membre du corps. On trouve la même précision dans le code des Bavarois, tit. 3 ; et dans la loi Salique, tit. 19.

des lois; le séduire par des espérances mensongères, et le vendre ensuite comme esclave; l'empêcher, lorsqu'il est loin de ses concitoyens, de retourner auprès d'eux; le dévouer, malgré lui, à certaines espèces de travaux; le tenir en chartre privée; lui enlever ainsi cette liberté personnelle dont aucun membre de la société ne peut être privé que par l'ordre des lois et par celui qui en est dépositaire: tels sont les différents délits compris sous cette dénomination.

La loi d'Athènes avoit donné, en certains cas, à l'offensé le droit de tuer l'agresseur (1). On peut voir dans le corps du droit romain avec quelle sévérité cette espèce de délit étoit punie (2). Mais en conseillant aux législateurs d'adoucir la rigueur des lois pénales sur cette matière, nous les supplions de ne pas donner eux-mêmes l'exemple de ces attentats contre les droits des hommes. Ces ordres secrets qui, dans certains pays de l'Europe, privent un citoyen de sa liberté personnelle, sans le ministère de la loi; ces corvées qui subsistent encore chez plusieurs peuples, malgré les longues et énergiques réclamations de la justice et de l'humanité; ce commerce infernal des malheureux habitants de l'Afrique, protégé par les lois mêmes qui punissent avec tant de sévérité l'enlèvement des personnes, ne

---

(1) « Si quis alium injustè vim inferentem continenti necassit, jure cæsus esto. » Demosth. *in Aristocrat.*

(2) Voyez, dans le digeste et dans le code, les différents titres, *ad leg. Jul. de vi privatâ. De privat. carceribus inhibend. ad leg. Flaviam de plagiariis.*

sont-ce pas là autant de crimes contre la liberté personnelle? Lorsque le peuple voit de tels attentats soutenus et approuvés par le gouvernement, quel respect peut-il avoir pour les lois de la nature? Pourquoi tolérer ou prescrire pour certains objets ce que l'on défend pour d'autres? pourquoi offrir au peuple des exemples de violence, tandis qu'on lui ordonne de ne pas violer les droits sacrés de la liberté? Telles sont les contradictions qu'on observe chez la plupart des nations de l'Europe.

Il existe encore parmi elles une autre contradiction également absurde; mais elle ne dépend pas du gouvernement: c'est l'opposition des lois civiles et des lois de l'opinion relativement au duel, délit qui doit être compris dans cette classe.

Je ne rechercherai pas ici quelle est l'origine de ce *point d'honneur* qui oblige un homme de venger, l'épée à la main, l'injure qu'il a reçue; je ne m'occuperai pas vainement à démontrer l'absurde inconséquence de cette loi de l'opinion, que toute la puissance de la religion, des lois, et des lumières n'ont pu anéantir; je ne répéterai pas tout ce qu'ont écrit sur ce sujet les théologiens, les moralistes, et les politiques: je me contenterai d'examiner les effets de cette erreur, et j'appliquerai à cette matière les principes que j'ai établis, pour en déduire les dispositions pénales qui s'y rapportent.

Dans le chapitre de cette seconde partie, où sont exposés les principes relatifs au crime en général. j'ai dit, en parlant de la volonté, qu'il y a quelques actions qui ne procèdent entièrement ni de la volonté, ni de la violence, mais qui participent de l'une et de l'autre, et que pour cette raison l'on appelle mixtes. J'ai dit que l'homme peut se trouver forcé, dans certaines circonstances, de choisir entre deux ou plusieurs maux, de manière à ne pouvoir se soustraire à l'un sans se livrer à l'autre. J'ai établi des régles pour déterminer en quel cas l'action contraire aux lois sera punie dans de telles circonstances, et en quel cas elle ne pourra l'être. J'ai dit, dans la troisième régle: «Dans le cas de deux ou plusieurs maux inégaux, dont le moindre porte atteinte à l'intérêt de l'homme obligé de choisir, la préférence donnée au plus grand n'est punissable que dans une seule circonstance; c'est lorsque le mal personnel qu'on évite est très léger, très supportable; et celui qu'on choisit, très sensible et très préjudiciable à tout le corps social ou à quelque individu. (1) »

Faisons maintenant l'application de ce principe à l'objet qui nous occupe, et voyons dans quelles circonstances se trouve l'homme que la loi de l'opinion frappe d'infamie, s'il ne lave pas dans le sang de son ennemi l'outrage qu'il en a reçu. Recourir à la violence ou à la force individuelle pour venger une injure, c'est sans doute violer le pacte qui nous oblige à chercher dans la force publique la réparation des maux qui sont nés de la violence particulière. Recourir au contraire à cette force publique lorsqu'on a été insulté, c'est violer la loi de l'opinion;

---

(1) Chap. XIII.

c'est se dévouer à la peine la plus douloureuse qu'un homme d'honneur puisse subir; c'est être déshonoré. L'opinion, dans ce cas, ordonne à l'offensé de se battre avec l'agresseur: le duel est l'unique moyen par lequel il puisse repousser l'injure qu'il a reçue. Ces faits établis, je demande s'il peut être puni pour avoir employé ce moyen. L'offensé, obligé de choisir entre ces deux maux, est-il punissable parcequ'il a préféré le duel? En renonçant à cette réparation illégale, ne se couvrira-t-il pas d'une ignominie éternelle? et l'ignominie n'est-elle pas le plus grand de tous les maux pour un homme d'honneur? La religion et la morale ont sans doute assez de puissance pour le mettre au-dessus des atteintes de l'opinion ; mais je prie le lecteur de se rappeler ce que j'ai dit plus haut, que si les lois doivent inspirer la force d'ame, elles ne peuvent l'exiger.

D'après ces réflexions, il est aisé de sentir quelles seroient sur cet objet les dispositions d'un système de lois raisonnable. On puniroit le duel dans la personne de l'agresseur ; on le laisseroit impuni dans celle de l'offensé. Mais si le duel est suivi de la mort ou de la mutilation de l'un des combattants, qu'ordonnera la loi? Elle établira une différence dans la peine ; elle placera l'homicide ou la mutilation dans l'un des trois degrés de faute, lorsque le mutilateur ou l'homicide est l'offensé ; et dans l'un des trois degrés de dol, lorsqu'il est l'agresseur. Comme il peut y avoir un duel sans mutilation et sans mort, toutes les fois qu'il arrive un de ces maux on doit supposer qu'il y a dol ou faute; dol de la part de l'agresseur, parceque c'est lui qui a occasioné le duel; faute de la part de l'offensé, parcequ'il pouvoit peut-être ne pas mutiler ou tuer son ennemi. On ne doit supposer ici que la faute, parceque l'action qui a produit l'un de ces deux maux n'a pas été entièrement libre; parceque l'offensé a été, pour ainsi dire, forcé de recourir au duel. Par les circonstances qui l'ont accompagné, les juges du fait pourront prononcer sur le degré de faute où l'on doit placer l'un et l'autre délit de l'offensé, et sur le degré de dol où doit être placée l'action semblable de l'agresseur. Enfin celui des deux qui aura violé les lois de l'honneur relatives au duel sera puni comme assassin. L'offensé n'aura dans ce cas aucun avantage sur l'agresseur, parceque son peu de respect pour l'opinion prouve qu'il ne peut plus offrir à la loi le motif qui en réclamoit l'indulgence.

Telles devroient être les dispositions de la jurisprudence criminelle relativement au duel, jusqu'à ce que l'on eût corrigé l'opinion qui l'ordonne. Les moyens dont on pourroit se servir pour produire ce changement de l'opinion n'entrant pas dans le plan de cette théorie des lois criminelles, je m'arrêterai sur cet objet dans le livre suivant, relatif à l'éducation, aux mœurs, et à l'instruction publique (1).

____

(1) En rapportant ici les différentes espèces de délits contre la vie et l'honneur des particuliers, je n'ai point parlé des coups de bâton. La raison en est simple : ces excès annoncent, ou que le dessein de l'agresseur a été de tuer, ou qu'il a voulu priver l'offensé de l'usage de quelque membre. Le délit sera donc regardé, d'après les principes établis ci-dessus, ou comme un homicide, ou comme une mutilation. Mais si les circonstances de l'action indiquent que l'objet de l'agresseur étoit, non d'estropier son ennemi, mais de lui faire un outrage, en ce cas le délit doit être placé dans la classe suivante.

CHAPITRE XXVIII.

HUITIÈME CLASSE.

Des délits contre la dignité du citoyen, ou des insultes et des
outrages.

Aux régles générales par lesquelles nous avons
déterminé les circonstances qui doivent indiquer
aux juges la gravité du délit nous devons en ajouter une autre, concernant les délits auxquels l'opinion attache une valeur accidentelle. Tels sont ceux
que je vais comprendre dans cette classe.

Toute violence exercée sur un homme par son
semblable, tout outrage, toute injure est un délit.
Battre un homme, l'offenser par des paroles ou par
des actions, c'est commettre des attentats qu'on a
punis chez tous les peuples et dans tous les temps;
mais cette espéce de délit n'excitoit pas chez les
anciens la même sensation qu'il excite chez les modernes; elle ne produit pas aujourd'hui les mêmes
effets chez toutes les nations, et, dans la même nation, sur toutes les classes de la société. L'illustre
Athénien qui répondit froidement à celui qui le
menaçoit, *Frappe, mais écoute,* seroit un homme
déshonoré chez la plupart des peuples modernes de
l'Europe; et toutes les victoires d'Agrippa ne suffi-

roient pas pour le laver de la honte de sa modération (1).

L'opinion, que les lois peuvent diriger, mais
qu'elles ne peuvent contraindre, couvre aujourd'hui
d'une ignominie ineffaçable l'offensé qui n'a pas
vengé son injure ; elle lui enléve tout d'un coup
cette considération dont il avoit joui jusqu'alors. Au
mal physique que reçoit l'offensé se joint encore
le mal bien plus terrible de l'opinion. Mais ce mal,
comme je l'ai dit, n'a pas la même intensité pour
toutes les classes de la société. Il s'accroît à mesure
que la condition de l'offensé est plus relevée ; il diminue à mesure que son état est moins distingué :
c'est ainsi que, s'affoiblissant peu-à-peu, il arrive
vers le peuple avec le moindre degré possible de
force. La valeur du bien détermine toujours la valeur de la perte. La perte de la considération est un
mal plus ou moins sensible pour l'homme offensé,
suivant que cette considération est plus ou moins
grande. Le pacte que l'on viole par une insulte n'é-
tant pas également précieux pour toutes les classes
de la société, la punition n'en doit donc pas être
également sévère.

Cette conséquence est naturelle, elle est conforme
aux principes qui doivent diriger la sanction pénale.
Mais on pourroit faire ici une objection ; on pourroit dire : Tous les membres de la société ont un
droit égal à la protection de la loi. Si un certain

---

(1) Il souffrit patiemment au milieu d'un repas public que le fils
de Cicéron lui jetât une coupe à la téte.

nombre d'entre eux peut nuire à tous les autres avec beaucoup moins de danger que ceux-ci ne pourroient le faire, dans ce cas l'avantage résultant de la société ne sera pas le même pour tous : une partie de ses membres opprimera l'autre ; l'égalité de protection sera détruite. Quelle que soit la constitution du gouvernement, la société se divisera alors en deux classes ; en oppresseurs et en opprimés. Au sein même de la liberté on éprouvera tous les maux du despotisme ; on le verra, pour ainsi dire, sortir de dessous terre, et renverser dans sa marche impétueuse tous les appuis de la sûreté publique.

Tels sont les maux qu'on attribue à l'inégalité des peines. On cessera d'en être effrayé, dès que l'on aura senti que le principe lumineux et incontestable dont on a tiré toutes ces conséquences n'est pas applicable à la question dont il s'agit ici.

Sans doute l'égalité de protection est l'objet le plus important de l'ordre social : je ne pourrois le nier sans renoncer à tous les principes que j'ai établis dans cet ouvrage. Ce seroit raisonner contre l'expérience de tous les siècles, que de contester les funestes effets de la partialité des lois. Mais qu'il me soit permis d'observer que ces inconvénients ne peuvent exister, lorsque l'outrage fait à un noble sera puni plus sévèrement que l'outrage fait à un homme du peuple. Si ces deux maux étoient semblables, la loi, qui considère du même œil tous ceux qui osent violer ses décrets, devroit punir de la même manière celui qui offense un noble, et celui qui offense un homme du peuple. Mais si la loi de l'opinion, qui

rend ces deux maux inégaux, donne à ces deux délits une valeur différente; si le noble qui n'a pas
été vengé de l'outrage qu'il a reçu doit s'éloigner
de la société de ses concitoyens, et s'exiler lui-même,
afin de se soustraire au mépris général qui l'environne; et que l'homme du peuple outragé ne perde
rien de l'espèce de considération dont il jouissoit
auparavant, il est évident que dans ce cas l'inégalité
de peine ne détruit pas l'égalité de protection. C'est
l'inégalité de délit, non l'inégalité de condition,
qui produit cette différence de peine; parceque,
s'il existoit une seule peine, l'homme du peuple
courroit le même danger en faisant au noble le plus
grand mal, que celui-ci en faisant à l'homme du
peuple le moindre mal possible.

Après avoir répondu à l'objection que l'on pourroit faire, établissons la règle qui a été le motif de
cet examen. Le législateur devroit l'énoncer en ces
termes: « Toutes les fois qu'il s'agira d'outrages infamants, la condition de l'offensé concourra avec les
autres circonstances comprises dans les règles générales, pour déterminer la gravité du délit et le
degré de peine qui lui est relatif. En adoptant ces
idées, et les appliquant à l'objet dont il est question,
on fixera trois sortes d'état; celui des nobles, celui
des simples citoyens, celui du peuple. On établira
pour ces délits huit degrés de peine. Toutes les autres circonstances égales, l'outrage fait à un homme
du peuple sera puni par la peine établie contre le
moindre degré de faute. Si cet outrage est fait à un
citoyen d'une condition moyenne, il sera puni par

la peine établie contre le degré moyen de faute. S'il est fait à un noble, par la peine établie contre le plus grand degré de faute. Les deux degrés de peine, joints aux six degrés qui ont lieu dans tous les délits, serviront à déterminer la différence de la peine produite par la condition de l'offensé dans tous les outrages relatifs aux deux derniers degrés de dol. »

Le lecteur, qui se rappelle ce que j'ai dit dans les chapitres XIV et XV de ce livre, sentira aisément l'application de cette règle. Je ne l'ai pas ci-dessus jointe aux autres, parcequ'elle ne peut, comme elles, exister pour tous les délits, pour tous les peuples, pour tous les gouvernements, et dans tous les siècles. Elle n'est relative qu'aux peuples chez lesquels la loi de l'opinion dont j'ai parlé subsiste dans toute sa force, et aux gouvernements qui admettent la distinction d'états que j'ai énoncée. Cette règle éprouvera des modifications dans le code criminel, dès que les progrès de la raison auront modifié l'opinion qui la rend aujourd'hui nécessaire.

Il faudroit parler maintenant de la différence de ces délits. Mais comment déterminer ici, d'une manière générale et absolue, quels sont les délits les plus graves, et quels sont les délits les plus légers? Il n'y a peut-être pas deux peuples qui aient les mêmes idées sur la nature comme sur la valeur relative de différentes sortes d'insultes. Un homme injurié dans un pays ne le sera pas dans un autre; ce qui sera chez un peuple le plus grand des outrages sera chez un autre peuple la moindre des insultes : un propos insolent à Paris ne sera qu'un mot indifférent à Londres, et réciproquement. Comme il n'est pas possible de classer ces délits selon leur valeur relative, qui dépend de leur *qualité*, il faut laisser à chaque législateur le soin de déterminer cette opération, en se conformant à l'opinion particulière de chaque peuple. C'est ainsi qu'il prononcera sur les actions que l'on doit regarder comme outrageantes, et qu'il en fixera la valeur relative. Quant aux peines propres aux différents degrés de chacune de ces actions, il adoptera la régle proposée ci-dessus, si le motif qui la fait établir existe parmi son peuple ; et si ce motif n'existe pas, il fixera ces peines d'après les principes généraux que j'ai établis.

Voilà tout ce que la généralité de mon plan me permet de dire sur cette classe de délits. Je passe aux délits contre l'honneur des citoyens, que j'ai séparés de ceux-ci, parcequ'ils ne doivent pas être soumis à la même exception.

CHAPITRE XXIX.

NEUVIÈME CLASSE.

Des délits contre l'honneur du citoyen.

On doit sentir, après la lecture des chapitres précédents, qu'il ne peut y avoir dans cette classe que les délits qui blessent la réputation du citoyen. Examinons d'abord l'importance et la qualité de cette espéce d'attentats.

Dans le nombre des besoins que la société a ajoutés à ceux de la nature, le plus grand, le plus impérieux peut-être est l'estime de ceux qui nous environnent. L'homme solitaire a dans son cœur le germe de cette passion ; mais elle ne peut se développer que dans le commerce de ses semblables. Dès l'instant qu'il devient époux, père et maître, il commence à sentir les premières impressions d'une estime qui rend plus doux à son cœur les plaisirs de l'amour, de l'obéissance, et du respect. Lorsque la société est établie, lorsqu'il est devenu citoyen, ce besoin se développe et se renforce avec les causes qui en rendent l'objet plus précieux. Le sentiment de son mérite personnel ne suffit plus pour exciter en lui les plaisirs qui doivent constituer son bonheur. Agité par toutes les affections sociales, il ne peut plus goûter les charmes d'un sentiment tranquille et qui ne s'élance pas au-dehors. Sa propre estime ne peut le dédommager des sacrifices de la vertu. Tous ses efforts auront alors pour but de déterminer en sa faveur l'opinion des autres hommes; et il sera bien moins sensible au plaisir de la mériter qu'à l'avantage de l'obtenir. L'apparence de la vertu sera donc préférée à la vertu même, et l'existence morale de l'homme dépendra entièrement de l'opinion de ses semblables.

Tel est le prix que les hommes attachent à ce qu'ils appellent estime et réputation; et telle est la mesure du mal qu'on leur fait en enlevant cette propriété sociale. Les moyens par lesquels un homme peut nuire ainsi à son semblable sont en très grand nombre; mais il n'y en a que deux qui puissent être soumis à la sanction des lois : ce sont les libelles et les calomnies publiques. Le gouvernement ne doit pas sans doute établir une inquisition secréte pour défendre l'honneur des citoyens. Le reméde seroit, dans ce cas, bien plus funeste que le mal. La loi doit se contenter de punir les attentats manifestes contre l'honneur des citoyens, et abandonner à la morale et à la religion les injures particulières, qu'elle ne pourroit s'occuper à poursuivre sans détruire ou affoiblir la liberté civile.

Les libelles et les calomnies publiques ont été punis par les lois de tous les peuples où la licence n'a pas été confondue avec la liberté. Les lois des douze tables prononcèrent contre ce délit une peine afflictive et infamante (1). Les édits des pré-

____

(1) « Si. qui. pipul. occentassit. carmen. ve. condisit. quod.

teurs (1), la loi Cornelia, et les sénatus-consultes qui lui donnèrent plus d'étendue (2) ; les réponses des jurisconsultes (3) et les constitutions des empereurs (4), prouvent que la législation romaine regardoit ce délit comme digne d'exciter toute sa vigilance.

Il y avoit à Athènes une accusation propre à cette espéce de délit (5). Le détracteur étoit appelé en jugement ; et s'il ne pouvoit prouver la vérité de ce qu'il avoit dit ou écrit contre l'honneur de quelqu'un, il étoit condamné à la peine établie par la loi (6). Afin de prévenir l'abus que les poëtes avoient introduit au théâtre de déshonorer les personnes qu'ils

---

infamiam. faxit. flagitium. ve. alteri. fuste. ferito. » Cette disposition des lois des douze tables nous a été transmise par Cicéron dans son ouvrage *de Republicâ*, lib. IV ; et par le jurisconsulte Paul, *Receptarum sententiarum*, lib. V, tit. 4, §. 6. Il faut observer qu'*occentare pipulo*, dans l'ancien langage, c'est la même chose que *publicè convicium facere. Occentassint antiqui*, dit Festus, *dicebant quod nunc convicium fecerint dicimus*. Comme cette loi ne concerne que les attentats manifestes contre l'honneur du citoyen, elle s'adapte parfaitement à nos principes.

(1) Leg. item. 15, §§. 25 et 27, ff. *de injuriis*.

(2) Leg. 5, §. 10, et leg. 6, ff. *de injuriis* ; Paul. *receptar. sententiar.*, lib. V, tit. 4.

(3) Voyez dans le digeste le titre entier *de injuriis*.

(4) Voyez les constitutions des empereurs dans le code Théodosien, au titre *de famosis libellis* ; et la loi unique du code, au même titre. Je suis très-éloigné d'approuver la peine capitale prononcée par cette loi contre ce délit.

(5) « Accusationem lex tribuit contrà eum qui aliquod probrum alicui objecerit, quod apertè demonstrare nequeat. » Dion Chrysostome, *orat.* 15.

(6) « Qui de alio detraxerit, ni probarit verum esse quod objecit, probrum, mulctator. » Voyez cette loi de Solon, dans la harangue 1 de Lysias, *in Theomnestum*.

n'aimoient pas, en les désignant, sans les nommer, sous le caractère de l'un des interlocuteurs, on proscrivit, avec l'ancienne comédie, tous ces exemples de licence; et Ménandre excita autant d'admiration dans la nouvelle, qu'Aristophane avoit inspiré d'épouvante dans l'autre.

Enfin si nous tournons nos regards vers cette nation où la liberté d'écrire a été plus respectée que chez aucun peuple ancien et moderne, nous y verrons les libelles proscrits par les lois, et punis à proportion de la perversité qui les a dictés. En Angleterre, l'auteur d'un libelle infâmant est puni, quoiqu'il ne soit pas calomnieux. La vérité de ses assertions ne le dérobe pas à la rigueur du châtiment, comme cela se pratiquoit à Athènes. Son écrit est, aux yeux de la loi, une accusation illégale, destinée à troubler la tranquillité du citoyen, puisque ce n'est pas une accusation judiciaire qui ait pour objet de priver la société du méchant qui s'occupe à lui nuire. Voilà pourquoi le libelliste est puni, lors même qu'il n'est pas calomniateur. Je préfèrerois cependant à cette disposition des lois angloises celle de la législation d'Athènes. J'aimerois mieux qu'on établît, pour peine du libelle et de la détraction calomnieuse, l'infamie et la perte perpétuelle de la liberté; que chaque citoyen pût avoir le droit d'en appeler l'auteur en jugement, pour l'obliger à démontrer la vérité de ses assertions, et qu'au défaut de preuves, il fût condamné à la peine proposée. Mais je ne crois pas qu'il fût juste et utile de punir la simple médisance. Le législateur ne doit pas s'ef-

frayer de cette censure privée: loin d'être funeste,
elle sera très utile aux mœurs publiques; elle enchaî-
nera le vice, en épouvantant l'homme vicieux. La
loi, ne pouvant établir des peines que contre les
délits, ne doit pas renoncer aux moyens qu'une force
étrangère peut lui fournir contre le vice qui n'est pas
soumis à sa sanction; elle doit uniquement prévenir
l'abus de ces moyens, comme je l'ai dit, et punir le
calomniateur. La peine que j'ai proposée devroit
être établie contre ce délit au plus haut degré de
dol. On l'adouciroit pour les autres degrés; et le
législateur verroit ainsi la sanction pénale se proportionner d'elle-même aux différents degrés de dol
ou de faute dont ce délit est susceptible.

CHAPITRE XXX.

DIXIÈME CLASSE.

Des délits contre la propriété du citoyen.

Il n'y a point d'espèces de délits sur lesquels les lois des peuples anciens et modernes aient plus varié que sur ceux qui ont pour objet les attentats à la propriété. Nous voyons les lois d'Égypte tolérer les vols faits avec adresse(1); nous les voyons applaudis à Sparte(2). Athènes punit d'abord par la perte de la vie toute espèce de larcin(3); elle adoucit ensuite cette sévérité de ses lois, et conserva la peine de mort pour les cas qui sembloient le moins l'exiger. La loi de Solon condamnoit le voleur à la restitution du double, quand le propriétaire avoit recouvré la chose perdue; et au paiement du décuple, lorsque l'objet n'avoit pas été restitué. On joignoit à cette peine pécuniaire une peine afflictive de peu de durée, lorsque les héliastes l'ordonnoient(4).

---

(1) « Satius lator legis esse duxit (quum impossibile esset furta prohiberi), potius alicujus portionis, quam totius rei amissæ, homines jacturam pati. » Diodore de Sicile, *rer. antiq.*, lib. II, cap. 3.

(2) Plutar., *in vitâ Licurg.*

(3) Cette loi de Dracon fut modifiée ensuite par Solon. *Vid* Plutar. *in Solone*, et Aulu-Gell., lib. XI, cap. 18.

(4) « Si furtum factum sit, et quod furto perierat, receperit dominus, duplione luito furtum qui fecit, et quorum ope consilio-

Si la valeur de la chose dérobée excédoit une certaine somme, la peine étoit beaucoup plus rigoureuse (1) : le voleur étoit, dans certains cas, puni de mort (2). Le moindre vol commis dans le lycée, dans l'académie, dans les gymnases, dans les bains, sur les ports, dans le cynosarge, étoit puni par la mort (3); le vol fait avec violence n'étoit puni au contraire que par le simple paiement du double au propriétaire, et le paiement du double au trésor public (4).

La législation romaine, quoique plus modérée, n'offre pas des dispositions moins absurdes. Nous avons encore les lois des douze tables relatives à cet objet. Le voleur nocturne pouvoit être tué impu-

---

que fecit, decuplione vindicator; ni dominus rem furtivam receperit; in nervo quoque habetor dies ipsos quinque, totidemque noctes, si heliastæ pronuntiarint. » *Solonis lex*, ex Aulu-Gell., lib. X, cap. 18.

(1) « Si quis interdiu furtum, cujus æstimatio sit suprà quinquaginta drachmas, faxit, ad undecimviros rapitor; si nocte furtum faxit, si eum aliquis occisit, jure cæsus esto, aut vulneravit fugientem, sine fraude esto, aut rapitor ad undecimviros; manifestum hujusmodi furtum qui faxit, etiam si vades dederit, non noxa facta sarcitione, sed morte luito. » Demosth. *Timocrat.*

(2) « Manifesti saccularii morte luunto. » Xenophon. « Vecticularii manifesti morte luunto. » *Idem.*

(3) « Si quis item è lyceo, aut academiá, aut cynosarge, vestem, aut lagunculam, aut quidquam aliud minimi pretii, aut supellectilem è gymnasiis, aut portubus surripuerit, suprà decem drachmas; huic quoque mors pœna esto. » Demosth., *ibid.*

(4) « Qui per vim aliquid abstulerit, in duplum tenetor ei, à quo per vim abstulerit. In duplum quoque ærario publico tenetor. » Demosth. *Midiana.*

nément (1); le voleur de jour pouvoit l'être aussi, lorsqu'il attaquoit le propriétaire avec des armes, et que celui-ci demandoit du secours avant de lui ôter la vie (2). Le vol *simple* et *non manifeste* étoit puni par le paiement du double (3); le vol *simple* mais *manifeste* étoit puni, dans un citoyen, par la fustigation et l'esclavage; dans un esclave, par la fustigation et la mort (4). On regardoit le vol comme *manifeste*, non seulement lorsque le voleur étoit pris sur le fait, mais lorsqu'on retrouvoit chez lui, avec les formalités prescrites, la chose dérobée (5).

---

(1) « Sei. nox. furtum. faxit. si. im. aliquis. occisit. jure cæsus. estod. » Macrob. *Saturn.*, lib. I.

(2) « Si. se. telo. defensit. quiritato. endo. que. plorato. post. deinde. si. cæsi. ascint. se. fraude. estod. » Ce fragment a été conservé par le jurisconsulte Caïus, lib. VII, *ad edictum provinciale*. Il est cité dans la loi 4, §. 1, ff. *ad leg. Aquil.* Cicéron en parle dans sa harangue pour Milon.

(3) « Si. adorat. furto. quod. nec. manifestum. escit. duplione. decidito. » Voyez Festus, aux mots *nec* et *adorare*. En rapportant cette loi, il donne au mot *adorare* le même sens qu'au verbe *agere*. Rien n'est plus bizarre que la distinction établie par les lois d'Athènes, comme par celles de Rome, entre le vol *manifeste* et le vol *non manifeste*. Suivant le jurisconsulte Paul, *Receptarum sententiarum*, lib. II, tit. 21, §. 2, on appeloit voleur *manifeste* celui qui étoit pris sur le fait; et *non manifeste* celui qui, sans être pris sur le fait, ne pouvoit nier d'avoir commis le délit.

(4) « Si. luci. furtum. faxit. si. im. aliquis. endo. ipso. capsit. verberator. illi. que. cui. furtum. factum. escit. addicitor. Servus. virgis. cæsus. saxo. dejicitor. » Cette loi nous a été transmise par Aulu-Gelle, lib. II, cap. ult. Ce texte confirme l'idée que nous avons donnée du vol manifeste et du vol non manifeste. Les mots *Si. im. aliquis. endo. ipso. capsit.* désignent le voleur surpris en flagrant délit. *Si eum aliquis in ipso (id est furto) deprehenderit.*

(5) « Sei. furtum. lance. licio. que. conceptum. escit. uti. manifestum. vindicator. » Aulu-Gelle, lib. XI, cap. ult., et lib. XVI,

Cette distance énorme entre la peine du vol manifeste et celle du vol non manifeste ; cette différence entre deux délits accompagnés des mêmes circonstances, produits par la même cause, et suivis des mêmes effets, montre assez l'absurdité de cette loi : elle étoit cependant moins déraisonnable et moins cruelle que ne l'est notre législation moderne sur le vol.

Les lois postérieures de Rome offrent, avec quel-

---

cap. 10. Ce texte me rappelle les idées que j'ai développées dans le chap. XI de ce livre, où j'ai dit que les *actes légitimes* n'étoient que les symboles de ce qui s'étoit réellement pratiqué parmi les hommes dans l'état de barbarie primitive, lorsque le droit appelé *jus minorum gentium*, ou *de violence privée*, existoit encore. Cette formalité, nécessaire pour reprendre légitimement dans la maison du voleur la chose dérobée, formalité qui est indiquée par ces paroles, *lance licioque conceptum*, n'étoit autre chose que le symbole de ce qu'on faisoit dans l'ancien état de la société, lorsque la protection des choses et des droits étoit confiée aux forces de chaque individu ; lorsque l'homme volé étoit obligé de poursuivre lui-même le voleur pour recouvrer son bien, et repousser l'injure qu'on lui avoit faite. Il entroit dans la maison de celui qu'il avoit quelque motif de croire coupable, dépouillé de tous ses vêtements, afin qu'on ne pût pas le soupçonner d'avoir sur lui ce qu'il prétendoit lui avoir été enlevé. Une partie de son corps étoit couverte d'un morceau d'étoffe, et il portoit devant les yeux un plat ou bassin, afin de ne pas voir les femmes qui pouvoient se trouver dans la maison. « Lance, *dit Festus*, et licio dicebatur apud antiquos, quia qui furtum ibat quærere in domo alienā, licio cinctus intrabat, lancemque ante oculos tenebat, propter matrum familias aut virginum præsentiam. » Cet usage que le besoin avoit introduit devint dans la suite un *acte légitime*, une solennité légale. Platon rapporte un usage semblable qui existoit chez les Grecs dans les temps héroïques. Lib. XII, *De legibus*. Je prie le lecteur de me pardonner cette digression, à laquelle m'a conduit le souvenir des idées que j'ai exposées plus haut.

ques modifications imparfaites, un nombre considérable de distinctions plus dignes d'un casuiste que
d'un législateur. On conserva la distinction entre le
vol manifeste et le vol non manifeste ; mais la différence de la peine fut réduite au paiement du quadruple dans le premier cas , et du double dans le
second (1).

Le temps (2), le lieu (3), la manière de commettre
le vol (4), les circonstances (5), la qualité du coupable (6), la réitération des actes (7), la qualité, la valeur (8) et la nature des choses dérobées (9), firent
naître une foule de dispositions et de lois, dont un
grand nombre étoient privées de toute sanction ; car

---

(1) Aulu-Gell., lib. II, cap. *ult.* ; et *Instit.*, lib. IV, tit. 1, §. 5.

(2) Leg. 1, ff. *de furib. baln.* ; leg. 3, §. *ult.*, ff. *de offi. præf.
vigil.* ; leg. 6, *pr.*, *ad leg. Jul. pecul.* ; leg. 1, ff. *de effract. et expil.* ;
leg. 2, ff. *eod.*

(3) Leg. 1, ff. *de furib. baln.* ; leg. 2, ff. *eod.* ; leg. 1, ff. *de abig.* ;
leg. *ult.*, ff. *eod.* ; leg. 16, §. *locus*, et §. *ult.*, ff. *de pœn.*

(4) Leg. 1, §. *ult.*, ff. *de effract. et expil.* ; leg. *ult.*, ff. *eod.* ; leg.
pœn., ff. *ad leg. Jul. de vi publicâ* ; leg. 28, §. *famosos*, ff. *de pœn.* ;
leg. 7, ff. *de exter. crimin.* ; leg. 3, ff. *ad leg. Cornel. de sicar.* ; leg.
13, ff. *eod.* ; leg. 4, *et seq. Cod. de malef. et mathemat.*

(5) Leg. 1, §. 1, ff. *deposit.* ; leg. *de eo* 18, ff. *eod.* ; leg. 1, ff. *de
incend. ruin. naufrag.* ; leg. 3 et 4, ff. *eod.* ; leg. 3, §. 3, ff. *ad leg.
Jul. de vi publicâ* ; leg. 1, §. 1, *et ult.*, ff. *ad leg. Jul. de vi privatâ.*

(6) Leg. 3, ff. *de furib. baln.*

(7) *Argum. leg. eum qui* 14, §. *idem dicunt*, ff. *de furt.* ; leg. *ult.*,
§. *qui sæpiùs*, ff. *de abig.* ; leg. 8, §. 1, *cod ad leg. Jul. de vi publicâ* ;
leg. 28, §. *grassatores*, ff. *de pœn.*

(8) Leg. 4, ff. *de incend. ruin. naufrag.* ; leg. *de subtract. cod. de
naufrag.* ; leg. *aut facta*, 16, §. *quantitas*, ff. *de pœn.* ; leg. 1, §. *sed
et qui porcam*, ff. *de abig.*

(9) Leg. 1, leg. 4, leg. 5, leg. 9, ff. *ad leg. Jul. pecul.* ; leg. 1, ff.
de abig. ; leg. *ult.*, ff. *de abig.*

la plupart des cas de cette espéce étoient abandonnés
à la volonté du juge (1). La loi de Justinien qui défendoit de punir par la mutilation ou la mort le vol
commis sans armes et sans violence (2) semble indiquer que le juge pouvoit, à son gré, avant ce
temps, soumettre ce délit à l'une et à l'autre de ces
peines.

Quels que soient, au reste, les vices de la législation ancienne sur cet objet, nous serons obligés de
rougir en les comparant à ceux de la législation
moderne. Tous les reproches qu'on pourroit faire à
cette partie des codes criminels de l'Europe ne suffiroient pas pour en exprimer l'injustice. Il semble
que presque tous nos législateurs aient voulu balancer le peu de sûreté que les lois civiles offrent à la
propriété, par la rigueur excessive des lois criminelles ; il semble qu'à l'exemple du féroce Dracon,
ils aient quelquefois déployé tous les efforts de leur
imagination pour s'écarter de la justice et de l'humanité.

Les lois romaines vouloient que le vol domestique
fût puni moins sévèrement que toute autre espéce
de vol (3) : les codes de la plus grande partie des
peuples modernes prononcent contre ce délit la
peine de mort. La peine du vol avec effraction est
la mort ; la peine du vol fait avec des armes sur un

---

(1) Leg. ult., ff. de priv. dil. ; leg. interdum, 56, §. 1, ff. de furt. ;
leg. ult., ff. eod.

(2) Novell. 134, cap. ult.

(3) Leg. perspiciendum, §. furta, ff. de pœn. ; leg. 17, leg. 36,
§. 1 ; leg. 52, leg. 89, ff. de furt. ; leg. 4, cod. de patriâ potestate.

3. 21

grand chemin est la mort; la peine du vol sacrilége
est la mort; la peine du vol commis dans un incendie
ou dans un naufrage est la mort; la peine du vol
simple, pour la troisième fois, est la mort; la peine
de *l'abigeat* ou du vol de bestiaux est la mort. Dans
quelques pays où les lois de la chasse existent encore,
celui qui tue ou enlève une bête fauve dans la forêt
d'autrui est condamné à mort. La mort, la mort, et
toujours la mort !

François, Espagnols, Allemands, Italiens, voilà
donc les lois qui garantissent vos propriétés(1)! La
douce mais puissante influence des lumières et des
mœurs n'a pu donc encore anéantir ces restes honteux de votre antique férocité! Ces mœurs, ces lumières, font taire vos lois; mais elles les laissent
subsister. Le magistrat est sans cesse forcé d'opposer
sa pitié à l'oracle tyrannique qui veut le diriger.
La vérité doit être cachée, doit être trahie dans les
jugements, parceque les lois ont violé la justice;
l'impunité du coupable est souvent l'unique vœu
du juge, parceque la peine est atroce; les lois s'a-

______

(1) Voyez, pour la France, Baron, *Instit.*, tit. *de furt.*; Domat, *Supplément au Droit public*, liv. III, tit. 8; et le *Code de
chasses*, 2 vol. in-12, Paris, 1734. Pour l'Espagne, Diarius, *Pr
crim.*, cap. 84, n. 2. Pour l'Allemagne, Anton. Mathæ., *in Comment.*, *ad lib. dig.* 47, tit. 1, *de furtis*; et la loi de l'empereur Frédéric, qui prononce la peine de mort pour un vol de cinq sous;
Constit. de pac. ten. et ej. viol. Pour l'Italie, *Constit. Mediol.*, tit. de
pœnis, §. *si quis fecerit robariam*; le statut de Mantoue, *rubric. de
furibus et latronibus.* L'esprit de justice et d'humanité de Pierre-
Léopold-Joseph d'Autriche a fait disparoître ces atrocités du code
criminel de Toscane.

néantissent, parcequ'on veut les soutenir pas la barbarie. Et vous, libres citoyens de la fière Angleterre, vous qui tant de fois avez fait couler le sang sur les marches du trône pour recouvrer votre liberté, vous respectez encore les lois de vos tyrans! vous rendez encore un vil hommage aux restes de votre servitude! Vous qui avez élevé la dignité du citoyen jusqu'au niveau de la souveraineté dont il est une partie, vous conservez encore la loi qui condamne à la mort ce membre de la souveraineté parcequ'il a tué ou dérobé un lièvre destiné aux plaisirs d'un propriétaire oisif et ennuyé (1)! Vous qui avez appelé dans votre patrie les richesses des deux hémisphères, vous n'avez pas encore fait disparoître de votre code l'ancienne loi qui prononce la peine de mort contre le vol d'une valeur de douze sous (2)! Vous qui, en proscrivant l'ancien culte, n'avez pas réformé l'abus des immunités, vous avez exclu du *privilége du clergé* (*benefit of the clergy*) toutes les espéces de vols, pour vous priver encore de ce reméde, abusif sans doute, mais nécessaire ici contre l'atrocité de pareilles

---

(1) Statut 9 de George Ier, chap. 22.

(2) L'ancienne loi des Saxons punissoit le vol simple par la mort, lorsqu'il excédoit la valeur de douze sous; mais le coupable pouvoit échapper à la peine par une commutation pécuniaire. Dans la neuvième année du règne de Henri Ier, on abolit ce privilége de racheter sa vie: la peine de mort subsista, et elle subsiste encore. Voyez le Glossaire de Henri Spelman, page 350. Les jurés, pour empêcher qu'on ne conduise au gibet une personne coupable d'un délit si léger, font tout ce qu'ils peuvent pour placer la valeur de la chose volée au-dessous de douze sous; c'est par un parjure qu'ils arrêtent l'injustice de la loi.

lois (1)! Vous qui, dans les jugements criminels, avez protégé par tant de lois la sûreté de l'homme, vous méprisez sa vie au point de la lui arracher, dans certains cas, pour un vol de cinq sous (2)! Quel motif pourroit donc justifier tant d'horreurs? quel prétexte pourroit vous garantir des reproches de tous ces peuples que vous méprisez? Vous êtes vos propres souverains, vos législateurs; vous jouissez du droit précieux de créer et d'abolir vos lois; vous ne pouvez pas, comme d'autres peuples, attribuer vos maux à l'indifférence, à l'oubli de ceux qui gouvernent. C'est donc avec raison que la philosophie attend de vous l'exemple d'une réforme si nécessaire et si desirée.

Il ne faut pas, à l'exemple des législateurs et des interprètes du droit, confondre ici des actions différentes, et distinguer des actions semblables. Je ne

---

(1) Le vol d'un cheval, d'un mouton, ou de quelque autre espèce de bétail indiquée par la loi; le vol d'une pièce de laine ou de toile dans une manufacture; le vol commis dans un bâtiment naufragé ou sur un fleuve navigable, lorsque la valeur de l'objet est au-dessus de quarante schellings; le vol de lettres-de-change envoyées par la poste; le vol d'un daim, d'un lièvre, d'un lapin dans les circonstances indiquées par l'*acte noir*; le vol d'une chose au-dessus de douze sous dans une église, dans une maison, dans une cabane; le vol fait avec effraction d'une chose au-dessus de cinq sous, ou fait sans effraction dans un magasin, dans une écurie, dans une boutique; le vol fait à quelqu'un et sans violence, lorsqu'il excède la valeur de douze sous : tous ces délits sont exclus du *privilège du clergé*. Voyez le statut 1 d'Édouard VI; le statut 22, chap. 3, de Charles II; le statut 12, chap. 18, d'Anne; le statut 9, chap. 22, de George Ier; le statut 14, chap. 6, et le statut 24, chap. 45, de George II; le statut 7, chap. 50, de George III, etc.

(2) Voyez les cas cités dans la note précédente.

parlerai donc pas de ces délits qui, quoiqu'ils aient pour objet l'usurpation du bien d'autrui, ont néanmoins un rapport plus direct avec les autres classes de délits où je les ai renfermés ; et en traitant ici du vol en lui-même, je ne me livrerai pas à cette foule de distinctions absurdes et puériles, qui n'ont fait qu'anéantir toute proportion entre les délits et les peines, et ont rendu les lois méprisables aux yeux de tous les hommes qui font usage de leur raison.

D'abord je n'adopterai pas la ridicule distinction établie par la législation d'Athènes et la législation de Rome entre le vol *manifeste* et le vol *non manifeste ;* je ne distinguerai pas le *stellionat* du *vol*, ni ceux que les Romains appeloient *abigæi* de ceux qu'ils appeloient *saccularii*, ni le *voleur domestique* du *voleur ordinaire ;* je ne dirai pas que la nuit et le jour peuvent changer la *qualité* du vol, qu'il faut distinguer le vol léger du vol considérable. Je préfère sur cet objet les principes de Platon aux idées inexactes des législateurs anciens et modernes. Je crois, comme lui, qu'il y a une grande différence entre le vol fait avec violence et le vol sans violence (1), et qu'il n'y en a aucune entre le vol *léger* et le vol *considérable* (2). Je vois dans les deux premiers deux délits de *qualité* différente, et dans les autres deux délits de même *qualité*, mais qui peuvent être

____

(1) « Pecuniæ furtum illiberale quidem est ; rapina verò turpissimum, etc. » Plato, *De legib.*, dialog. 12.

(2) « De furto autem, sive magnum quid, seu parvum quis furatus sit, una lex, pœnaque similis omnibus sit. » Plato, *De legib.*, dialog. 9. Il développe ce principe en répondant à une objection de Clinias.

différents par la *gravité*; et cette *gravité* doit être, à mon avis, tellement indépendante de la valeur numéraire du vol, qu'un vol léger pourra devenir un délit d'une *gravité* plus grande qu'un vol considérable. Je vais développer ces idées, après avoir rappelé au lecteur les principes généraux que j'ai établis.

La *qualité* du délit, ai-je dit, dépend du pacte que l'on viole; la *gravité*, du degré de perversité que l'on montre en le violant. La différence de la *qualité* de deux ou plusieurs délits ne peut donc naître que de la différence des pactes que l'on viole; et la différence de la *gravité* de deux délits de même *qualité* ne peut naître que de la différence de perversité avec laquelle on les commet.

Appliquons ces principes à l'objet qui nous occupe, et examinons-en les conséquences.

1° Le voleur pris en flagrant délit, et le voleur convaincu suivant les formes ordinaires, ont pu violer le même pacte, ont pu montrer une égale perversité en le violant (1). La différence entre le vol *manifeste* et le vol *non manifeste* est donc absurde.

2° Par le vol *sans violence*, on enfreint le pacte

____

(1) Je dis qu'ils ont pu violer le même pacte et montrer la même perversité, puisque, si le voleur pris en flagrant délit avoit commis le vol avec violence, et que l'autre l'eût commis sans violence, alors la *qualité* du premier délit seroit différente de celle du second, comme je l'observerai bientôt; mais cette différence ne vient pas de ce qu'on a été pris sur le fait, mais de ce que l'on a violé des pactes différents. Ce que j'ai dit de la *qualité* doit s'appliquer encore à la *gravité*.

qui nous oblige de ne pas usurper la propriété d'autrui. Celui qui a vendu ou engagé un objet appartenant à une autre personne, ou déja vendu et engagé, et qui usurpe ainsi la propriété de l'un ou l'argent de l'autre, viole le même pacte que celui qui enlève une jument, un bœuf, ou une chèvre, ou qui vole adroitement dans la poche d'autrui. Si tous les trois, en violant ce pacte, ont montré la même perversité, comme cela peut aisément arriver; dans ce cas, tous les trois seront coupables d'un délit, non seulement de même *qualité*, mais de même *gravité*. La distinction entre le stellionat et le vol, entre *l'abigeat* et le simple larcin, est donc absurde.

3° Le voleur domestique viole le même pacte que le voleur étranger. Il est vrai que l'abus de confiance dont il peut se rendre coupable rend son délit plus criminel. Mais cela ne doit produire qu'une différence dans la *gravité*, non dans la qualité du délit; et cette différence même de *gravité* n'est qu'accidentelle, puisque l'abus de confiance n'est pas nécessairement lié au vol domestique, puisque ce vol peut être commis par un domestique qui n'a pas plus de rapports intimes avec son maître qu'avec toute autre personne. La domesticité, loin d'être un titre de confiance et d'amitié, est d'ordinaire un motif de défiance et de haine. L'état misérable auquel la dureté des maîtres réduit presque toujours cette classe d'individus doit encore diminuer la gravité du délit, d'après le principe établi ci-dessus (1). Comme

____

(1) Chap. XIV.

le vol domestique ne suppose pas, de sa nature,
l'excès de la perversité, c'est aux juges à en déterminer la gravité. La distinction entre le vol simple et
le vol domestique est donc absurde.

4° Celui qui a volé pendant le jour et celui qui
a volé pendant la nuit, lorsqu'il n'y a point eu de
violence, ont enfreint le même pacte, et ont pu
montrer la même perversité. La distinction entre le
vol de jour et le vol de nuit est donc absurde.

5° Si par le vol on enfreint le pacte qui nous
oblige à ne pas usurper la propriété d'autrui, il est
clair que ce pacte est également violé par un vol léger
et par un vol considérable. La quantité du vol ne
peut donc changer la *qualité* du délit; et si celui
qui prive un malheureux cultivateur du bœuf qui
forme toute la subsistance de sa famille peut montrer plus de perversité que celui qui en enlève dix à
un riche et oisif propriétaire, il est clair que la quantité du vol ne peut pas déterminer constamment la
gravité du délit. La distinction entre le vol léger et
le vol considérable est donc absurde.

6° Si celui qui joint la violence au vol enfreint
plusieurs pactes, et que celui qui dérobe sans violence n'en enfreigne qu'un ; si le premier viole tout
à-la-fois, et le pacte qui oblige à respecter la personne
du citoyen, à ne pas troubler son repos par des menaces, à ne tourner les armes contre lui que dans le
seul cas d'une défense nécessaire, et le pacte qui
oblige de respecter la propriété d'autrui ; et que le
second ne viole que ce dernier pacte, il est clair que
la *qualité* du premier délit sera différente de la *qua-*

lité du second. La distinction entre le vol fait avec violence et le vol sans violence est donc la seule que la justice et la raison nous permettent d'adopter dans ce plan.

Le législateur ne doit donc admettre dans son code que ces deux espèces de vol. Il établira trois degrés de peine proportionnés à trois degrés de dol ; car les trois degrés de faute ne peuvent exister dans cette espèce de délits. Ces trois degrés de dol, d'après les principes établis ci-dessus (1), comprendroient, relativement à l'un et à l'autre délit, toutes les circonstances qui peuvent indiquer le degré de perversité du coupable ; et le législateur s'épargneroit ainsi cette foule de distinctions frivoles, d'autant plus inexactes qu'elles sont plus nombreuses. Il devroit y avoir autant de différence entre les peines de ces deux délits qu'il y en a entre les délits eux-mêmes. Pour les vols faits avec violence, on joindroit à des peines pécuniaires des peines qui privent de la liberté personnelle, ou qui en suspendent l'exercice. Quant aux vols commis sans violence, cette dernière espèce de peine ne devroit être établie que dans les cas où l'on ne pourroit employer les peines pécuniaires. Comme l'un et l'autre délit naissent de l'amour de l'argent, ils doivent être soumis, selon nos principes, à la sanction de la peine pécuniaire (2). Mais d'après ces principes mêmes, elle ne suffiroit pas pour punir le vol fait avec violence, parceque celui qui viole plusieurs pactes doit perdre

----

(1) Chap. XIV.
(2) Chap. VIII.

plusieurs droits (1) ; elle ne pourroit avoir lieu dans la plupart des cas, puisque ceux qui se livrent à ce crime sont d'ordinaire extrêmement misérables (2). Le législateur devroit donc établir les trois degrés de peine pécuniaire et de peine privative ou suspensive de la liberté personnelle pour les trois degrés de vol fait avec violence, et fixer une compensation proportionnelle dans le cas où la peine pécuniaire ne pourroit avoir lieu. Quant au vol commis sans violence, il ne faudroit établir que la peine pécuniaire pour les degrés respectifs, et une compensation proportionnelle dans le cas où cette peine ne pourroit avoir lieu sans combiner les deux peines comme dans le premier délit. La facilité de proportionner la peine à la *qualité* et à la *gravité* du délit dans les peines pécuniaires comme dans les peines qui privent de la liberté personnelle ou qui en suspendent l'exercice, multiplieroit les avantages de cette espèce de sanction. Il me suffit d'en avoir déterminé la nature ; je laisse à chaque législateur le soin d'en déterminer l'espèce, suivant les cas particuliers, relatifs aux lieux et au caractère des peuples. Je ne pourrois l'indiquer ici sans sortir de mon sujet, et sans porter atteinte aux principes que j'ai établis sur le rapport du système pénal avec les différents objets qui constituent l'état des nations (3).

---

(1) Chap. Ier.

(2) J'ai indiqué avec assez de détail, dans le chap. VIII, l'usage de cette peine. Les principes que j'établis ici ne sont qu'une conséquence de ceux que j'ai exposés dans le chapitre cité.

(3) Chap. XI et XII.

Nuire à la propriété de quelqu'un sans l'intention de le voler, c'est commettre un délit de la même
espèce; et ce délit, moins commun que le vol, suppose quelquefois une perversité plus grande. L'un
peut être occasioné par la misère; mais l'autre, lorsqu'il est joint à la mauvaise foi, n'est inspiré que
par la haine et la vengeance. Les peines pécuniaires
peuvent être établies contre l'un, parcequ'il naît de
l'amour de l'argent, non contre l'autre, parcequ'il
n'est pas produit par la même passion : d'ailleurs l'un
ne peut jamais être séparé de la mauvaise foi, et il
n'y a ordinairement dans l'autre qu'une simple
faute. Le législateur doit donc, dans ce délit comme
dans tous ceux qui sont susceptibles de faute, fixer
six degrés de peine pour trois degrés de faute et trois
degrés de dol : il obtiendra par ce moyen la plus
exacte proportion entre la peine et le délit, selon les
circonstances qui indiquent le degré de perversité
qu'a montré le coupable. Il est inutile d'avertir que
le coupable, indépendamment de la peine, devroit
être soumis à la réparation du dommage, puisque
cette réparation est commune à tous les délits qui
en sont susceptibles, et pour tous les coupables qui
sont en état de l'offrir.

Dans cette analyse des délits contre la propriété,
je ne parlerai point du reculement de bornes. En
effet, si les circonstances du fait attestent que le but
du coupable étoit d'usurper une partie du fonds
d'autrui, dans ce cas le délit sera considéré et puni
comme un vol ordinaire, d'après le principe (1) que

-----

(1) Chap. XIII.

la tentative du crime est punissable comme le crime consommé, toutes les fois que la volonté du coupable se manifeste par une action que la loi a défendue. Si, au contraire, les circonstances n'annoncent pas l'usurpation, le délit sera considéré comme un simple *tort* fait à autrui, et puni comme tel.

On doit dire à peu près la même chose de l'insolvabilité. Si le créancier peut prouver la mauvaise foi de son débiteur, celui-ci sera puni comme coupable de vol; mais si c'est le malheur qui a causé son insolvabilité, le créancier n'exercera contre lui qu'une action purement civile. Comme il n'existe point de délit, il n'y aura point de peine. Punir constamment l'insolvabilité par la prison; confondre la misère avec le crime; couvrir l'innocent de toute l'infamie de la perversité; en lui arrachant l'honneur, le forcer de renoncer à la vertu; enlever à un homme de bien malheureux jusqu'à la propriété de son corps, que le destin inexorable lui a laissée; lui faire acheter, par un supplice quelquefois éternel, le léger soulagement qu'il avoit obtenu dans son infortune; condamner à l'inaction, aux tourments et aux vices qui la suivent, celui qui n'a que ses bras ou les ressources de son esprit pour faire subsister sa famille et payer son créancier; priver la société d'un homme qui ne l'a pas offensée, et qui pourroit lui être utile; donner à un créancier impitoyable le pouvoir de retenir son débiteur dans cet état d'opprobre et de désolation aussi long-temps qu'il le voudra, et de satisfaire sa vengeance par les armes mêmes de la loi; en un mot, offenser la jus-

tice, outrager les droits les plus précieux de l'homme
et du citoyen, et multiplier les malheurs de l'indigence sans favoriser la propriété : tels sont les abus
de l'emprisonnement pour dettes établi chez toutes
les nations de l'Europe, même parmi celles qui vantent le plus leur humanité et leur liberté. En Angleterre, on conduit un homme en prison pour une
dette de dix livres sterling ; et, ce qui est encore plus
étrange, dans ce pays où la liberté personnelle est
protégée par les lois qui défendent avec tant de force
tout emprisonnement arbitraire, dans ce pays le
créancier, sur son serment vrai ou faux, et sans être
obligé de produire l'obligation de son débiteur, ob-
tient un ordre légal pour arracher un citoyen du
sein de sa famille et le traîner dans les prisons.
Ainsi la loi accorde au plus exécrable imposteur une
confiance qu'elle refuse au chef de la nation.

Le silence des mœurs sur cette violence légale
paroîtra bien extraordinaire, si l'on se rappelle que
toutes les nations, après avoir souffert, dans leur
état de barbarie, une telle injustice, se sont em-
pressées de l'effacer de leurs codes dans leur état de
civilisation. Lorsque l'autorité publique commençoit
à peine à se former ; lorsque la protection des droits
particuliers appartenoit aux forces individuelles, la
loi, qui ne pouvoit enchaîner la vengeance du créancier, devoit se contenter d'en prévenir les excès.
Tel est l'effet que, dans cet état imparfait de société,
elle obtint de l'emprisonnement du débiteur insolvable. Mais lorsque l'état civil eut fait des progrès ;
lorsque la force publique eut rendu inutile, pour

la protection des droits particuliers, la force individuelle, on n'eut plus besoin de ce moyen que les
circonstances passées avoient rendu nécessaire, et
que des circonstances nouvelles rendoient injuste et
dangereux. Cette vérité, ignorée des modernes, n'é-
chappa point aux législateurs anciens. Une loi de
Boccoris, roi d'Égypte, permettoit au créancier d'entrer en possession des biens du débiteur pour recouvrer sa créance; mais elle prohiboit l'exécution
personnelle, établie par l'ancienne loi contre le dé-
biteur(1). La célèbre loi de Solon, nommée *Sisachtia,*
avoit pour objet d'effacer ces dernières traces de
l'ancienne barbarie; elle défendoit au créancier
de faire obliger personnellement le débiteur (2).
On se moquoit des législateurs qui, après avoir défendu au créancier de s'emparer des armes ou de la
charrue de son débiteur, avoient laissé subsister la
loi qui lui permettoit de le traîner en prison (3).
Qui croiroit qu'une loi absurde, qui excitoit le mépris des Grecs il y a vingt siècles, subsiste encore
dans presque toute l'Europe? Rome elle-même,
Rome, si cruelle d'abord contre les débiteurs, adoucit bientôt sa législation sur cet objet. Loin de permettre que le débiteur insolvable fût privé de sa liberté politique, elle ne voulut pas même le priver
de sa liberté personnelle. Lorsque sa bonne foi étoit
constatée, sa personne étoit en sûreté. Il n'étoit ex-

---

(1) Diodore, liv. I, page 90.
(2) Plutarque, *Vie de Solon;* et Diodore, *ibid.*
(3) Diodore, *ibid.*

posé à perdre sa liberté que dans deux cas : lorsqu'à
la dette se joignoit le stellionat, c'est-à-dire la fraude ;
ou lorsque le débiteur s'étoit lui-même expressément obligé à la contrainte personnelle, et alors la
cession de ses biens opéroit sa liberté (1).

C'est donc uniquement chez les nations modernes
qu'on trouvera ce respect religieux pour une loi qui
ne convient qu'à des peuples naissants et dans l'état
de barbarie.

Ces réflexions rappellent une autre erreur des
législateurs modernes, qui peut-être n'a pas peu
contribué à perpétuer celle dont nous venons de
parler. On croit que l'intérêt du commerce exige la
contrainte personnelle pour les lettres-de-change.
L'idée de faire circuler dans la société un papier
représentatif des valeurs a donné aux opérations du
commerce une célérité qu'on n'eût pu obtenir de la
monnoie. Depuis cette heureuse découverte, le commerce de toute la terre a formé un grand corps,
dont tous les membres sont unis par une réciprocité
de profits et de pertes. La moindre obstruction dans
l'une des parties fait souffrir tout le corps. Il faut
donc, ajoute-t-on, prévenir cet inconvénient ; et il
n'y a d'autre moyen que la contrainte personnelle.

Tel est le fondement d'une des plus grandes erreurs de notre législation. Pour sentir toute la foiblesse des raisons qu'on allègue pour la défendre,
il suffit d'observer que le négociant a, dans son
propre intérêt, un motif bien plus puissant de payer

_____

(1) Voyez dans le digeste le titre de crimin. stellionat.

sa dette que ne peut l'être une contrainte personnelle. Un moment de retard affoiblit son crédit, unique appui de sa richesse; l'insolvabilité le détruit pour toujours. Quel ressort plus actif la loi pourra-t-elle donc employer? Puisqu'elle punit le banqueroutier de mauvaise foi, a-t-elle besoin de recourir à d'inutiles violences pour ruiner un négociant honnête et malheureux? S'il est dans l'impossibilité de payer, la prison lui en donnera-t-elle les moyens? ne l'empêchera-t-elle pas au contraire de tirer de son travail les secours qu'il pourroit en obtenir? L'impuissance de payer n'est-elle pas le plus grand des malheurs pour un commerçant homme de bien? Quant à celui qui manque de probité, la loi n'a-t-elle pas des peines plus légitimes et plus réprimantes? Si un moyen injuste pouvoit être utile, on n'auroit pas droit de s'en servir: l'emploiera-t-on lorsqu'il est manifestement inutile et funeste? Telle est la contrainte personnelle dont je parle ici. Elle est injuste, parcequ'elle confond le crime avec le malheur, parcequ'elle prive d'un droit l'homme qui n'a violé aucun pacte: elle est inutile, parceque le négociant qui a les moyens de payer a le plus grand intérêt de remplir ses engagements; elle est inutile, parceque le négociant malhonnête peut être arrêté par des peines plus fortes; elle est inutile, parceque le négociant qui manque de ressources n'en trouvera certainement pas dans la prison: enfin elle est funeste, parceque, dans presque tous les cas d'un désordre momentané, le négociant, maître de sa personne et des ressources de son esprit, peut rétablir ses affaires. Mais l'éclat d'une incarcération détruit entièrement son crédit : on lui enléve toute possibilité de payer; il se ruine, et ruine ses créanciers. Elle est encore funeste, parcequ'elle multiplie et enhardit les usuriers, qui, à la faveur de la contrainte personnelle, troublent une foule de familles et renversent leur fortune. Personne n'ignore en effet que les trois quarts des lettres-de-change ne sont que des actes d'emprunts ruineux, souscrits par des particuliers étrangers au commerce, par des jeunes gens qui ne croient jamais acheter trop cher les moyens de corrompre et d'être corrompus.

Voilà comment une seule erreur produit des maux innombrables. Si les vérités les plus évidentes échappent aux regards des législateurs, ou ne frappent pas assez leur ame pour les faire sortir de leur léthargie, quelle impression feront sur eux des vérités qui ne sont pas susceptibles de la même évidence? Nous allons en développer quelques unes de cette nature dans le chapitre suivant.

CHAPITRE XXXI.

Des actions qu'on ne doit pas punir.

Après avoir parlé des actions contraires aux lois et qui doivent être soumises à la sanction pénale, il faut examiner s'il en est qui ne méritent que leur silence. Arrêtons-nous d'abord sur le suicide.

Les lois des peuples anciens et modernes, relativement à cet objet, loin de dissiper notre incertitude, ne font que l'accroître. On coupoit, à Athènes, la main du suicide, et il étoit défendu de la placer avec le corps du coupable dans le même tombeau (1). Platon proposa une peine sépulcrale, mais moins ridicule et moins générale que celle d'Athènes (2).

---

(1) « Qui sibi manus intulit, ei manus, quæ id perpetravit, præciditor, nec eodem cum corpore tumulo sepelitor. » Æschin. *in Ctesiphont.*

(2) « Sed quid de illo judicandum, qui proximum, atque amicissimum cœde perdiderit? Qui dico se ipsum vitâ et sorte fatorum, vi sceleratâ privaverit: non judicio civitatis, nec tristi et inevitabili fortunæ casu coactus, neque pudore aliquo extremo compulsus, sed ignáviâ, et formidolosi animi imbecillitate, injuste sibi mortem consciverit? Quæ purgationes, et quæ sepultura huic lege conveniat, Deus ipse novit; proximi tamen huic genere ab interpretibus legibusque harum rerum hæc exquirant; et quemadmodum ab his statutum fuerit, itâ faciant. Sepultura igitur istis solitaria fiat, ubi alius nemo condatur; deindè in locis sepeliantur, quæ de duodecim regionis partibus ultima, deserta, innominataque sunt. Sic obscuri, ut nec statua, nec inscripto nomine sepulcra notentur. » Plato. *De legib. dialog. 9*

Valère-Maxime nous parle d'une institution sin-
gulière qui existoit dans une ancienne ville de
France(1). Un breuvage empoisonné y étoit confié
à la garde de l'autorité publique : tous ceux qui
avoient résolu de mourir, venoient demander au
sénat la permission d'en faire usage. Si cette auguste
assemblée trouvoit les motifs de l'action justes et
raisonnables, elle la légitimoit par un jugement préli-
minaire. La crainte de perdre son bonheur ou le desir
de terminer ses maux étoient toujours, aux yeux du
sénat, des raisons assez fortes pour obtenir le breuvage empoisonné. On trouve dans le corps du droit
romain un titre du Digeste et un titre du Code, sur
les biens de ceux qui se sont donné la mort. Il y a
dans toutes ces lois une différence entre celui qui
se tue pour se soustraire à une condamnation capitale, et celui qui se tue par tout autre motif. Dans
le premier cas, les biens du suicide sont confisqués,
comme si son jugement avoit été terminé et exécuté;
mais dans le second, la loi ne prononce aucune
peine; elle ne frappe pas de ses décrets impuissants
les cendres et l'innocente postérité d'un malheureux
qui a cherché, dans le repos de la mort, une paix
que la misère et la douleur lui avoient enlevée(2).

Loin de traîner sur l'échafaud le cadavre du sui-

----

(1) Marseille.

(2) Voyez les lois rapportées dans les titres *de bonis eorum qui
mortem sibi consciverunt*. Voici les expressions de l'une de ces lois :
« Si quis, impatientiâ doloris, aut tædio vitæ, aut morbo, aut fu-
rore, aut pudore, mori maluit, non animadvertatur in eum » La
loi 1 du code *eod. tit.* est semblable à celle-là.

22.

cide; loin d'arracher à ses parents la subsistance qu'il leur avoit laissée, en les couvrant d'une infamie éternelle, la loi ne voyoit dans cette mort volontaire que la perte d'un citoyen qui s'étoit lui-même exilé de la patrie, pour trouver loin d'elle un bonheur qu'il avoit tant de fois et si vainement appelé. Contente de l'obstacle naturel que l'amour de la vie oppose à cette action, convaincue de son impuissance contre un homme dont le délit annonce qu'il méprise la mort, il lui parut plus juste et plus raisonnable de laisser le suicide impuni, que de s'exposer elle-même au mépris de la multitude et à la haine d'une foule d'innocents qu'elle auroit dévoués à la misère et à la honte.

Tels furent les motifs qui inspirèrent aux législateurs de Rome, de l'indulgence pour un délit qui ne peut être produit que par le désordre des facultés physiques et morales de l'homme. Mais les législateurs modernes de l'Europe, malgré leur respect aveugle pour les lois romaines, n'en ont pas sur cet objet adopté les principes. En France (1), en Angleterre (2), et dans beaucoup d'autres pays de l'Europe, la loi s'élève contre le cadavre du suicide; elle appelle en jugement un être qui a cessé de vivre; elle établit contre lui une accusation, une procédure criminelle; elle condamne son corps à une exécution dégoûtante; elle confisque ses biens, et punit ainsi, non

---

(1) Voyez Domat, *Supplém. au Droit public*, liv. III, tit. 7, art. 19.

(2) Voyez Blackstone, *Code criminel d'Angleterre*, chap. 14. On est étonné de voir ce jurisconsulte, dont les lumières égalent l'humanité, faire l'apologie d'une loi si injuste.

le coupable qui a violé la loi, mais l'épouse et le fils qui ont perdu l'unique appui de leur existence. Je suis bien éloigné assurément de faire ici l'apologie d'une action que la religion condamne, et que les lois ne doivent pas approuver; je ne desire point de voir revivre le fanatisme des intrépides disciples de Zénon : je n'ignore pas tout ce que Plutarque (1), Sénéque (2), Marc-Auréle (3), Maupertuis (4), et une foule d'autres philosophes ont dit en faveur du suicide; et il m'est impossible d'adopter leurs opinions sur ce sujet. Je crois que chaque individu est obligé de faire à son semblable tout le bien qui est en son pouvoir, et que nul homme n'est dans l'impossibilité de remplir cette obligation, lorsqu'il en a la volonté. Riche ou pauvre, puissant ou foible, il peut toujours être le bienfaiteur des autres hommes; il peut du moins avoir l'espérance de le devenir. S'arracher la vie, c'est renoncer de soi-même au bonheur de conserver et d'adoucir celle de ses semblables. Mais mon objet n'est pas de m'élever ici contre le suicide; je considère ce délit dans ses rapports, non avec la religion et avec la morale, mais avec la politique; et je puis certainement, sans être accusé d'approuver le suicide, dire que les lois qui le punissent sont inutiles et injustes. Si je consulte l'expérience, elle m'apprend que les suicides ne sont nulle part plus communs que dans les pays où la loi les

---

(1) Plutarque, *Vie de Zénon.*
(2) Sénéque, épitre 70.
(3) Marc-Auréle, liv. V, §. 30.
(4) Maupertuis, *Essai de philosophie morale,* chap. V.

punit avec le plus de rigueur (1). Si je consulte la raison, elle me dit que l'homme qui ose surmonter l'obstacle le plus puissant, ne peut être arrêté par le plus foible; que celui qui abhorre l'existence jusqu'au point d'en méditer la destruction, ne peut trouver sur la terre aucun objet assez cher ou assez terrible pour le rattacher à la vie; qu'un bon père, qu'un époux tendre n'abandonne pas une famille dont il est adoré, et que la confiscation des biens est pour les autres un frein impuissant; que l'ignominie dont on couvre un cadavre insensible, n'arrêtera pas la main du suicide qui sait fort bien que l'opinion seule, non la loi, peut flétrir sa mémoire. Je consulte les principes fondamentaux de la législation, et je vois que la peine portée contre le suicide est inutile et injuste, parceque son impuissance fait évanouir le motif qui en justifie l'usage; et qu'une loi impuissante est une loi tyrannique, qui fait un mal particulier, sans procurer un bien public. Je consulte les régles immuables de la justice universelle, et elles m'apprennent qu'un membre d'une société est délivré de tous les devoirs contractés avec elle, dès l'instant qu'il a renoncé à tous les avantages qu'il en devoit retirer. Elle n'a pas le droit de le punir lorsqu'il en sort volontairement, à moins qu'il ne revienne porter la guerre dans son sein; et alors c'est un ennemi qu'elle combat, plutôt qu'un coupable. Dans tous les autres cas, l'exilé, n'étant plus membre de la société, ne peut plus

____

(1) La France et l'Angleterre.

être soumis à ses lois. Le suicide est cet homme qui s'exile; et la mort est l'acte par lequel il rompt le lien qui l'unissoit à la société, qui le faisoit participer à ses avantages et obéir à ses ordres. Il n'est plus ni citoyen ni sujet; il s'est soustrait à la protection des lois et à leurs peines. L'acte d'autorité qu'on exerce sur lui dans cette circonstance, ne peut donc être regardé comme l'exercice légitime du pouvoir.

Telles sont les raisons qui m'engagent à placer le suicide dans la classe des délits qu'on ne doit pas punir. Je crois donc qu'il seroit utile d'adopter la distinction des lois romaines. Il faudroit punir le suicide qui s'est donné la mort pour échapper à une condamnation déja prononcée, et le punir comme coupable, non comme suicide. Dans tous les cas de peine infamante ou de peine pécuniaire, il faudroit faire exécuter sur son cadavre ou sur ses biens la peine qu'il auroit subie s'il ne fût pas mort. J'ai dit une condamnation déja prononcée, parceque, si elle n'existoit pas, la loi, qui ne doit pas permettre que l'on condamne un homme qui ne peut se défendre, devroit regarder l'accusé comme mort naturellement, et par conséquent anéantir l'accusation intentée contre lui. Le lecteur, qui se rappelle mes idées sur le système pénal, sentira les motifs et les avantages de cette disposition.

Que dirons-nous de ces fameux délits d'*enchantement*, de *magie*, de *sortilége*, de *divination*, d'*interprétation des songes*, d'*incubisme*, de *succubisme*, etc.? noms à jamais mémorables dans l'histoire des erreurs, de la superstition, et de l'infortune des peuples; noms qui après avoir rempli l'Europe de sang, existent encore dans les codes des nations les plus policées, et tourmentent quelquefois les hommes, malgré les progrès de la raison et l'affoiblissement du fanatisme.

La législation romaine, qui nous a fourni un exemple utile à l'égard du suicide, ne nous offre pas le même esprit de modération et de sagesse relativement à cette classe de prétendus délits.

On n'est pas étonné de voir les lois royales, qui furent insérées dans les tables des décemvirs, condamner à être immolé celui qui avoit jeté un enchantement sur les blés d'autrui(1), et punir comme homicide celui qui avoit proféré contre quelqu'un des paroles magiques(2). On sait que la superstition accompagne toujours l'enfance des peuples; et s'il nous falloit des preuves de cette marche constante de l'esprit humain, nous n'aurions qu'à jeter les yeux sur les codes de nos temps modernes de barbarie(3).

On n'est pas étonné de voir employer, sous le règne de Constantin, le fer et le feu contre les mal-

---

(1) « Qui. Fruges. Excantassit. Suspensus. Cereri. Necator. » Pline, liv. XXVIII, chap. 2, et Sénèque, dans le livre IV *des Questions naturelles*, nous ont conservé cette loi.

(2) « Qui. Malum. Carmen. Incantassit. Parricida. Estod. » Pline, *ibidem*.

(3) Voyez le code des Visigoths, liv. VI, tit. 2, *de maleficis, ac consulentibus eos;* le code des Lombards, liv. II, tit. 38, *de hariolis;* les constitutions de Sicile, liv. III. tit. 42. *de correctione poculum amatorium porrigentium vel ementium*, leg. 3; les capitulaires de Charlemagne, liv. VI. chap. 72.

heureux qui avoient été séduits par ces erreurs(1) :
on connoît la féroce dévotion de ce prince, qui
croyoit honorer la divinité par la persécution et le
meurtre ; et on sait assez quelles horreurs naissent du
fanatisme, lorsqu'il est soutenu par la force. On
n'est pas plus surpris de voir les mêmes effets se
reproduire sous le règne de ses imbéciles et atroces
successeurs (2).

Mais si dans les temps de Sylla(3), de Tibère(4),
et de Claude(5) ; si sous le règne même d'Alexandre
Sévère(6), c'est-à-dire, à des époques où l'ignorance
et la barbarie avoient disparu avec la liberté ; lorsque l'athéisme avoit pris la place de la superstition ;
lorsque les différents cultes admis dans l'empire romain paroissoient également utiles et également faux

----

(1) Leg. 3, *cod. de malef. et mathemat.*

(2) Voyez les deux lois de Constans et celles de Valentinien et
Valens, insérées dans le même titre du code.

(3) Voyez les différents délits compris dans la loi Cornelia, *de
vicariis. In Pauli receptar. sententiar.*, lib. V, tit. 23, §. *magicæ artis
conscios.*

(4) Tacite dit dans ses Annales que, sous le règne de Tibère, on
exila tous les magiciens et tous les astrologues ; que l'un d'eux,
nommé Pituanius, fut précipité du haut du Capitole, et qu'un autre
fut puni, suivant l'ancienne coutume, hors de la porte Esquiline.

(5) On trouve encore dans les Annales de Tacite une loi sanguinaire de l'empereur Claude contre les astrologues. Cette multiplicité de lois contre de tels délits inspire à cet historien la réflexion
suivante : « Mathematici, genus hominum potentibus infidum, spe-
rantibus fallax, quod in civitate nostra et vetabitur semper et reti-
nebitur. » Tacit., *Hist.*, lib. I.

(6) Spartien parle des peines établies par ce philosophe contre
ceux qui portoient à leur cou des remèdes superstitieux contre la
fièvre tierce ou la fièvre quarte.

au philosophe, au magistrat, au prêtre; lorsque les vêtements du pontife et de l'augure couvroient un incrédule, et que les cérémonies religieuses n'étoient que l'objet et l'instrument des réjouissances publiques ou de la vanité nationale; si dans de telles circonstances, on voit le magicien confondu avec le meurtrier, le devin avec l'empoisonneur ou le rebelle, il ne sera possible d'expliquer de pareils phénomènes que par une réflexion bien triste et bien humiliante; c'est que les effets de la superstition et de l'ignorance existent encore lorsque la cause a cessé.

Les peuples modernes de l'Europe présentent le même spectacle. Des lois dictées par l'ignorance et la superstition subsistent dans des siècles de lumière et d'incrédulité. Tous les codes de l'Europe, à l'exception de celui d'Angleterre (1), renferment encore des lois pénales contre ces délits imaginaires; et si elles ne sont pas exécutées aussi souvent qu'elles l'étoient autrefois, c'est à l'humanité seule des magistrats qu'il faut attribuer cette modération. Le respect pour l'opinion publique enchaîne la loi dans les capitales et dans les grandes villes; mais dans les provinces, dans les villages, dans le silence des hameaux, dans la demeure obscure et solitaire de l'homme des champs, elle fait naître des désordres affreux. Qui croiroit qu'au milieu de ce siècle, et dans un pays où la *réformation* a été

---

(1) Le statut 9 de George II, chap. 5, a défendu aux tribunaux de la Grande-Bretagne de recevoir des accusations de sortilège.

adoptée(1), où il n'existe ni inquisiteurs, ni suppôts
du fanatisme, on ait brûlé une vieille femme pour
cause de sorcellerie? Qui croiroit que plus récem-
ment encore, plusieurs pays de l'Italie aient été
témoins de pareilles exécutions? Ce seroit faire injure à mon siècle de chercher à démontrer que ceux
qui se livrent à des actes de sorcellerie sont des imbéciles, et que ceux qui les punissent sont les vrais
coupables; que pour guérir les hommes d'un pareil
délire, le ridicule est plus puissant que la peine,
l'instruction plus active que les lois, et un hôpital
de fous plus utile qu'une prison. Ce seroit faire injure
à mon siècle de vouloir prouver que, pour soustraire
un empire à la honte d'une telle loi, il ne suffit pas
d'en autoriser l'inexécution, puisque les lois doivent
être modifiées par le législateur, et non par le magistrat, par le souverain qui les dicte, et non par
les juges, dont la fonction est de les faire exécuter.

Une autre action qu'on ne doit pas punir, c'est
l'usure. Le législateur doit respecter la propriété, et
par conséquent laisser au riche la plus grande liberté
dans l'emploi de ses richesses. Il suffiroit, pour en
prévenir l'abus, d'abolir la contrainte personnelle en
cas d'insolvabilité. Alors un jeune libertin ne trouveroit personne qui voulût lui confier ces sommes
que la cupidité prête si facilement aujourd'hui, exci-
tée par l'appât d'un bénéfice considérable, et rassu-
rée par l'espoir de la contrainte personnelle. L'avare,
privé de toute sûreté pour sa créance, feroit de son

____

(1) Dans l'évéché de Wurtzbourg, en 1748.

argent un emploi plus honnête et moins dangereux:
il ne le prêteroit qu'à celui qui pourroit lui offrir
une hypothéque sur ses biens; et celui qui a des
biens à hypothéquer n'a pas recours, d'ordinaire,
à une usure énorme. La concurrence des prêteurs
préviendroit le mal, et leur propre intérêt feroit cesser l'usure, sans le secours de la loi.

C'est par des motifs aussi raisonnables que la loi
devroit garder le silence sur un vice que les codes
de la plupart des nations proscrivent comme un
délit et punissent inutilement. Je parle des jeux
défendus. L'amour du jeu, comme toutes les autres
affections de l'ame, ne devient une source de crimes
que lorsque la raison cesse de le diriger. Tant qu'il
n'a produit aucun attentat aux droits des autres
hommes, les lois ne peuvent le punir. Comme action, il est indifférent de sa nature; comme passion,
il ne peut être soumis à l'animadversion des lois:
elles doivent prévenir le vice, et non le punir.

Si la passion du jeu porte un homme au vol, il
sera puni comme voleur, non comme joueur. La
loi, qui punit le rapt et l'adultère, punit-elle l'amour?
Tous les crimes naissent du désordre des passions;
mais les lois ont dû se contenter de punir les effets
et de régler les causes. L'amour de la gloire, qui a
produit une foule de vertus, a produit peut-être autant de crimes. L'ignorance des vrais principes de
la législation a fait croire aux législateurs qu'ils
pourroient obtenir, par des lois pénales, des effets
qui tiennent à d'autres moyens.

Ils ont voulu parvenir trop directement à leur but.

ils ne l'ont pas atteint, et ont blessé la liberté de l'homme. Contents d'avoir établi des lois pour punir le vice, ils ont négligé de le prévenir. L'inutilité du moyen a fait triompher le vice, et rendu la loi méprisable. Tel est l'effet constant de la plupart des dispositions de nos codes, et sur-tout de celles qui sont relatives au jeu. L'impuissance de la loi contre ce vice s'est manifestée chez toutes les nations, et je n'en citerai qu'un exemple. Louis XIII déclara infames, incapables de tester et d'obtenir des places de nomination royale, tous ceux qui joueroient aux jeux de hasard. L'opinion publique se souleva contre la dureté de la peine et l'abus de l'autorité. On ferma les portes des assemblées de jeu, qu'on avoit tenues ouvertes jusqu'alors, et on joua comme auparavant (1).

Je terminerai ce chapitre par une réflexion très-propre à mon sujet. Tibère, sollicité par les sénateurs de réprimer le luxe et de rétablir les lois somptuaires, leur dit, entre autres choses : « Je ne sais s'il ne seroit pas plus utile de fermer les yeux sur des vices qui ont vieilli avec nous, et qui ont acquis, par l'habitude, une très-grande force de résistance, que d'attester, par de vains efforts pour les corriger, notre impuissance et notre honte (2). »

---

(1) Justinien crut pouvoir prévenir cet abus en dispensant du paiement celui qui avoit perdu, et en lui accordant le droit de réclamer la somme payée : il donna à cette action une durée de cinquante ans. *Vid.* leg. 2 et 3, *cod. de aleat.* Mais il ne vit pas qu'en opposant un obstacle à la passion du jeu, il portoit atteinte à la bonne foi et à l'honnéteté.

(2) *Annales de Tacite*, liv. III. § 53.

CHAPITRE XXXII.

Suite du chapitre précédent.

Je vais parler dans ce chapitre d'une erreur de quelques législations anciennes et modernes. En France, sous le règne de Louis IX, on pendit publiquement un cochon qui avoit tué un enfant. On a vu, il n'y a pas long-temps, une exécution semblable dans une capitale de l'Italie. Des juges, avec tout l'appareil de la justice et par le bras même de ses ministres, firent *assommer* (1) des chiens, dont le crime étoit d'avoir suivi avec trop d'impétuosité leur instinct naturel.

Cette erreur étoit encore plus commune dans les législations anciennes. Une loi de Dracon condamnoit à la mort un cheval ou tout autre animal qui avoit tué ou blessé quelqu'un (2). Pausanias dit que cette peine s'étendoit jusqu'aux choses inanimées (3). Si une statue, un vase, une colonne tuoit ou blessoit, en tombant, un spectateur, ou un passant; on intentoit aussitôt un procès criminel, on condamnoit, on mettoit en piéces la statue, la colonne, le vase homicide. Les chefs-d'œuvre de Phidias et

_____

(1) *Mazzolare.*
(2) Voyez Guill. Bud., *Comment. sur la langue grecque.*
(3) Pausanias, *in Heliac.*

de Praxitéle étoient soumis à la rigueur de la loi; et le peuple gémit plus d'une fois de la barbare proscription des plus beaux monuments de l'art.

La loi de Dracon ne fut pas abolie par Solon. Suidas et Eusèbe disent qu'elle étoit établie chez la plupart des anciens peuples (1). Platon, Platon lui-même ne sentit pas l'absurdité de cette loi; il eut la foiblesse de prescrire un jugement et une peine contre la jument homicide, ou la chose inanimée qui avoit tué quelqu'un (2). Ainsi, les esprits les plus éclairés n'aperçoivent pas toujours les erreurs de leur siècle; et les hommes les plus grossiers des siècles suivants sourient des préjugés de leurs pères, sans réfléchir aux opinions souvent encore plus absurdes qu'ils ont adoptées.

Ma vénération pour les anciens législateurs, et mon estime pour le philosophe illustre que je viens de citer, ne m'empêcheront pas d'appeler absurde et puérile la disposition pénale dont je viens de parler. Elle déshonore les lois en avilissant leur sanction;

____

(1) Eusèbe, lib. V, *de præparat. Evangelic.*

(2) « Si jumentum, aut aliud animal hominem interficiat, nisi publico in certamine id fecerit, interfecti homines propinqui id judicibus deferant. Et agrorum curatores illi, quibus quotque propinquus ipse mandavit, judicent, et damnatum jumentum extra regionis fines interficiant. Quod si quid inanime præter fulmen, aut aliud telum divinitus missum, anima hominem cadentem ipsum, aut ipsum cadens privaverit : genere propinquus interfecto proximum in vicinia ad hoc constituat judicem, atque hæc et cætera, prout ergà mortuum ipsum convenit, pro sui ipsius, et cognationis totius expiatione perficiat. Quod verò damnatum fuerit, ut de animalibus dictum est, exterminetur. » Plato, *De legib.*, *dialog.* 9.

elle excite le ridicule, au lieu d'inspirer le respect ; elle peut, dans une foule de circonstances, laisser le coupable impuni, en punissant l'instrument de son crime. Je n'insisterai pas sur cet objet, parceque c'est en quelque sorte profaner la raison que de réfuter sérieusement de pareilles absurdités.

CHAPITRE XXXIII.

De l'impunité.

« Qu'aucun délit ne reste impuni dans la république; que le fugitif lui-même soit soumis à la sanction légale; que la mort, les fers, le fouet, l'infamie, la rélégation, les amendes, soient les suites inévitables de la violation des lois (1); que le méchant désespère d'échapper à leur sévérité, et que l'homme de bien soit assuré d'être protégé par elles (2): qu'on regarde l'impunité comme l'aliment du crime (3); l'indulgence pour le coupable, comme un piége dressé contre la probité et la sûreté civile (4); l'abus des graces, comme un véritable attentat aux droits d'autrui (5); et le retour des exilés, la liberté des prisonniers coupables, le pardon des hommes

---

(1) « Peccatum nullum impunitum sit, neque profugus ullus aut impunis abeat; sed aut morte plectatur, aut vinculis, aut verberibus, aut ignobiliter sedendo standoque in sacris, ad extremitates regionis productus, aut pecuniis, ea quâ diximus ratione, pœnas luat. » Plato, *De legib.*, *dialog.* 9.

(2) Plato, *ibid.*

(3) « Impunitate nihil periculosius est, quæ semper ad deteriora prolabitur. » *Ex libris Apoph. Collect. à Bartholomeo Magio.*

(4) « Impunitæ injuriæ exemplum omnibus injuriam minatur. Etenim si liceat impunè lædere, quis tutus erit ab improborum violentiâ? *Idem. ibid.*

(5) « Benefacta malè locata, malefacta arbitror » *Cicer. de offic.*, lib. I.

3.   23

condamnés, comme des signes certains de la décadence de la république(1). » Voilà ce que Platon, Cicéron, et tous les anciens philosophes ont dit de l'impunité. Des écrivains modernes ont employé toute leur raison et toute leur éloquence pour donner à cette vérité un nouveau développement.

Montesquieu, qui a eu quelquefois des idées fausses, parcequ'il cherchoit des idées ingénieuses, et qu'il vouloit tout expliquer par ses principes; Montesquieu, en justifiant la clémence du prince, a favorisé le despotisme sans s'en apercevoir, et a dévoilé l'inexactitude de ses principes, par la manière dont il en a fait usage. Selon lui, la loi doit condamner, et le prince doit pardonner. « La clémence du prince, dit-il, est nécessaire dans les monarchies où l'on est gouverné par l'honneur, qui souvent exige ce que la loi défend (2). »

Si la loi doit condamner et le prince pardonner, les lois, au lieu d'arrêter les actes de violence particulière, seront, entre les mains d'un tyran, des moyens toujours sûrs pour opprimer les membres de la société qui n'ont pas su obtenir sa faveur. Elles seront un objet de ridicule et de mépris pour l'esclave audacieux qui peut les violer avec impunité, sous les auspices d'un courtisan ou d'une femme en cré-

____

(1) « Perditas civitates, desperatis omnibus rebus, hos solere exitus exitiales habere, ut damnati in integrum restituantur, vincti solvantur, exules reducantur, res judicatæ rescindantur. Quæ cùm accidunt, nemo est, quin intelligat ruere illam rempublicam. » Cicer. 7, *in Verr.*

(2) *Esprit des Lois*, liv. VI, chap. 21

dit. Le principal intérêt du citoyen sera donc, non
d'obéir aux lois, mais de plaire au monarque. Le
juge qui a vendu la justice, le magistrat qui s'est
rendu coupable de concussion et d'extorsion, le général qui a sacrifié à son intérêt la sûreté et la gloire
de sa patrie, le ministre qui s'est servi de son pouvoir pour enrichir sa famille et opprimer ses rivaux,
n'auront besoin, pour échapper à la punition de leurs
crimes, que de livrer une partie de leurs richesses
à la maîtresse ou à l'ami du prince. La sévérité
de la loi ne frappera que le malheureux qui n'a pu
s'élever au-dessus d'elle par la multiplicité de ses
crimes. Enfin, si « la clémence du prince est nécessaire dans la monarchie, où les hommes sont gou-
vernés par l'honneur, qui souvent exige ce que la loi
défend », il faut dire, ou que le principe qui fait
agir le citoyen dans la monarchie est nécessairement
opposé aux lois qui doivent le diriger, ce qui seroit
absurde, ou que le principe qui anime ce citoyen
est autre chose que l'*honneur*. Lorsque certaines lois
civiles sont contraires à quelques lois de l'opinion,
le législateur fera taire les premières jusqu'à ce
qu'il ait corrigé les secondes. Dans la monarchie,
comme dans la république, il ne pardonnera pas à
celui qui a violé les unes, afin de ne pas désobéir
aux autres; mais il fera disparoître la contradiction
même. Tel devroit être le principal objet de ses soins.
Mais cette opération seroit, dans le système de Montesquieu, funeste pour la monarchie, parcequ'on ne
pourroit corriger les lois de l'honneur, qui sont les
plus contraires à l'ordre social, sans affoiblir ou dé-

truire le principe même qui, selon lui, anime ce gouvernement.

Les idées de l'auteur de l'*Esprit des lois* ne renferment donc pas une exception raisonnable, en faveur de l'impunité, dans les monarchies. Dans ce gouvernement, comme dans tous les autres, les lois doivent être douces et modérées; le souverain doit être inexorable. Quand le droit de faire grace aux coupables ne seroit pas abusif de sa nature, l'exercice de ce droit seroit presque toujours une injustice envers la société. Le soin de conserver et de défendre la sûreté publique et la tranquillité particulière doit être le premier devoir de la souveraineté. La clémence, qui est contraire à ce devoir, est une foiblesse, un abus manifeste. La vertu à laquelle on donne ce nom sert à corriger les lois injustes et féroces, et non à éluder la sanction des lois justes. Toute grace accordée à un coupable est une dérogation à la loi. Si la grace est juste, la loi est mauvaise; si elle est bonne, la grace est une violation de la loi. Dans le premier cas, il faut abolir la loi; dans le second, refuser la grace. Cette régle n'est susceptible d'exception que dans deux cas: 1° lorsque le coupable est distingué par des talents et des vertus qui ont été utiles à la patrie ou qui peuvent l'être; lorsque son délit annonce plutôt l'impétuosité de la passion que la perversité du cœur; lorsque les magistrats qui l'ont jugé, et le peuple qui a été l'objet ou le témoin de ses vertus, sollicitent sa grace et la suspension momentanée de la loi; en un mot, lorsque l'impunité, loin de l'enhardir au crime, doit l'encourager à être bon et honnête : 2° lorsqu'un grand nombre de citoyens est entraîné par un homme fougueux et inquiet ; lorsqu'une ville ou un village se rend complice d'un crime ; en un mot, toutes les fois que la peine portée par la loi laisseroit un vide funeste dans la population, dans l'agriculture, ou dans l'industrie : alors l'intérêt général de l'état exige le silence d'une loi particulière qui condamne chaque complice à être puni ; alors la main paternelle du chef de la patrie peut souscrire le décret de pardon et de paix ; alors le glaive de la justice ne doit immoler à la tranquillité publique que le chef de la rebellion et ses principaux satellites. Dans tous les autres cas, je ne vois pas qu'une législation criminelle, formée d'après les vrais principes de la justice, ait besoin d'admettre des moyens d'impunité.

Les temples de la Divinité, les palais des rois et des princes ne devroient pas servir d'asile au citoyen qui a violé les lois ; il faudroit que les ministres de la justice eussent le droit d'aller saisir les criminels jusque dans ces retraites augustes. L'image de la Divinité et la majesté du trône, loin d'être avilies par ces exécutions, seroient honorées par le triomphe de la loi (1).

_____

(1) J'ai indiqué dans le chap. XI l'origine des asiles. J'ai dit qu'à l'époque où l'indépendance naturelle existoit entre les individus des sociétés barbares, l'établissement des asiles fut le premier moyen qu'on imagina pour arrêter la vengeance de l'offensé et lui donner le temps de calmer sa colère. Le défaut de lois et de force publique, l'imperfection de cet état de société rendoit ce remède nécessaire. Ce que disent Diodore de Sicile, liv. III, sur l'asile de Samothrace ; Pausanias, *in Atticis et Achaicis*, sur Philon qui se

Le pardon de la partie offensée ne devroit procurer dans aucun cas l'impunité du coupable ou la
diminution de la peine. Le droit de punir n'appartient qu'au souverain qui fait la loi, et au magistrat
qui l'applique aux cas particuliers. L'objet de la loi,
comme je l'ai dit, est, non la vengeance, mais la
correction et l'exemple. L'offensé peut renoncer à la
réparation du dommage; il ne peut priver la société
d'un exemple, et le prince d'un droit dont l'exercice
lui a été confié.

On doit encore moins admettre comme un motif
raisonnable d'impunité le pardon que l'on a coutume de promettre à un coupable, pour l'engager à
découvrir ses complices. Quand même la sainteté
des lois ne rejetteroit pas un moyen fondé sur la
plus lâche trahison; quand même la loi n'attesteroit
pas sa foiblesse et son impuissance, en implorant le
secours d'un coupable; quand même l'expérience
n'apprendroit pas que dans ces circonstances le
plus pervers est celui qui d'ordinaire échappe à la
sévérité des peines, la raison suffiroit pour montrer
au législateur qu'un tel reméde doit produire un

réfugia dans le temple de Minerve; Justin, *Hist.*, lib. XXVIII.
cap. 3, sur Laodamie qui se réfugia dans le temple de Diane; tous
les tragiques grecs, et entre autres, Euripide dans l'*Andromaque*,
vers 256, et dans l'*Hercule furieux*, vers 240, atteste la vérité
d'une idée que j'ai appuyée sur les faits les plus incontestables de
l'histoire des temps héroïques. Je ne la rappelle ici que pour faire
voir au lecteur que les restes du premier état de barbarie se conservent dans les sociétés les plus policées, quoiqu'il soit très aisé de
sentir que la différence des circonstances rend inutiles et même
dangereux dans certains temps des établissements très utiles à d'autres époques.

effet absolument contraire à celui qu'on en attend.

La certitude ou l'espérance de l'impunité accordée à la délation du complice ne fait qu'enhardir le méchant à l'espèce de crime qui exige le concours d'autres hommes. Avant de les inviter à s'unir à lui, il a déja formé le projet atroce de les immoler à sa sûreté, lorsqu'il verra son crime près d'être découvert. Chacun d'eux, en entrant dans l'association, concevra le même dessein. L'espoir de l'impunité entrera dans toutes ces ames perfides, et les rendra plus audacieuses. Ainsi, la terreur de la peine sera affoiblie par la certitude commune de l'impunité; le crime sera encouragé par le moyen même dont la loi se sert pour le punir; et le législateur, trompé dans son attente, verra avec effroi les funestes effets d'un remède qu'il auroit dû proscrire comme contraire à la dignité de la loi, quand même il eût pu être utile dans quelques circonstances.

CHAPITRE XXXIV.

Conclusion.

Je viens de montrer les funestes effets de l'indulgence et de la cruauté, de la rigueur excessive des peines et de l'impunité. J'ai rejeté du code pénal tout ce qui est étranger à son objet, tout ce que l'intérêt, l'ignorance et la superstition y ont introduit. J'ai partagé en différentes classes toutes les espèces de délits ; je les ai distingués par leur *qualité* et par leur *gravité,* par les différents pactes qu'on viole, et par le degré de perversité qu'on montre en les violant. J'ai réduit à une règle générale toutes les circonstances qui, dans chaque délit, peuvent indiquer ce degré de perversité. J'ai observé, classé et calculé tous les moyens de punir, et j'ai développé les principes généraux qui doivent en diriger l'usage. J'ai examiné ces peines dans leurs rapports avec les différents degrés d'enfance et de maturité des peuples, le gouvernement, la religion, le caractère, les mœurs, le climat, la situation, les richesses, les productions, le territoire ; en un mot, avec tout ce qui constitue l'état politique, physique, et moral des nations. J'ai indiqué les bornes dans lesquelles on doit les circonscrire. J'ai cherché dans la raison, dans la justice, dans l'intérêt public, et dans l'objet même des peines, les motifs qui doivent déterminer le lé-

gislateur à une modération constante. J'ai montré
comment elles peuvent se multiplier et se mettre en
équilibre avec les délits, lorsqu'elles sont employées
par un législateur sensible et philosophe ; et comment leur nombre doit diminuer, lorsqu'elles sont
employées par un insensé ou par un tyran. J'ai
combiné le système du code pénal avec celui de
la procédure ; j'ai fait voir qu'il étoit facile d'enchaîner la volonté des juges dans toutes les choses qui
ont rapport à l'objet de la peine ; en un mot, j'ai
prouvé, dans ces deux parties des lois criminelles,
qu'il étoit possible de soustraire l'innocent à l'effroi,
le coupable à l'espérance de l'impunité, et de mettre
les juges dans l'impuissance de se tromper et de prononcer des condamnations arbitraires. Je crois donc
avoir rempli, dans toute son étendue, le plan que
je m'étois proposé. Me reprochera-t-on de n'avoir
pas dit un seul mot sur la manière de prévenir les
crimes ? Ma réponse est simple. Si mon objet eût été
de traiter uniquement de la science des lois criminelles, je n'aurois pas sans doute négligé un objet
si important ; mais j'écris sur la science de la législation, et j'ai, par conséquent, exposé mes idées sur
ce sujet dans tout le cours de ce livre.

L'unique moyen de prévenir les crimes est de perfectionner la législation : toutes ses parties viennent
se réunir à ce point. Quel que soit leur but particulier, elles se combinent toutes pour produire cet
effet.

Si les lois politiques et économiques ont pour
objet de multiplier les hommes, d'accroître les ri-

chesses dans l'état, et de les bien distribuer; si, en conséquence, elles subdivisent les propriétés, multiplient les propriétaires, diminuent le nombre des célibataires forcés, détruisent les obstacles qui arrêtent les progrès de l'agriculture, des arts, du commerce; si elles corrigent et perfectionnent le système des impôts en proportionnant les contributions avec les besoins de l'état et la richesse publique; si elles protégent le laboureur, l'artiste, le négociant contre les vexations d'une perception injuste, tyrannique, et dispendieuse; si elles suppriment ou affoiblissent les causes qui concentrent les richesses dans une classe d'individus, et les entraînent dans les capitales; si tels sont les objets et les moyens des lois politiques et économiques (1), elles feront diminuer sans doute le nombre des délits qui naissent du célibat forcé, de l'aversion pour le mariage, de l'inégalité des fortunes, du goût de l'oisiveté, presque toujours déterminé par la certitude de ne pouvoir vivre dans l'aisance, même à force de fatigues et d'inquiétudes; de la nécessité de violer les lois, lorsqu'elles ne s'occupent ni de notre sûreté, ni de nos besoins; de la discorde, des violences, et des vices que produisent et fomentent, d'un côté, l'excès de l'opulence, de l'autre, l'excès de la misère.

Les lois criminelles, destinées à punir les crimes, n'ont-elles pas pour objet de les prévenir? Si la certitude d'être puni étoit liée constamment à la volonté

---

(1) Voyez le développement de toutes ces idées dans le deuxième partie de cet ouvrage.

de commettre le crime, combien de fois les lois triompheroient de l'impétuosité des passions ! La seule crainte de l'infamie suffiroit pour prévenir la plupart des crimes qui sont susceptibles de cette espéce de peine. Le plan de procédure que j'ai proposé arrêteroit une foule d'abus dont se rendent coupables les juges, les ministres de la justice, toutes les classes de l'état. Si le pouvoir, la noblesse, les richesses n'étoient pas si souvent un titre d'impunité ; si l'impartialité des lois étoit jointe à l'impartialité des jugements, les vexations, les actes de vengeance personnelle, seroient plus rares ; l'homme puissant respecteroit l'homme foible ; et celui-ci, au lieu d'armer sa main d'un poignard contre l'oppression, iroit réclamer le secours de la justice.

Si les lois relatives à l'éducation, aux mœurs, à l'instruction publique, ont pour objet d'éclairer les hommes et de les rendre meilleurs ; de les conduire à la vertu par leurs passions mêmes ; d'unir à la crainte des peines l'espoir des récompenses ; de substituer la vérité à l'erreur ; de détruire l'ignorance qui, faisant méconnoître à l'homme ses vrais intérêts, l'entraîne vers les vices d'où naissent les crimes, l'invite à des actions qui troublent son repos et son bonheur, le met dans l'impuissance d'acquérir cette élévation de caractère qui fait sentir le charme de la vertu, de sa propre estime, et de l'estime publique, lui fait chercher les suffrages de l'opinion dans des choses contraires à l'intérêt général, lui fait confondre toutes les idées du bien et du mal, et lui enléve ainsi jusqu'aux remords ; si tel est l'objet de ces lois(1), ne verra-t-on pas diminuer le nombre des crimes?

Si les lois relatives à la religion sont destinées à épurer les passions des hommes, et à les diriger vers le bien lorsqu'ils sont loin des yeux de la loi et de ses ministres; si elles ont pour objet d'arrêter également et l'irréligion et le fanatisme; si les moyens dont elles se servent pour parvenir à ce but préviennent une foule d'autres maux, dont l'assemblage constitue la dépravation publique, comme on le verra dans le cours de cet ouvrage (2), cette partie de la législation n'opposera-t-elle pas au crime les plus grands obstacles?

Si les lois civiles sont destinées à défendre la propriété de chaque citoyen contre l'avidité et la mauvaise foi (3); lorsque cette partie de la législation sera perfectionnée, les usurpations des hommes puissants, les prévarications des juges, les malversations des ministres subalternes de la justice seront-elles aussi fréquentes?

Enfin, si l'objet des lois relatives à la puissance paternelle et à l'ordre des familles est d'élever un tribunal au milieu des foyers domestiques; de donner à la famille un magistrat et des lois; de ne pas laisser impunis les délits que l'amour et l'honneur obligent de cacher, mais que la main paternelle peut

---

(1) Voyez dans le plan général, tome I, l'analyse du quatrième livre.

(2) Dans le cinquième livre de cet ouvrage. Voyez-en l'analyse dans le plan général.

(3) *Ibid.* Analyse du livre VI.

réprimer dans le silence; d'accoutumer de bonne heure les hommes à une dépendance simple et douce, qui, modérée par l'amour et fortifiée par la vigilance, puisse étouffer les vices à leur naissance; en un mot, si ces lois sont conformes au plan que je proposerai dans la suite, la paix des familles sera-t-elle troublée par tant de désordres?

C'est ainsi que toutes les parties de la législation pourroient contribuer à prévenir les crimes; c'est ainsi que les lois, qui semblent avoir le moins de rapport entre elles, pourroient, par leur combinaison, produire le même effet.

FIN DU TOME TROISIÈME.

TABLE

DES MATIÈRES ET DES CHAPITRES

CONTENUS DANS CE VOLUME.

LIVRE TROISIÈME.

Des lois criminelles.

SECONDE PARTIE.

Des délits et des peines.

www.ingramcontent.com/pod-product-compliance
Lightning Source LLC
LaVergne TN
LVHW021216170726
843501LV00003B/534